生活科学テキストシリーズ

被服管理学

増子富美
齊藤昌子
牛腸ヒロミ
米山雄二
小林政司
藤居眞理子
後藤純子
梅澤典子
生野晴美
[著]

朝倉書店

執筆者一覧 (執筆順)

増子 富美	日本女子大学家政学部教授
齊藤 昌子	共立女子大学名誉教授
牛腸 ヒロミ	実践女子大学生活科学部教授
米山 雄二	文化学園大学服装学部教授
小林 政司	大阪樟蔭女子大学学芸学部教授
藤居 眞理子	東京家政学院大学現代生活学部教授
後藤 純子	共立女子大学家政学部教授
梅澤 典子	前 全国クリーニング生活衛生同業組合連合会 クリーニング綜合研究所
生野 晴美	東京学芸大学教育系学部教授

はじめに

　本書は，1990年に出版された『被服整理学』（日本女子大学家政学シリーズ）の改訂版である．初版の発行から22年が経過し，その間社会は大きく変化し，被服をとりまく環境も一変した．この改訂版では，初版のまとめ役をされた中西茂子先生の理念をできるだけ踏襲し，網羅する内容を初版と同じく被服管理の全般にわたるものであること，4年制大学の被服学科学生ならびに被服管理に携わる人を対象とした内容とレベルのものであること，そして初版以降の社会の変化に対応した新しい情報をできるだけ加えることを目標とし，名称を『被服管理学』としたものである．

　人類にとって衣，食，住は生命維持のための三大要素である．衣が他の二者と異なる点は，人体に接し，人とともに動くという動的な機能性を有し，体を被覆して人体保護と体温調節の役を果たすと同時に，社会に対して個人を表現するという人間にとっての不可欠な資材であるところにある．

　このような使用目的をもつ衣類は，着用による人体からの汚れと外界からの汚れにより汚染される．特に夏期には多量の汗と皮脂とほこりにまみれるという現象が避けられず，衣類は化学的な損傷を受ける．また，着用によって変形，型くずれ，しわ，その他の物理的な損傷を受ける．さらに，四季を通じて気温変化のある日本では，その季節に応じて衣類の入れ替えが必要となる．

　これらの理由から，衣生活においては衣類をつねに清潔に保つための洗濯，外観や形態の美しさと快適さを維持するための仕上げと手入れ，季節ごとの保存・管理が不可欠である．

　被服管理学とはまさにこれらに関する科学であり，技術である．英語の"fabric care science"という言葉が最もその内容を表現するものであろう．

　この学問のルーツは，人類文明の起源にまでさかのぼり，何千年にもわたって人間生活から生まれた経験と素朴な生活の知恵によって育成され，それぞれの環境に最も適合するよう工夫されてきた衣類の取り扱いの手法に端を発している．これが後に"衣類整理"という科目名のもとに学校教育の場でひとつの座を占めるにいたり，さらにその後「被服整理学」という学問として体系化された．そして，近年，内容もより広く，一般にわかりやすい「被服管理学」という名称が使われるようになった．

　被服管理学は，実際の汚れという多種多様な物質，洗浄という複雑な系などを対象とした静的，動的に処理困難な要素を含んでいるが，多くの実験結果に対して，物理，化学，数学，力学などの基礎理論に基づく理論的解明を行い，複雑な系にも一応基礎理論が適用できることを明らかにし，家庭生活の実態と現象に科学のメスを入れることにより新しく生まれた学問である．

　近年の社会の変化は著しく，衣生活においては，繊維素材，加工剤が多様化し，それに伴い繊維製品，アパレル製品の企画・生産体制の変化，多様化が進行している．さらに，洗濯に用いる洗剤の種類も多様化し，洗濯機には新しくドラム式が登場した．また，地球的規模での生産，消費，流通のグローバル化が起き，現在ではすべてのものがボーダーレスの時代を迎えている．このようななかで，被服管理学はますますその重要性を増してきている．本書が，そのお手伝いとなれば幸甚である．

はじめに

　最後に，被服管理学を学ぶ人に次のことを伝えたい．被服管理学は根本的には日常生活に直結した学問であり，理論と実際が有機的に関連しているため，学んだことをすぐその日から自分自身の生活を通して立証し，生かしていける可能性をもっている．また，自分自身が実験者となり，科学する心をもって日々の生活に携わりながら，被服管理に対するよりよい方法の開発，発見，発明の糸口を見出し，人間生活と社会に大きな貢献をなしうる可能性も秘めているのである．被服管理学の今後の担い手が増えることを著者一同期待している．

　2012年8月

著 者 一 同

目　　次

1. **被服の汚れ** ……………………………………………………………………［牛腸ヒロミ］…… 1
   - 1.1 汚れによる被服の性能の変化 ……………………………………………………………… 1
     - 1.1.1 皮脂汚れの残留と黄変度の関係 ………………………………………………… 1
     - 1.1.2 汚れによる微生物や臭気の発生 ………………………………………………… 1
   - 1.2 汚れの分類 …………………………………………………………………………………… 2
     - 1.2.1 人体から排出される汚れ ………………………………………………………… 2
     - 1.2.2 環境からの汚れ …………………………………………………………………… 4
     - 1.2.3 水溶性汚れ ………………………………………………………………………… 4
     - 1.2.4 油性汚れ …………………………………………………………………………… 5
     - 1.2.5 固体粒子汚れ ……………………………………………………………………… 5
   - 1.3 汚れの付着に及ぼす被服材料の影響 ……………………………………………………… 5
     - 1.3.1 繊維の影響 ………………………………………………………………………… 5
     - 1.3.2 糸の影響 …………………………………………………………………………… 5
     - 1.3.3 布の影響 …………………………………………………………………………… 6
   - 1.4 汚れの付着機構 ……………………………………………………………………………… 6
     - 1.4.1 機械的付着 ………………………………………………………………………… 6
     - 1.4.2 静電引力による付着 ……………………………………………………………… 6
     - 1.4.3 ファンデルワールス力による付着 ……………………………………………… 6
     - 1.4.4 化学結合による付着 ……………………………………………………………… 6

2. **被服の洗浄** …………………………………………………………………………………………… 7
   - 2.1 水（洗濯水）……………………………………………………………………［米山雄二］…… 7
     - 2.1.1 硬水と軟水 ………………………………………………………………………… 7
     - 2.1.2 水道水中の鉄マンガン …………………………………………………………… 7
     - 2.1.3 水資源と生活用水 ………………………………………………………………… 8
   - 2.2 洗　　剤 ………………………………………………………………………［米山雄二］…… 8
     - 2.2.1 界面活性剤 ………………………………………………………………………… 8
     - 2.2.2 配　合　剤 ………………………………………………………………………… 11
     - 2.2.3 市　販　洗　剤 …………………………………………………………………… 13
   - 2.3 洗　　濯 ……………………………………………………［小林政司, 藤居眞理子, 後藤純子］…… 14
     - 2.3.1 洗　濯　条　件 …………………………………………………………………… 14
     - 2.3.2 家　庭　洗　濯 …………………………………………………………………… 21
     - 2.3.3 家庭用洗濯用機器 ………………………………………………………………… 31
     - 2.3.4 各種素材でできた繊維製品の洗濯法 …………………………………………… 34
   - 2.4 商　業　洗　濯 …………………………………………………………………［梅澤典子］…… 35
     - 2.4.1 商業洗濯の種類 …………………………………………………………………… 35
     - 2.4.2 ドライクリーニング用溶剤・洗剤 ……………………………………………… 37

2.4.3　ドライクリーニングの方法 ……………………………………………… 38
　　2.4.4　クリーニングのトラブルと注意 ………………………………………… 39
　2.5　洗濯による損傷・劣化とその防止法 ……………………………[牛腸ヒロミ]… 41
　　2.5.1　洗濯用洗剤，漂白剤等の正しい使用方法により防げる変退色 ………… 41
　　2.5.2　被服などの材質に対する知識を得ることにより防げる損傷,
　　　　　劣化，形態変化，変退色 …………………………………………………… 42
　　2.5.3　消費者には防げない劣化，変退色 ……………………………………… 43
　2.6　最近の洗浄の実態 …………………………………………………[藤居眞理子]… 44
　　2.6.1　家庭洗濯の実態と問題点 ………………………………………………… 44
　　2.6.2　コインランドリーの実態と問題点 ……………………………………… 45

3. 洗浄試験と評価 …………………………………………………………[小林政司]… 47
　3.1　洗剤の洗浄力試験 …………………………………………………………………… 47
　　3.1.1　バンドルテストによる評価 ……………………………………………… 47
　　3.1.2　モデル実験により洗浄力評価 …………………………………………… 47
　　3.1.3　指標洗剤 …………………………………………………………………… 49
　　3.1.4　洗浄試験機 ………………………………………………………………… 50
　　3.1.5　洗浄力の評価 ……………………………………………………………… 51
　3.2　洗濯機の評価 ………………………………………………………………………… 53
　　3.2.1　洗濯性能の評価 …………………………………………………………… 53
　　3.2.2　洗濯機械作用の評価 ……………………………………………………… 54
　3.3　マーク表示のための試験 …………………………………………………………… 55
　3.4　官 能 評 価 …………………………………………………………………………… 56

4. 洗浄メカニズム ………………………………………………………………………… 58
　4.1　水系（湿式洗濯）の場合 ………………………………[齊藤昌子，米山雄二]… 58
　　4.1.1　界面活性剤水溶液の特質とその応用 …………………………………… 58
　　4.1.2　界面電気現象と洗浄への寄与：DLVO理論 …………………………… 61
　　4.1.3　各種汚れ除去のメカニズム ……………………………………………… 63
　4.2　非水系（ドライクリーニング）の場合 …………………………[米山雄二]… 67

5. しみ抜き …………………………………………………………………[増子富美]… 69
　5.1　しみ抜きの原理 ……………………………………………………………………… 69
　　5.1.1　物理的方法 ………………………………………………………………… 69
　　5.1.2　化学的方法 ………………………………………………………………… 69
　5.2　しみ抜きの実際 ……………………………………………………………………… 69
　　5.2.1　しみ抜き剤 ………………………………………………………………… 69
　　5.2.2　しみ抜き用具 ……………………………………………………………… 70
　　5.2.3　しみ抜きの方法 …………………………………………………………… 70
　5.3　商業洗濯におけるしみ抜き ………………………………………………………… 71

6. 漂白と増白 ……………………………………………［生野晴美］…… 72
6.1 漂　　白 …………………………………………………………………… 72
6.1.1 漂白の原理 ………………………………………………………… 72
6.1.2 漂白剤の種類と特徴 …………………………………………… 72
6.1.3 漂白の適正化 ……………………………………………………… 76
6.2 蛍光増白 ………………………………………………………………… 77
6.2.1 増白の原理 ………………………………………………………… 77
6.2.2 蛍光増白剤の種類 ………………………………………………… 78
6.2.3 蛍光増白剤による淡色布の色調変化 ………………………… 79
6.2.4 蛍光増白剤の環境における挙動 ……………………………… 79

7. 仕　上　げ ………………………………………………………［増子富美］…… 80
7.1 柔軟仕上げ ……………………………………………………………… 80
7.1.1 柔軟仕上げ剤の種類 ……………………………………………… 80
7.1.2 柔軟仕上げの原理 ………………………………………………… 81
7.1.3 柔軟仕上げの効果・方法 ………………………………………… 81
7.1.4 最近の柔軟仕上げ剤 ……………………………………………… 81
7.2 糊　つ　け ……………………………………………………………… 82
7.2.1 糊の種類 …………………………………………………………… 82
7.2.2 糊つけの方法・効果 ……………………………………………… 82
7.3 アイロン仕上げ ………………………………………………………… 83
7.3.1 アイロン仕上げ効果に及ぼす要因 …………………………… 83
7.3.2 アイロンの種類 …………………………………………………… 83

8. 被服の保管 ………………………………………………………［増子富美］…… 84
8.1 保管中の損傷 …………………………………………………………… 84
8.1.1 虫害と防虫法 ……………………………………………………… 84
8.1.2 かびと防かび ……………………………………………………… 86
8.1.3 湿　　気 …………………………………………………………… 87
8.2 収納方法 ………………………………………………………………… 88
8.2.1 収納時の清潔と整形 ……………………………………………… 88
8.2.2 収納容器 …………………………………………………………… 88
8.2.3 保管場所 …………………………………………………………… 89

9. 被服整理と環境 …………………………………………………［牛腸ヒロミ］…… 90
9.1 繊維製品の廃棄，リサイクル，リユース …………………………… 90
9.2 界面活性剤の生分解性 ………………………………………………… 91
9.3 湖沼の富栄養化 ………………………………………………………… 92
9.3.1 生活排水中の有機汚濁物質 ……………………………………… 92
9.4 界面活性剤使用にあたっての環境への配慮 ………………………… 92
9.5 界面活性剤の管理 ……………………………………………………… 93
9.6 ドライクリーニング用溶剤の問題 …………………………………… 93

引用・参考文献	95
付録　被服整理学に関係する資料	99
付 1.　家庭製品の品質表示	95
付表 1　品質表示法による繊維の指定用語	100
付表 2　品質表示法による商品区分	101
付表 3　洗濯用合成洗剤（JIS K 3371）	103
付表 4　粉末洗濯石けん（JIS K 3303）品質の規定	103
付表 5　取り扱い絵表示（JIS・ISO 対応表）	104
付 2.　クリーニング事故賠償基準	108
付表 6　商品の平均使用年数（抜粋）	108
付 3.　JIS 規格（抜粋）	109
付 4.　繊維性能	110
付表 7　繊維性能表	110
索　　引	113

1 被服の汚れ

1.1 汚れによる被服の性能の変化

被服が汚れると，その部分が変色したり，光沢を失ったりさらにはかびが生えたりして，外観上の性能が低下する．また，汚れが繊維や糸間隙に入り込むと，吸水性や通気性，保温性が低下する．皮脂汚れが付着したことによって吸水性が大きく低下した例を図1.1に示す[1]．

着用と洗濯を繰り返し，皮脂汚れを蓄積させたナイロンスリップA，Bと綿肌シャツを試料として，バイレック法に準拠して，上端を固定し，下部におもりを付けて水に浸漬し10分後の水の上昇高さを測定した．図1.1にみられるように，どの試料も，残留皮脂量が増えるほど水の吸水高さは直線的に減少している．吸湿性も皮脂汚れでは低下すると考えられるが，水溶性無機塩汚れの場合は増加する可能性がある．

次に，汚れによる黄変と微生物や臭気の発生について述べる．

1.1.1 皮脂汚れの残留と黄変度の関係

皮脂汚れは，長期間保存しておくと，空気中の酸素により酸化され，黄変が進む．図1.2に繊維製品の黄変度に及ぼす油性汚こう残留蓄積量の関係を示す[2]．家庭で繰り返し使用した肌シャツ2種，枕カバーを30℃，60% RHの暗所に8ヵ月間保存したところ，油性汚こう残留蓄積量が増えるほど，繊維製品の黄変度は直線的に増大した．

1.1.2 汚れによる微生物や臭気の発生

皮脂汚れは細菌やかびなどの栄養になりうるので，適度な温湿度がそろうと，グラム陽性球菌・陰性球菌，グラム陽性桿菌・陰性桿菌，真菌（かび）などの微生物が増殖する[3]．微生物には，人間にとって有害なものと，無害なものとがある．

汗汚れ中の有機物が空気中の酸素により酸化されたり，皮膚上にいる常在菌によって分解されたりすると，酢酸，イソ吉草酸などの低級脂肪酸やノネナールなどのアルデヒドが生じて不快なにおいを発生する[4]．

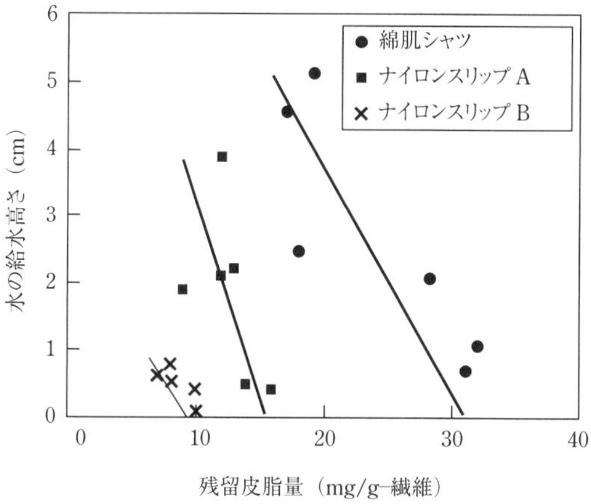

図1.1 皮脂汚れの蓄積と吸水性[1]

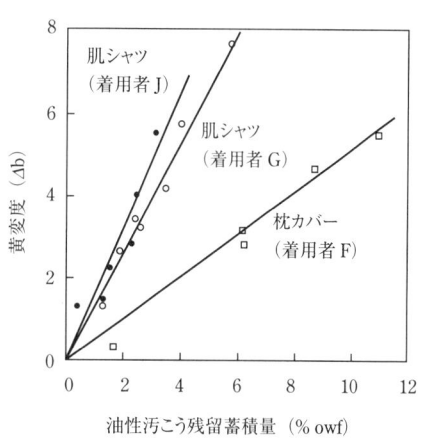

図1.2 長期保存した衣料の黄変度（30℃，60% RH，暗所，8ヵ月保存）[2]

1.2 汚れの分類

汚れは，その成分により，大きく分けて有機汚れと無機汚れの2つに分類される．ここでいう有機汚れとは主として有機化合物からなる汚れであり，有機化合物とは，例外はあるものの，炭素化合物，すなわち，炭素を含む化合物と考えればよい．同様に，無機汚れは主として無機化合物からなる汚れで，無機化合物の定義は有機化合物以外の化合物である．

1828年にウェラーが生物界にしか存在しなかった有機化合物である尿素を無機化合物であるシアン酸アンモニウムから合成して，生命の有無による分類が根拠のないものであることを証明するまでは，動物や植物など生命のあるものの構成成分や，これらから産出あるいは排出されたものを有機化合物，鉱物など生命のないものの構成成分を無機化合物と呼んでいた[5]．今でも，実際の生活上は，動植物の構成成分と排出物が有機化合物，鉱物が無機化合物と考えてもあまり問題はないであろう．

汚れを原因で大別すると，着用した被服の内側からの汚れ，すなわち人体からの排出物による汚れと，着用した被服の外側からの汚れ，すなわち環境からの汚れの2つに分けることができる．

被服に付着する汚れを中心に，汚れの成分と原因による分類を表1.1に示した．

汚れを，その形状，性質で分類すると，表1.2のように，水溶性汚れ（細菌，かびなどの微生物汚れを含む），油性汚れ，固体粒子汚れに分けることができる．

水溶性汚れは，基本的には文字通り水に溶ける汚れである．タンパク質や糖質のように分子量が大きくなったり，変性すると水に不溶になるが，酸，塩基，酸化などの処理で水に溶けるようになる汚れである．油性汚れは水には不溶で，有機溶剤に溶ける汚れである．固体粒子汚れは水にも有機溶剤にも溶けない汚れである．実際の固体粒子汚れは身体や環境からの油性物質が取り巻いた形になっているものが多い．

実際の汚れの成分は今まで述べてきた物質の混合物である．汚れの付着量が多い着用肌シャツの成分を分析する[6]と，最も多いのは，脂肪酸，グリセリド，コレステロール，スクワレンなどの皮脂由来の有機汚れで，約70%弱を占める．次いで，タンパク質などの窒素化合物が約20%弱で，残りの15%が環境からの汚れであるカーボンや泥などの粒子汚れや，人体からの汚れである汗由来の水溶性無機塩である．

1.2.1 人体から排出される汚れ

人体から排出される汚れには，皮脂，汗，脱落表皮細胞，血液，排泄物などがある．

表1.1 汚れの成分と原因による分類

	人体からの汚れ	環境からの汚れ
有機化合物	皮脂，汗，あか，ふけなどの脱落表皮細胞，血液，排泄物などの主成分である脂質，タンパク質，糖質	ジュース，食用油，バター，乳液，口紅，繊維くず，かび，細菌，絵の具，クレヨン，ボールペン，インク，油性ペン，塗料，ペンキ，農薬など
無機化合物	汗，血液，排泄物中に含まれる各種の塩類，ミネラル	ミネラルを含む食品，ファンデーション，鉛筆，墨，機械油（鉱油），顔料，泥，塵，ほこり，すす，排気ガス，浮遊粒子状物質（SPM），火山灰，放射性物質など

表1.2 汚れの形状による分類

	人体からの汚れ	環境からの汚れ
水溶性汚れ	汗，血液，尿，水溶性塩類，垢，ふけなどの脱落細胞など	ジュース，醤油，ソース，乳液，水彩絵の具，インク，水性ペン，農薬，繊維くず，かび，細菌など
油性（疎水性）汚れ	皮脂など	食用油，バター，マーガリン，口紅，クリーム，クレヨン，ボールペン，油性ペン，塗料，ペンキ，機械油（鉱油）など
固体粒子汚れ	排泄物中に含まれる各種のミネラル	こしょう，ファンデーション，顔料，鉛筆，墨，泥，塵，ほこり，すす，SPM，火山灰，放射性物質など

皮脂は皮脂腺から分泌され，不感蒸散を調節し，角質層に湿度，柔軟性を与え，外部からの有害物質や細菌の侵入を防ぐ働きをしている．皮脂腺は手掌，足底を除いたほぼ全身の皮膚に存在するが，顔面や頭部に多く四肢には少ないなど，その大きさ，形態，分布密度は部位により異なる．思春期早期には男性より女性のほうが皮脂量は多いが，その後は男性のほうが多くなる．中年以降は，女性では閉経後に顕著に減少するが，男性では比較的高い値を示す．このように，皮脂腺の活動にはホルモンの影響が大きい．特に男性ホルモンは皮脂腺を肥大させ，脂質合成を増加させる．ヒトの皮脂の構成成分を表1.3に示す[7]．

汗は汗腺から分泌される．汗腺には，全身に分布しているエクリン腺と特定の箇所にのみ存在するアポクリン腺の2種類がある．弱酸性のエクリン汗は細菌の繁殖を抑え，弱アルカリ性のアポクリン汗は細菌感染が起こりやすい．

脱落表皮細胞は表皮のターンオーバーによって生じる．ターンオーバーとは表皮の最外層の角質層が剥離脱落して，新しい細胞層に置き換わることで，この1周期は約6週間といわれているが，身体部位や年齢，性別，季節によっても異なる．表1.4に身体部位の違いによる汚れの量[8]を，表1.5に天然汚れ成分の構成成分と季節による相違の一覧表を示す[9]．

表1.3 ヒト皮脂の構成[7]

脂質	平均値 (wt%)	範囲 (wt%)
トリグリセリド	41.0	19.5〜49.4
ジグリセリド	2.2	2.3〜4.3
脂肪酸	16.4	7.9〜39.0
スクワレン	12.0	10.1〜13.9
ワックスエステル	25.0	22.6〜29.5
コレステロール	1.4	1.2〜2.3
コレステロールエステル	2.1	1.5〜2.6

(大城戸宗男・安部隆「皮脂腺の脂質代謝，現代皮膚科学大系3B」，中山書店，p. 83-95；および Downing, D. T., Strauss, J. S. & Pochi, P. E., "Variability in the chemical composition of human skin surface lipids", J. Invest. Dermatol, 53: 232, 1969)

表1.4 人体各部位の天然衿汚染布（標準綿布）に付着するタンパク質と脂質汚れ量[8]

汚染布の種類	タンパク質量 (mg/g 繊維)	脂質量 (mg/g 繊維)	タンパク質量/脂質量
頸部汚染布	9.2	48.3	1/5.25
背部汚染布	7.1	30.5	1/4.29
腕部汚染布	6.0	25.9	1/4.31
踵部汚染布	17.9	28.6	1/1.60

表1.5 天然汚れ成分の季節による相違（%）

汚れ / 汚れ成分	衿 4〜5	衿 7〜8	衿 9〜10	衿 2〜3	肌シャツ 4〜5	肌シャツ 7〜8	肌シャツ 9〜10	肌シャツ 2〜3
(1) 有機質汚れ	86.7	78.1	83.2	90.4	85.6	73.0	78.1	89.2
脂肪酸	20.2	21.9	20.5	18.9	12.8	11.5	15.8	18.3
パラフィン	1.0	0.9	1.0	1.2	0.4	0.6	1.1	0.5
スクワレン	3.9	3.8	4.1	5.0	1.6	2.2	4.4	2.2
コレステロールエステル	13.0	10.2	12.5	17.1	12.1	6.4	12.3	9.3
コレステロール	1.5	1.4	1.8	2.0	1.8	1.4	3.4	2.0
トリグリセリド	19.9	7.9	19.4	24.6	24.0	6.9	14.4	28.1
含窒素化合物	9.0	19.0	11.4	8.5	17.6	36.6	16.4	15.1
モノ，ジグリセリド，アルコール，その他	18.2	12.9	12.5	13.1	15.3	7.4	10.3	13.6
(2) 無機質汚れ	13.3	21.9	16.8	9.6	14.4	27.0	21.9	10.8
灰分	3.9	2.9	3.2	5.1	3.2	2.9	2.7	4.3
塩化ナトリウム	9.4	19.0	13.6	4.5	11.2	19.0	19.2	6.5
汚れ付着量 (% owf)*	—	—	—	—	1.3	1.5	1.5	2.1

*繊維布重量当たり百分率（on the weight of fabric）
出典：油化学 19, 1095, 柏一郎他 (1970)

表 1.6 汚れと繊維製品

身体の部位など	汚れ	対象繊維製品
軀体	皮脂, 汗, 脱落細胞	下着
頭	軀体より多い皮脂, 汗, ふけ	帽子, 枕, 枕カバー
足	土, 砂など, 脱落細胞, 細菌など	靴下, 靴, サンダル
排泄物	糞, 尿, 血液など	下着, おむつ, 生理用下着, シーツ
血液	血液成分	包帯, 生理用下着

したがって, 表1.6に示すように, 各々の部位を覆う被服の汚れの主成分とその割合は異なることを念頭に置いておくほうがよい. さらに, これらの汚れを放置しておくと, 前述のようにバクテリアが繁殖して不快なにおいを発生する.

高齢者の被服に付着する汚れは, 皮脂, 汗, 脱落表皮細胞, 塵埃などの通常の汚れ以外に, 尿, 便など失禁による汚れ, 食べ物の食べこぼし汚れなどが多いと考えられる.

表 1.7 カーペットの汚れ粒子の組成[11]

分類	組成	%
無機粉体	砂, 粘土, 石英, 長石	45
	石灰	5
	石膏, リン石灰	5
有機物	動物繊維	12
	繊維素系物質	12
	樹脂, にかわ, でんぷん等	10
	油脂, ゴム, タール	6
その他	水分	3
	不明	2

1.2.2 環境からの汚れ

環境からの汚れには, 身近なところでは, 食品の食べこぼし汚れ, ファンデーションや口紅などの化粧品, 整髪料や香水などの香粧品, 繊維製品から生じる繊維くずなど, 環境中に繁殖するかびや細菌類などがある. 日用雑貨品では, 絵の具, クレヨン, ボールペン, 鉛筆, インク, 油性ペン, 墨汁などの文房具用品があり, その他, 泥, 塵, ほこり, 排気ガス, 浮遊粒子状物質[10] (SPM) などがある. SPMは, ディーゼルエンジンから排出される粒子状の物質の総称で, 一般に, 炭素からなる黒煙 (すす) の周囲に, 燃え残った燃料や潤滑油の成分, さらに軽油燃料中の硫黄分から生成される硫黄化合物 (サルフェート) などが吸着しているものと考えられている. SPMのこれらの成分割合は, ディーゼルエンジンの運転条件, 燃焼状態や燃料の性状により, 大きく異なる.

表1.7にカーペットの汚れ粒子の組成を示す[11]. 砂, 粘土, 石英などの無機汚れが5割を占め, 残りが, 繊維くず, 樹脂, でんぷんなどの食品の有機汚れである. その他, 局地的汚れとして, 農薬や火山灰, 放射性物質などが考えられる.

1.2.3 水溶性汚れ

人体から排出される汚れの中では, 汗, 尿 (水分, 塩化ナトリウム, 尿素, 乳酸, 硫化物, アンモニア, 尿酸, クレアチニン, アミノ酸などからなる), 血液 (水分, 水溶性タンパク質, 各種の塩類などからなる) がある. 汗や尿の成分はすべて水に溶けているが, 血液中に溶けている水溶性タンパク質は加熱や酸や塩基 (アルカリ) の添加によるpHの変化や無機塩の添加によって凝固する. また, アルコールや界面活性剤などを加えても変性し, 水に不溶となる.

環境からの汚れの中の食品の汚れには, 砂糖などの糖質, 牛乳, 卵などの水溶性タンパク質, その他にも醤油, ソースなどの調味料類, ジュースなどの飲料などがあるが, タンパク質だけでなく糖類も加熱により炭化すると水に不溶になる. 化粧品や香粧品の汚れとして, 化粧水, 乳液, クリーム, ファンデーション, 整髪料, 香水などがある. 日用品としては文房具の絵の具, インク, 水性ペンなどがある. これらには界面活性剤により乳化された油脂類が入っている. その他, 水に不溶の無機質を含む泥, 農薬, また, 特殊な汚れとして放射性物質などもある.

1.2.4 油性汚れ

人体から排出される油性汚れとしては、皮脂がある。皮脂の成分は、脂肪酸、スクワレン、トリグリセライド、脂肪酸エステル、コレステロール、コレステロールエステルなどである。環境からの汚れの中の食品の汚れには、てんぷら油、サラダ油、ラード、ヘッド、バター、マーガリンなどの油脂類がある。その他にもラー油やドレッシングなどの調味料類にも多量の油成分が含まれる。化粧品や香粧品の汚れとして、口紅、クリーム、ファンデーション、整髪料などがある。日用品としては文房具である油絵の具、油性ペンなどがある。その他、機械油やグリースなどもある。

油性汚れは、水に溶けないが、有機溶剤には溶ける。しかし油脂類は加熱などにより変性すると、水はもちろんのこと有機溶剤にも溶けない汚れになる。

1.2.5 固体粒子汚れ

人体から排出される汚れの中では排泄物中に含まれる各種のミネラルがあり、環境からの汚れの中の化粧品・香粧品の汚れにはリキッドファンデーションなどがある。日用雑貨品からは顔料、文房具用品には鉛筆、墨汁、粘土などがあり、その他、泥、塵、ほこり、煤煙、自動車の排気ガス中にある浮遊粒子状物質（SPM）、局地的汚れである火山灰などがある。固体粒子汚れは無機質であり、水にも有機溶媒にも溶けない。

1.3 汚れの付着に及ぼす被服材料の影響

1.3.1 繊維の影響

繊維の化学構造と物理的・機械的構造は、汚れの付着に大きな影響を及ぼす。分子レベルの汚れは、化学構造の影響を受けるであろうし、大きな汚れは物理的・機械的構造の影響を受ける。ここでは官能基の種類、フィブリル、繊維の太さ、繊維の断面と表面の影響について述べる。

a. 官能基の種類

親水性官能基としてヒドロキシ基（-OH）をもつ、綿、麻、レーヨン、キュプラのようなセルロース系繊維や、アミノ基（$-NH_2$）やカルボキシ基（-COOH）、をもつ羊毛、絹、ナイロンのようなポリアミド繊維はそれぞれの官能基と化学結合する官能基をもつ分子レベルの汚れと反応すると頑固な汚れになる。

すなわち、汚れが繊維と疎水結合していたり、ヒドロキシ基と水素結合している場合は、比較的弱い結合なので落ちやすいが、汚れがアミノ基やカルボキシ基とイオン結合している場合は、強い結合なので落ちにくい。

b. フィブリル

綿や絹のように繊維表面にフィブリルをもつ繊維は、フィブリル間に汚れが物理的に付着する。したがって、汚れの除去には、もむ、叩く、押すなどの外力や洗濯機の機械力が必要である。

c. 繊維の太さ

繊維直径が10 μmと細い絹繊維や、10 μm以下の極細合成繊維やナノファイバーは繊維直径が20 μm程度の綿や羊毛、レギュラー合成繊維などに比べて単位質量当りの表面積が大きいので、表面に汚れが付着する確率が高くなる。

d. 繊維の形態（断面、側面の状態）

絹、レーヨン、アセテート、アクリルなどの異形断面繊維や綿などの中空繊維は、繊維の凹凸部分や中空部分に汚れが物理的に付着しやすい。

綿のように撚りがかかっている繊維や羊毛のようにキューティクルによる凹凸のある繊維、レーヨン、アセテート、アクリルなどのように、ひだや条痕などの凹凸のある繊維は表面に汚れが付着しやすい。

1.3.2 糸の影響

a. 糸の種類

表面が平滑なフィラメント糸より表面に毛羽が多く、含気率の高い紡績糸の方が汚れが付着しやすい。

b. 糸の撚り数

糸の撚りが甘いと繊維間に汚れが付着し、撚りが強いと糸の表面に付着しやすい。また、撚りを非常に強くし、しぼ（トルク）ができると布表面に凹凸ができるので、汚れが付着しやすい。

1.3.3 布の影響

a. 表面の粗さ

布表面が粗いほど凹凸の凹部に汚れが付着しやすく，取れにくい．布表面が平滑なほど付着しにくく，取れやすい．

b. 織組織

三原組織の平織のように布表面が平滑になる織り方では汚れは付きにくいが，交錯点が多いので，交錯点に塗り込まれるような汚れならば，汚れが付きやすいといえる．斜文織（綾織），朱子織になるほど，単位面積当たりの交錯点は少なく，糸の自由度が高くなるので，汚れが付きにくく，落ちやすいといえよう．

c. 糸密度

糸密度は大きいほど，目の詰まった織物になるので，汚れが付きにくいと考えられる．

d. 含気率

含気率が大きな織編物は空隙率が大きいということなので，その隙間に入るような汚れであれば，含気率が大きいほど汚れやすいといえる．

e. 加工の有無

水性汚れに効果があるシリコーン系樹脂を使った防汚加工（Soil Release 加工）がしてある場合は水性汚れが付きにくくなるし，汚れても洗濯で落ちやすい．フッ素系樹脂を使った防汚加工（Soil Resistant 加工，Soil Guard 加工）では油性汚れも水性汚れも付きにくくなる．しかし汚れが付着すると未加工布より除去しにくくなる．

1.4 汚れの付着機構

汚れが被服に付着する過程はさまざまであるが，最も影響力が大きいのは汚れとの接触である．たとえば，ワイシャツの衿や袖口などは常に人体に接触しているので，人体から排出される皮脂や汗や脱落表皮細胞が接触により被服に付着する．転んでズボンの膝を泥だらけにしたり，ジュースをこぼしてスカートにしみを付けるのも汚れとの接触である．その他にも，空気中に浮遊しているほこりや塵が付着したり，ナイロンやポリエステルでできた被服が帯電により固体粒子汚れを付着することもある．このような汚れの付着機構を以下に分類する．

1.4.1 機械的付着

布地の表面に引っかかっていたり，糸や繊維の間隙に入り込んだり，糸や繊維の表面の凹凸に埋め込まれたりしている状態の固体粒子汚れの付着状態である．1.3 節で述べたように，汚れは繊維，糸，布の物理構造の影響を受ける．これらの汚れは，手でつまむ，布団たたきでたたく，ブラシをかけるなど物理的な力である程度までは除去できる．しかし粒子が細かくなると除去しにくい汚れになる．

1.4.2 静電引力による付着

静電気力はクーロン力ともいわれる．静電気は物と物が触れ合っただけで生じる電子の移動により発生する．張り合わせているものを剥がすときにも生じる．ポリエステルのスカートが足にまとわりつくのは静電気によるものである．静電気が生じても，放電しやすければ問題はないが，放電しにくい疎水性繊維に疎水性汚れが付着すると落ちにくくなる．

1.4.3 ファンデルワールス力による付着

分子間力ともいわれる．ファンデルワールス力は物質が接近すると，あらゆる分子の間に生じる弱い力ではあるが，汚れと繊維間に働く力としての寄与は大きい．

1.4.4 化学結合による付着

酸性染料は染料分子が電離してマイナスイオンになり，たとえば羊毛繊維がもつアミノ基が電離してプラスイオンをもつときに，マイナスとプラスの異符号のイオンが引き合ってイオン結合を生じて羊毛に染着する．このように，汚れ分子と繊維分子がイオン結合によって付着することがある．鉄イオンやマンガンイオンなどの有色イオンと繊維との配位結合も考えられる．

イオン結合や配位結合は化学結合なので，その結合力が強く，汚れは落としにくい．落としにくいしみはこのような化学結合により付着していると考えられる．

［牛腸ヒロミ］

2 被服の洗浄

　汚れはその場に存在すると不都合な物質と定義され，固体表面上にある汚れを取り除くことを洗浄という．固体表面上の汚れを落とすのに用いられる物質を洗浄剤といい，特に界面活性剤の働きにより汚れを落とす物質を洗剤と呼んでいる．洗浄される表面が繊維表面である場合，その汚れを除去して清浄にする操作を洗濯と呼ぶ．本章では，被服の洗濯において使用する水，洗剤とその成分，洗濯方法について述べる．

2.1 水（洗濯水）

　洗濯用水には，主として上水道や簡易水道の水が使用され，一部の地域では井戸水や河川など自然の水が利用されている．水には多種の成分が溶存しており，その成分や量によって水質が異なってくる．

　水質によっては洗濯物の仕上がりに悪い影響を与えることがある．

2.1.1 硬水と軟水

　河川水や地下水は，流下する過程で岩石や土壌成分が溶出する．おもな溶存成分は，ナトリウム，カルシウム，マグネシウムであり，極微量の鉄，マンガンなどの金属イオンが含まれている．カルシウム，マグネシウムなど多価イオンを多く含む水は**硬水**（hard water）と呼び，その含有量は**硬度**（hardness）で示される．

　硬度の表し方には以下に示すアメリカ硬度とドイツ硬度があり，公的な水質基準の資料ではアメリカ硬度が用いられている．

　① **アメリカ硬度**（mg/L）：水 1000 mL（= 1 L）中に含まれる硬度成分を炭酸カルシウム（$CaCO_3$）量 mg に換算して表す．

　② **ドイツ硬度**（°DH）：水 100 mL 中に含まれる硬度成分を酸化カルシウム（CaO）量 mg に換算して表す．

　アメリカ硬度とドイツ硬度の関係は次式で表され，換算することができる．

$$\text{アメリカ硬度} = \text{ドイツ硬度} \times 17.6$$

　日本は水質に恵まれており，図 2.1 に示すように生活用水の 80% 以上が 80 mg/L 以下の**軟水**（soft water）である．硬水を洗濯用水に用いると，たとえば石けんを用いた場合には石けんと硬度成分が結合して，石けんの溶解度が低下して洗浄効果が低下する．硬水は軟化して用いられるがその方法には煮沸法（一時硬水），アルカリ法（水酸化ナトリウムなど），イオン封鎖法（リン酸塩など），イオン交換法（ゼオライトなど）があり，洗剤には次節で述べるように，炭酸塩やゼオライトを配合して，硬度成分による洗浄力低下を防いでいる．

2.1.2 水道水中の鉄マンガン

　鉄，マンガンの含有量は水道水の水質基準ではいずれも 0.3 mg/L 以下に定められており，微量であり問題になることは少ない．しかし，築年数

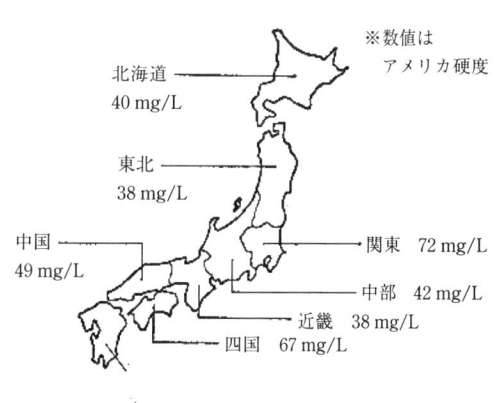

図 2.1 日本の生活用水の硬度分布（ライオン家庭科学研究所編，1984）[1]

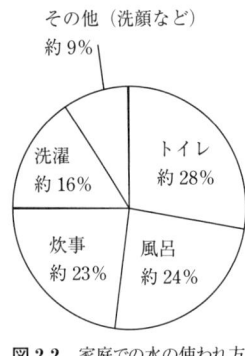

図 2.2 家庭での水の使われ方（2006 年度東京都水道局調べ)[2]

の経過したマンションではタンクや送水管のさびによって鉄分が多くなる場合があり，また井戸水には鉄やマンガンが多く含まれることがある．鉄分は布を黄色化，マンガンは赤色化して被洗浄物の着色の問題を引き起こす．また，鉄さびのように部分的に衣類に付着した場合には，酸素系漂白剤の触媒として作用し，衣類を損傷することがある．

2.1.3 水資源と生活用水

生活用水は年々増加傾向にあり，今日では 1 人 1 日当たり 230 L 程度が使われている．その内訳を図 2.2 に示す．洗濯用水はこのうち約 16% を占めている．生活用水の大部分は水道水によりまかなわれており，最近の環境意識の高まりから節水が行われている．洗濯では節水型洗濯機や節水型洗剤が登場しているが，風呂の残り湯を利用して節水している人が 50% に達している．

2.2 洗　　剤

衣類の洗濯に用いる洗剤には家庭用と業務用があるが，ここでは家庭用の衣料用洗剤について述べる．**洗剤**（detergent）は汚れを落とすおもな役割をもつ界面活性剤と，その働きを助ける**洗浄補助剤**（ビルダー，builder），総合的な効果を目的とする性能向上剤によって構成されている．以下，それらの成分と特徴について解説する．

2.2.1 界面活性剤

界面活性剤は分子の構造中に，水になじみやすい**親水基**（hydrophilic group）と油になじみやすい**親油基**（lipophilic group）をもっている．1 つの分子中に性質のまったく異なる部分をもつことが大きな特徴であり，それゆえ第 3 章で述べる油と水を接したときにできる界面に吸着することで界面張力を低下させ，油と水の混合を容易にして，湿潤，乳化，分散，可溶化などの諸作用により洗浄作用を発揮する．界面活性剤は水に溶解したときのイオン性によって，陰イオン・陽イオン・非イオン・両性界面活性剤の 4 種類に分類される．おもに陰イオン系と非イオン系は衣類の洗剤に用いられ，陽イオン系は柔軟仕上げ剤やドライクリーニング用洗剤に用いられている．

a. 陰イオン界面活性剤（anionic surfactant）

石けんをはじめ各種合成界面活性剤があり，洗剤には多くの種類が登場している．現在，衣料用洗剤に用いられている代表的な陰イオン界面活性剤を以下に示す．

(1) 脂肪酸ナトリウム（石けん）

　　R・COONa　（R はアルキル基）

〔製法〕油脂を水酸化ナトリウムで分解（けん化）して得られる．

　油脂　+　水酸化ナトリウム　→
　　3 脂肪酸ナトリウム　+　グリセリン

原料となる油脂は，その種類によって脂肪酸の炭素鎖長が異なり，石けんに用いられる油脂は，ヤシ油，パーム油，牛脂が用いられる．

〔性質〕石けんの性質は脂肪酸に影響し，たとえば脂肪酸の炭素数が増加すると石けんの界面活性能は大きくなるが，水に対する溶解性は低下する．おもに炭素数 12〜18 の飽和脂肪酸や，オレイン酸のような不飽和脂肪酸が利用される．利点は ① 石けんは水に溶解するとアルカリ性を呈するため，油脂をけん化して落としやすくし，洗浄力を発揮する．② 油脂を原料にしているため，石けん分子の親油基は直鎖状であるため環境中で微生物による生分解性が良好である．欠点は ① 低温では溶解性が低下し，洗浄力が低くなる．② 硬水中に溶かすと硬度成分のカルシウムイオンやマグネシウムイオンと反応して，水不溶性の**金属**

石けん（metallic soap）を形成するため，洗浄力が低下する．また金属石けんが布に付着すると，黄ばみの原因となる．

(2) アルキル硫酸エステルナトリウム（AS）

R・O SO₃Na （Rはアルキル基）

〔製法〕炭素鎖長 $C_{12\sim18}$ のアルコールに，硫酸・無水硫酸を反応させて硫酸エステルとし，次にアルカリで中和して得られる．

R－OH ＋ H₂SO₄ →
R－OSO₃H → R－OSO₃Na

原料はヤシ油の高圧還元などから得られる炭素鎖長12のラウリルアルコールや，石油からの合成アルコールが原料に用いられる．合成方法が簡単であることから，合成洗剤が登場した初期の頃から使用され，今でも衣料用洗剤に広く使われている．

〔性質〕利点：石けんに比べて溶解性が良好である．耐硬水性は石けんよりも優れ，軟水中では洗浄力が高い．直鎖のアルキル基をもつので，生分解性が良好である．欠点：強酸や強アルカリ水溶液で温度が高いと性能が不安定となる．硬水中では硬度成分の影響を受けて，溶解性が低下し，洗浄力も低下する（図2.3）．

硫酸と水酸化ナトリウムによる強酸・強塩基による塩なので，ASは水に溶解すると中性を示す．脱脂力が強くないので，繊維への影響力が少なく，洗浄後の風合いへの影響が小さい．このためウール（あるいは毛）などのデリケート衣料用の中性洗剤の主成分として適している．洗浄力がマイルドなので，歯磨きの発泡剤としても使われている．

(3) アルキルポリオキシエチレンエーテル硫酸エステルナトリウム（AES）

R・O(C₂H₄O)ₙ SO₃Na

〔製法〕炭素鎖長 $C_{12\sim14}$ の高級アルコールにエチレンオキシド（C₂H₄O）を1〜3個付加させたアルキルポリオキシエチレンエーテルを硫酸化し，中和して得られる．

原料はヤシ油からの高圧還元で得られる $C_{12\sim18}$ のアルコールや，石油からの合成アルコールが用いられる．

〔性質〕AESはASより水に対する溶解度が大きく，耐硬水性がよく，硬水中でも洗浄力がほとんど影響されない．

(4) 直鎖アルキルベンゼンスルホン酸ナトリウム（LAS）

R－⟨○⟩－SO₃Na

〔製法〕石油原料から得られるベンゼンをアルキル化して直鎖アルキルベンゼンとし，これをスルホン化したのち，アルカリで中和して得る．一般にはアルキル基の炭素数は10〜14の分布をもち，またフェニル基の位置の異なる異性体があり，工業的に製造されているものはアルキル鎖長や異性体の異なる同族体の混合物である．

〔性質〕利点：洗浄力は炭素数10〜14のものがよい．LASは酸・アルカリに比較的安定であり，石けんやASよりも耐硬水性がある．脱脂力が強く，油汚れの洗浄力に優れ，また石油原料から製造できるので安価であり，洗濯用洗剤の界面活性剤として最も多く使用されている．合成洗剤の初期のころ使用されたアルキル基が分岐したアルキルベンゼンスルホン酸ナトリウム（ABS）は生分解性が悪いが（9.5節参照），直鎖アルキルをもつLASは生分解性がよい．欠点：水の硬度が高くなると洗浄力が低下する．

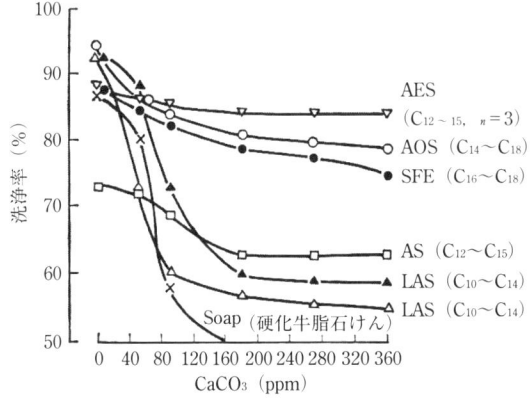

図2.3 水の硬度と界面活性剤の洗浄力（Yamane, 1987)[3]

(5) 脂肪酸メチルエステルスルホン酸ナトリウム（MES）

$$R-\underset{SO_3Na}{CHCOOCH_3}$$

〔製法〕油脂をメチルアルコールでエステル交換して脂肪酸メチルエステルとし，これをスルホン化したのち，アルカリで中和して得る．一般に油脂原料には脂肪酸部分の炭素鎖長が 14～18 のものを多く含むヤシ油，パーム油，パーム核油が用いられる．

〔製法〕利点：洗浄力は脂肪酸の炭素数によって異なり，16 のものが性能がよい．耐硬水性は LAS よりも優れる．このため少ない量で高い洗浄力を発揮する．油脂から合成され，石けんに似た構造をもつので生分解性に優れる．これらの特長から，環境に配慮した洗剤の界面活性剤として最近広く使われ始めた．欠点：酸・アルカリ水溶液において熱すると，加水分解を起こす．

(6) その他

石油原料から得られるアルファオレフィンをスルホン化し，中和して得られるアルファオレフィンスルホン酸ナトリウム（AOS）は，耐硬水性にすぐれる．LAS と併用して粉末洗剤の界面活性剤として用いられてきたが，製造方法が難しく，現在ではあまり使用されていない．

b. 非イオン界面活性剤（nonionic surfactant）

親水基がポリエチレングリコールなどのイオン性をもたない親水基をもち，$-OH$ 基やエーテル結合（$-O-$）に水分子が水素結合することで溶解する．

陰イオン界面活性剤では，親油基の炭素数や対イオンを変えることで界面活性剤の**親水性/親油性バランス**（HLB, hydrophile-lipophile balance）を制御できる．非イオン界面活性剤では，親油基の炭素数だけでなく，親水基の種類やポリエチレンオキシド鎖の長さを変えることで，HLB の異なる種々の界面活性剤をつくることができる．また，水溶液の温度を上昇すると親水基と水分子の水素結合が切断され，水溶性を低下させて界面活性剤分子が析出する．そのときの温度を曇り点（cloud point）という．HLB が大きい界面活性剤ほど，曇り点は高くなる．以下に，衣類の洗浄に使われる非イオン界面活性剤を示す．

(1) ポリオキシエチレンアルキルエーテル（AE）

$$R \cdot O(C_2H_4O)_n H$$

〔製法〕炭素数 8 以上の高級アルコールに，アルカリ触媒下でエチレンオキシドのガスを吹き込んで得る．

$$R-OH + n(C_2H_4O) \rightarrow R-O(C_2H_4O)_n H$$

原料はヤシ油からの高圧還元で得られる $C_{12\sim18}$ のアルコールや，石油からの合成アルコールが用いられる．

〔性質〕非イオン界面活性剤であるため硬度成分の影響を受けず，耐硬水性に優れている．低濃度での洗浄力が高い．特に皮脂汚れの洗浄性が優れている．常温で液状のものが多いので，液体洗剤のおもな界面活性剤として用いられる．欠点：水と高濃度で混合すると粘稠な液晶を形成して，溶解しにくくなる．

(2) ポリオキシエチレン脂肪酸メチルエステル（MEE）

$$R \cdot CO(C_2H_4O)_n OCH_3$$

〔製法〕油脂をメチルアルコールでエステル交換して脂肪酸メチルエステルとし，固体酸触媒下でエチレンオキシドのガスを吹き込んで得る．

$$R-COOCH_3 + n(C_2H_4O) \rightarrow R-CO(C_2H_4O)_n OCH_3$$

油脂原料には脂肪酸部分の炭素鎖長が 12～18 のものを多く含むヤシ油，パーム油，パーム核油が用いられる．

〔性質〕非イオン界面活性剤であるため耐硬水性に優れ，低濃度での洗浄力が高い．特に脂肪酸汚れの除去に効果がある．常温で液状のものが多いので，液体洗剤のおもな界面活性剤として用いられる．水と高濃度で混合しても粘稠な液晶を形成しないので，濃縮液体洗剤に用いられる．欠点：酸・アルカリとともに高温にすると加水分解を起こす．

(3) その他

石油から得られる芳香族アルコールのフェノールをアルキル化し，ポリオキシエチレンのガスを

吹き込んで得られる**ポリオキシエチレンアルキルフェニルエーテル**（APE）は，脱脂力と洗浄力に優れており，洗浄剤に広く用いられていた．しかし，環境ホルモン類似物質であることから使用が規制され，現在は特殊な場合を除いて，ほとんど用いられていない．

c. 陽イオン界面活性剤（cationic surfactant）

親水基の部分が水中で陽イオン（カチオン）になる界面活性剤．陰イオン界面活性剤とは反対のイオン性をもつので，"逆性石けん"とも呼ばれる．アミン塩およびアンモニウム塩があり，代表的なものを下記に示す．

$$\begin{array}{c} RCOOC_2H_4 \quad CH_3 \\ \diagdown \; \nearrow \\ N^+ \quad \cdot CH_3SO_4^- \\ \diagup \; \searrow \\ RCOOC_2H_4 \quad C_2H_4OH \end{array}$$

トリエタノールアミンベース・エステル4級塩

$$\left[\begin{array}{c} CH_3 \\ | \\ C_{12}H_{25}-N^+-CH_2-\bigcirc \\ | \\ CH_3 \end{array} \right] Cl^-$$

ドデシルジメチルベンジルアンモニウムクロライド

〔性質〕陽イオン界面活性剤の洗浄力は低く，一般に柔軟剤，帯電防止剤，はっ水処理剤などの繊維処理剤に使われる．従来，**柔軟仕上げ剤**（fabric softener）には塩化ジ硬化牛脂ジメチルアンモニウムが用いられていたが，1980年後半以降から生分解性に優れるエステル型のカチオン界面活性剤が柔軟仕上げ剤の主流になっている（図上）．また，陽イオン界面活性剤には殺菌効果をもつものがある（図下）．

d. 両性界面活性剤（amphoteric surfactant）

両性界面活性剤はアルカリ性の溶液では陰イオンとなり，酸性溶液では陽イオンとなる特徴がある．

おもにアミノ酸型やベタイン型と呼ばれるものが使われ，柔軟効果や殺菌効果をもつので，陽イオンと同じような用途で使われる．

2.2.2 配合剤

洗剤には洗浄性能を高める働きをもつ，**洗浄補助剤**（ビルダー）と，仕上がり効果を高める働きをもつ添加剤（性能向上剤）が配合されている．これらを総称して配合剤という．

a. ビルダー（builder）

ビルダーとはそのもの自体は界面活性を示さないが，界面活性剤と併用すると，洗浄力を著しく高める物質である．ビルダーを配合することにより，界面活性剤の濃度を低くしても洗浄性能が得られる．ビルダーが洗浄力に寄与するためには少なくとも，アルカリ緩衝作用，金属イオン封鎖作用（硬水軟化作用），分散作用の3つが重要であるとされている．

アルカリ緩衝作用は，皮脂汚れに含まれる酸性の汚れが洗浄液中に存在した場合，pHを一定のアルカリ性に保つ働きがある．金属イオン封鎖作用は，水中の硬度成分であるCaイオン，Mgイオンを取り込んで封鎖して，陰イオン界面活性剤が硬水成分の影響を受けて洗浄力が低下するのを防ぐ働きがある．分散作用は凝集状態で付着している粒子汚れを洗剤溶液中に分散し，再び繊維に付着しないようにする働きがある．これらの作用が総合されたときにビルダー効果が十分に発揮される．

b. 添加剤

(1) 炭酸塩（carbonate）

おもに炭酸ナトリウム（Na_2CO_3）が用いられ，これに炭酸水素ナトリウム（$NaHCO_3$）やセスキ炭酸ナトリウム（$Na_2CO_3 \cdot NaHCO_3 \cdot 2H_2O$）が併用される．炭酸ナトリウムはアルカリ性を示し，皮脂汚れの中の脂肪酸汚れを石けんに変え，皮脂汚れを落としやすくする．また，炭酸イオンは硬度成分のCaイオンと反応して，炭酸カルシウムを形成して沈殿し，硬水軟化作用をもつ．

(2) ケイ酸塩（silicate）

おもにメタケイ酸ナトリウム（$Na_2O \cdot SiO_2$）が用いられ，業務用の洗剤ではアルカリ度の高いオルソケイ酸ナトリウム（$2Na_2O \cdot SiO_2$）が使用される．水溶液はアルカリ性で，硬水軟化作用をもつほか，分散作用を示す．また，金属の腐食防止効果があり，洗濯機用洗剤には必要な成分であったが，最近の洗濯機はステンレス槽の使用など腐食対策が進み，使用量が少なくなっている．

```
   O⁻     O⁻    O⁻
   |      |     |
⁻O-P-O-P-O-P-O⁻  +5 Na⁺
   ‖      ‖     ‖
   O      O     O
```
トリポリリン酸イオン

```
         Ca
        /  \
   O   O    O   O
   ‖   |    |   ‖
⁻O-P-O-P-O-P-O⁻  +3 Na⁺
   ‖           ‖
   O           O
```
Caを封鎖したときの構造の一例

図 2.4 トリポリリン酸ナトリウムによる金属封鎖

(3) ポリリン酸塩 (polyphosphate)

リン酸を数個縮合したナトリウム塩であり、おもにトリポリリン酸ナトリウム（$Na_5P_3O_{10}$）およびピロリン酸ナトリウム（$Na_4P_2O_7$）が使われる。水溶液は弱アルカリ性であり、アルカリ緩衝作用のほか、図2.4に示すような金属イオン封鎖作用をもつ。

また、泥汚れなど粒子に吸着して分散作用を示し、ビルダーとして求められる3つの作用をもつ。さらに、結晶水を保持することから、粉末洗剤が吸湿して固まることを防ぐ働きがあり、合成洗剤のビルダーとして優れた性能をもっている。しかし、湖沼など閉鎖水域における富栄養化に関係し、水質汚染の原因の1つとなることから、現在は次に示すアルミノケイ酸ナトリウムに代替されている。しかし、水の硬度が高い南ヨーロッパなどではポリリン酸塩配合洗剤が使われている。

(4) アルミノケイ酸ナトリウム（ゼオライト, zeolite）

二酸化ケイ素のケイ素がアルミニウムに一部置換された構造をもつ（図2.5）。アルミニウムに負電荷が存在するため、ここにNa^+が保持されている。このNa^+は水中のCa^{2+}やMg^{2+}とイオン交換することで、硬水軟化作用を発現する。この硬水軟化作用をもつことから、ポリリン酸塩の代替ビルダーとして用いられるようになった。

ゼオライトは天然にも存在するが、工業的にケイ酸ナトリウムとアルミン酸ナトリウムの反応により合成されたものが用いられる。水に不溶性であり、洗濯物への付着や配水管での堆積を防止するため、洗濯液中で懸濁液となるように微粒子のものが使用されている。ビルダー性能では、ポリリン酸塩と比較するとアルカリ緩衝作用と分散作用が不足しており、ゼオライトを配合した無リン洗剤は界面活性剤や他のビルダーの働きによって補って洗浄力を確保している。

(5) 硫酸塩 (sulfate)

硫酸ナトリウム（Na_2SO_4）は無水芒硝とも呼ばれ、水溶液は中性である。洗剤溶液のイオン強度を増すことで、界面活性剤が汚れに吸着しやすくし、また界面活性剤のcmcを低下することで、洗浄力に寄与する。粉末洗剤では粒子の形を保つ役割があり、多く配合されていたが、現在のコンパクト洗剤では配合量が少なくなっている。

(6) カルボキシメチルセルロース (CMC)

セルロースに酢酸基を導入し、水酸化ナトリウムで中和したものである。水溶性の高分子であり、洗浄液中で綿繊維や脱離した汚れ粒子に吸着して、繊維と汚れ粒子の反発力を高め、汚れ粒子が繊維に再び付着することを防ぐ働きがある（再汚染防止効果）。

洗濯物の汚れが多かった時代には、ほとんどの洗剤に使用されていたが、洗濯での汚れ量が少なくなった現在では洗剤に配合されなくなった。

(7) 酵素 (enzyme)

汚れにはいろいろなものが混合された状態で繊維に付着している。汚れのなかにタンパク質汚れ、皮脂汚れ、およびでんぷん汚れが存在すると、洗剤だけでは十分に除去されにくい。これら

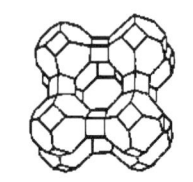
ゼオライトAの結晶格子

$$\begin{bmatrix} & O & & O & \\ -O-Si-&|&-O-Al^{(-)}-&|&-O- \\ & O & 2Na^+ & O & \\ -O-Al^{(-)}-&|&-O-Si-&|&- \\ & O & & O & \end{bmatrix} \xrightarrow{Ca^{2+}} \begin{bmatrix} & O & & O & \\ -O-Si-&|&-O-Al^{(-)}-&|&-O- \\ & O & Ca^{2+} & O & \\ -O-Al^{(-)}-&|&-O-Si-&|&- \\ & O & & O & \end{bmatrix} +2Na^+$$

図 2.5 ゼオライトAの基本構造と金属捕捉

の汚れに対して洗浄効果を上げるために，加水分解酵素が使用されている．酵素は特定のものだけに作用する基質特異性があり，タンパク質にはプロテアーゼ（protease），脂質にはリパーゼ（lipase），でんぷん質にはアミラーゼ（amylase）が用いられる．洗剤は一般に弱アルカリ性であるため，洗剤用酵素はアルカリ水溶液で酵素活性が発現するタイプのものが使われる．セルロース繊維に作用することで汚れを落としやすくする目的で，セルロース分解酵素であるセルラーゼ（cellulase）が用いられる．

最近の洗剤では，数種の酵素を配合している．

(8) その他

蛍光増白剤，漂白剤が配合されているが，これらについては第6章で述べる．

2.2.3 市販洗剤

洗濯に用いる洗剤としては，石けんと合成洗剤がある．石けんは主成分である界面活性剤が脂肪酸塩からなる洗剤を指し，合成の界面活性剤を主成分とするものは合成洗剤という．

石けんの歴史は古く，ローマ時代初期にさかのぼる．サポーの丘で神に供える羊を焼いたときに落ちた脂と木の灰が混ざり，そこで生成した石けんが洗濯に使われ，サポー（Sapo）がsoapの語源になったといわれている．その後，ヨーロッパの地中海ではオリーブ油と海草の灰から高級な石けんがつくられたが，ほとんどは動物油脂を原料とするものであった．産業革命以降，石けんの製造が発達したが，第一次世界大戦においてドイツが海上封鎖を受けて油脂が不足し，石炭を原料にして石けんの代替となる合成界面活性剤が発明された．また一方で少ない界面活性剤で洗浄力を得るためにケイ酸塩などのアルカリ剤や粘土鉱物を配合することが見出され，今日の合成洗剤の原型となった．終戦後，アルキル硫酸エステルナトリウム（AS）が発明され，これを主成分とする家庭用合成洗剤が初めて発売された．その後，石油化学が発達して分岐型アルキルベンゼンスルホン酸ナトリウム（ABS）が発明され，優れたビルダーであるポリリン酸と組み合わされて，耐硬水性の優れた合成洗剤がアメリカで登場し，ついでヨーロッパに普及した．

a. 市販洗剤と品質規定

家庭用洗剤には石けんおよび合成洗剤があり，家庭用品品質表示法において，衣料用洗剤は「洗濯用石けん」「洗濯用複合石けん」「洗濯用合成洗剤」の3種に分類されている．**家庭用品品質表示法**は表示規則の概要および一般消費者が日常使用する家庭用品を対象に商品について事業者が表示すべき事項や表示方法を定めており，これにより消費者が商品を購入する際に品質を正しく認識し，その購入に際し不測の損失を被ることのないように適切な情報提供を受け，一般消費者の利益を保護することを目的に1962（昭和37）年に制定された法律である．家庭用品品質表示法は品名のほかに，成分・液性・用途・正味量・使用量の目安・使用上の注意，表示者名，住所または電話番号などを商品に表示する．衣料用洗剤の表示例を巻末付録（p.102）に示す．

b. 各種洗濯用洗剤の特徴

① 洗濯用石けん　　界面活性剤または界面活性剤および洗浄補助剤その他の添加剤からなり，洗浄の作用が純石けん分の界面活性作用によるもので，その純石けん分の含有重量が界面活性剤の総含有重量の70%以上のものである．純石けん分は石けん試験法（JIS K 3304）により求められる脂肪酸塩の量である．洗濯石けんは形状として固形と粉末があり，洗浄補助剤としてケイ酸ナトリウムや炭酸ナトリウムが用いられる．

② 洗濯用複合石けん　　純石けん分を主体とし，それ以外に界面活性剤を含有するものである．石けんの欠点である金属石けんの生成を防ぐために，金属石けんを分散させる働きをもつ界面活性剤，脂肪酸アルカノールアミド，2-スルホ脂肪酸塩，ポリオキシエチレンアルキルエーテルなどが用いられる．

③ 洗濯用合成洗剤　　主たる洗浄作用が純石けん分以外の界面活性剤の作用によるもので，純石けん分以外の界面活性剤が界面活性剤の総重量の30%を超えるものである．洗浄補助剤の配合によって，中性や弱アルカリ性の各種洗剤がつくられる（表2.1）．洗濯用合成洗剤には形状として粉末と液体のものがある．品質の規定は巻末付録

表 2.1 洗濯用合成洗剤の配合例

成分	粉末（粒状）	液体洗剤
LAS	5～20	10～30
AS	2～7	—
AES	—	—
非イオン界面活性剤	2～5	10～30
石けん	1～7	2～10
アルミノケイ酸塩	5～25	—
炭酸ナトリウム	15～40	—
硫酸ナトリウム	1～5	—
蛍光増白剤	0.2～0.5	0.2～0.5
酵素	0.3～1.0	0.3～1.0
香料・その他	0.15～0.6	0.15～0.6

表 2.2 洗濯の区分の例

	湿式（水）	乾式（有機溶媒）
家庭洗濯 home cleaning	ホームランドリー home laundry	しみ抜き，小物洗い（ネクタイなど）
商業洗濯 professional cleaning	ランドリー Laundry ウェットクリーニング wet cleaning	ドライクリーニング dry cleaning

図 2.6 水洗い不可の記号（JIS, 1995）[4]と商業ウェットクリーニングの記号（ISO, 2012）[5]

(p. 103) に示したように JIS K 3371 で定められている．

中性洗剤は，毛・絹衣料や風合いを大切にしたい衣類用の洗剤で，**ライトデューティ洗剤**（**軽質洗剤**，light duty detergent）と呼ばれる．以前は粉末タイプが中心であったが，最近は液体洗剤がほとんどである．

弱アルカリ性洗剤は，綿・合成衣料の製品用の洗剤で，比較的汚れが多い衣類の洗濯に用いられ，**ヘビーデューティ洗剤**（**重質洗剤**，heavy duty detergent）と呼ばれる．洗浄力を高めるために，洗浄補助剤や酵素など添加剤が配合され弱アルカリ性の液性をもつ．

東南アジアの一部の地域では，固型タイプの洗濯用合成洗剤が使われている． ［米山雄二］

2.3 洗 濯

洗濯とは「洗う」と「濯ぐ（すすぐ）」の2字からなる熟語であり，「衣服などを洗って汚れを落としきれいにすること」である．

洗濯液となる**溶媒**（solvent）の性状によれば，被服の洗浄を湿式（または水系）**洗濯**（laundry）と**乾式**（または非水系）**洗濯**（dry cleaning）に区別することができる．現在の日本の家庭では，ベンジン（工業ガソリン1号）を用いたしみ抜きなどの特殊な洗浄を除き，水道水を用いた湿式洗濯を行っていることが多い（表 2.2）．

なお，従来，コート，ワンピース，スーツなどの重衣料（heavy clothing）の洗浄は，ドライクリーニングによることが多かったが，近年では本来ドライクリーニングをすべき繊維製品（JIS L 0217: 1995 の表示記号 107 の繊維製品など）を水を使って洗浄する技術も確立されつつあり，これをウェットクリーニングと呼んでいる（図 2.6）．

2.3.1 洗濯条件

理想的な洗濯は，省資源，省エネルギーといった要件を満たしながら，労力，経費をかけずに短時間で，被洗物（洗濯物）の損傷を起こさず汚染物（汚れ）の除去を行うことである．またこの際，環境への影響も最小限にとどめなくてはならない．現状では，「とにかく洗濯物を洗濯機に放り込み，洗剤を入れてスタートボタンを押す」といった様態で，省力化に重点が置かれているようであるが，決して好ましいものではない．最近の電気洗濯機では，各種のセンサやコンピュータを応用した自動化が進んでいるが，極力理想的な洗濯に近づくように，さまざまなバランスを考慮して被服の洗濯を行うことが重要であり，そのため各種の洗濯条件の設定には，十分な知識と配慮が必要となる．

被服の洗浄条件には，洗浴の浴比，洗剤の濃度，洗浄温度や洗浄時間などがあげられる．ここでは，洗濯用合成洗剤を用いた家庭洗濯に重点を置き各種の洗浄条件に関して述べる．

a. 洗浴の浴比と洗濯物の量

洗浄に用いる洗浴の水量は，被洗物の質量（kg）と使用溶媒（水）の体積（L）との比であ

る**浴比**（bath ratio）を用いて表すことが多く，たとえば1 kgの被洗物を30 Lの水で洗う場合には浴比を1：30のように表す．比の前項が質量，後項が体積となっており厳密な比の数値ではないが，水の密度はほぼ1 kg/Lであるので実用上は問題ないと考えられている．また洗浄試験など小規模の洗浄を行う場合には，両者をgとcm³（mL）の単位で扱うことも多い．洗濯物の重量としては，その目安として日本電機工業会の自主基準が示されている（図2.7）．

近年，ドラム型の洗濯機の普及が著しく，洗濯機の方式（タテ型，ドラム型）によって浴比の概念は大きく異なると考えられるが，一般には，浴比が小さいと被洗物の撹拌が十分でなくなり，汚れ落ちのムラが発生して汚れ落ちが悪くなる．逆に浴比が大きすぎると被洗物どうしの摩擦効果が期待できず，水の無駄にもつながる．実際に家庭用洗濯機（タテ型）を使用して，浴比と汚れ落ちの関係を2種類の人工汚染布を用いて調べた結果が発表されている（図2.8）．この場合，浴比が1：10以下になると汚れ落ちが悪くなり（左図），洗いムラ（汚れ落ちにムラがあること）も大きくなる（右図）ことがわかる．なお，日本石鹸洗剤工業会の洗濯実態調査（2010）[7]では，タテ型で1：17，ドラム型で1：8程度の浴比が一般家庭の平均的な値として得られている．

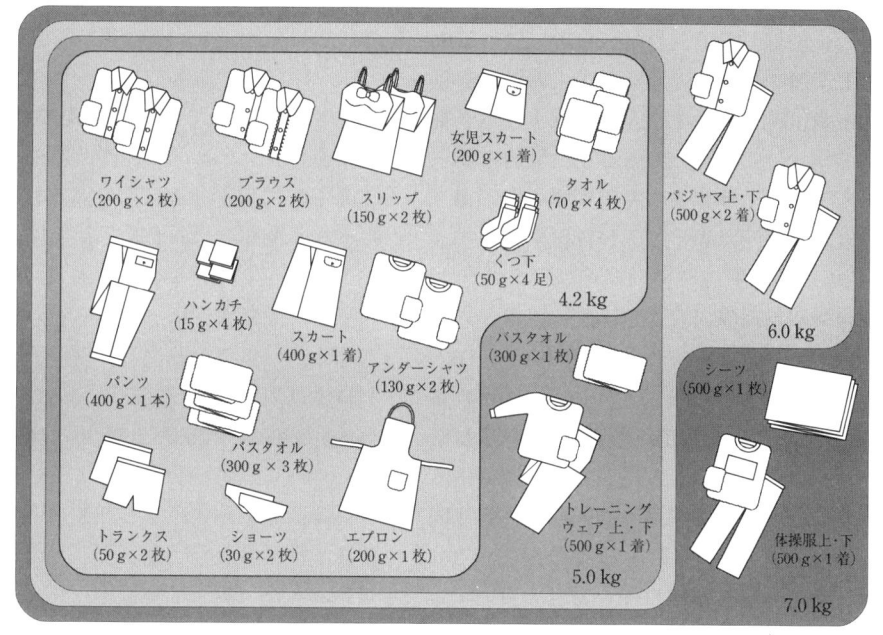

図2.7 洗たく物の重量の目安（日本電機工業会・自主基準）（山口ほか，2009）[6]

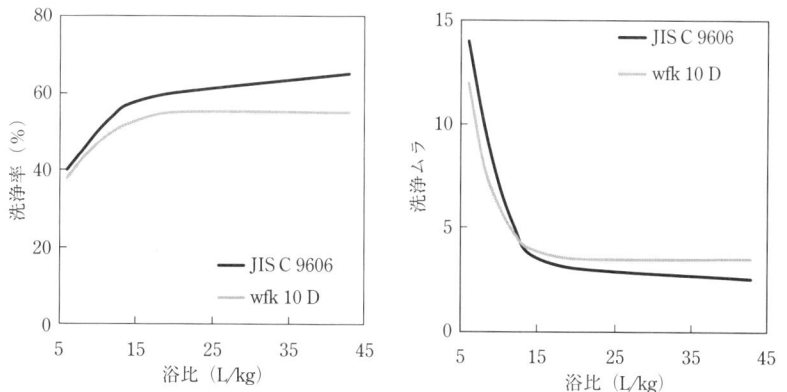

図2.8 浴比と洗浄率，洗浄ムラ（15試料の標準偏差）の関係（山口ほか，1997）[8]

最近の洗濯機では，被洗物の重量を自動的に計量し，必要に応じた水量を確保する仕組みのものが多いが，大容量の洗濯機ではタテ型でも浴比が1：6～1：7に設定されているものが増えている．洗濯水を内蔵ポンプで上部からかけるなどの工夫がされているようであるが，洗濯中の被洗物の動きが適切かどうかには疑問が残るので，極端な低浴比での洗浄は避けたほうがよいと考えられる．やはり被洗物の量を減らしたり，設定水量を自分で調節して増やすなどの工夫が必要である．なお，洗濯機の容量はその7～8割程度の被洗物重量の場合に最も効率的に洗うことができるように設計されている．

また，洗濯機の購入時には，洗濯容量として1.5 kg/人を基準として選ぶとよいとされており，4人家族では6.0 kgの容量が必要ということになるが，洗濯乾燥機では，洗濯容量よりも乾燥容量が小さくなっている（たとえば洗濯容量：9 kg，乾燥容量：6 kg）場合が多いので，この点にも注意が必要である．

b. 洗剤濃度

最近の洗濯用合成洗剤は生分解性の優れた界面活性剤の開発により環境への負荷が小さくなっているが，「Reduce, Reuse, Recycle」の3R（循環型社会形成推進基本法など）の原則にのっとればその使用はやはり必要最小限にとどめられるべきである．またこれは，家計支出の面からも好ましいと考えられる．なお2010年前後の総務省「家計調査」によると，洗濯用洗剤の支出は年間1世帯あたり3千円強である．

洗剤の主成分である界面活性剤の水溶液は，**臨界ミセル濃度**（**cmc**；critical micelle concentration）の前後でその性質変化の様子が大きく異なる（図2.9および4.1節参照）．一般に界面活性剤濃度が低いときはその濃度が上がれば洗浄力は増加するが，ある程度の濃度以上では洗浄力はほとんど変わらず，場合によっては洗浄力がわずかに低下する現象も認められる（図2.10）．この場合，洗浄力が極大値を示す界面活性剤濃度を**cwc**（critical washing concentration）と呼ぶ．ただし，合成洗剤には界面活性剤に加え，酵素や漂白剤が配合されたものも多く，これらの効果は界面活性剤の

cmcに関わらず濃度により増加するため，増加率は減少するものの洗剤としての全体的な洗浄力は向上すると考えられる．ただし，高濃度ではすすぎの際の使用水量とすすぎ時間が増加し，排水中に含まれる洗剤量も多くなるので，環境への影響が大きくなる．したがって，こうしたことに配慮しながら，個々の洗剤に示された適正使用量を目安に洗剤濃度を決定することが望ましい．

洗濯用合成洗剤には，**家庭用品品質表示法**（雑貨工業品品質表示規程）により「1. 品名」「2. 成分」「3. 液性」「4. 用途」「5. 正味量」「6. 使用量の目安」「7. 使用上の注意」の表示が義務付けられている．従来，使用量の目安については，一様に使用水量に対する洗剤使用量（たとえば

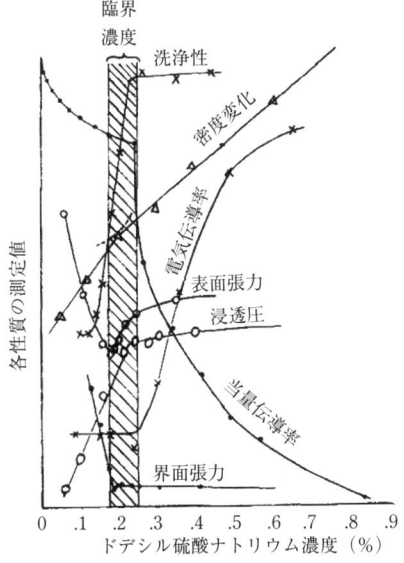

図2.9 界面活性剤水溶液の濃度とその性質
(Preston, 1948)[9]

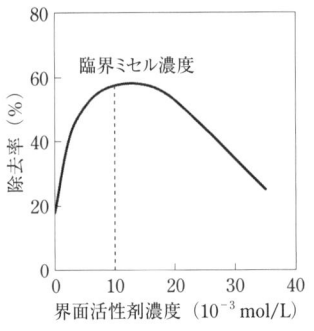

図2.10 牛脂汚れに及ぼす界面活性剤水溶液の濃度の影響
(40℃)（矢部，1964)[10]

粉末洗剤

一般タイプ 洗たく機の大きさ 実際の洗たく物量	水量の目安	使用量の目安	ドラム式 洗たく物量の目安
8.0 kg〜 (6.0 kg〜)	65L	(60g)	7.0 kg〜
6.0 kg (4.5 kg)	55L	(47g)	6.0 kg
4.2 kg (3.0 kg)	45L	45L (34g)	4.5 kg
2.2 kg (1.5 kg)	30L	30L (20g)	2.0 kg

液体洗剤

洗たく機の大きさ	ドラム式 洗たく物量の目安	一般タイプ 水量の目安（洗たく物量）	使用量の目安（洗たく機／水30Lに10g（10ml））
8.0kg	6.0kg	65L（6.0kg）	水55L
6.0kg	5.0kg	55L（4.5kg）	
4.2kg	4.0kg	45L（3.0kg）	水30L
2.2kg	2.0kg	30L（1.5kg）	

図 2.11　合成洗剤の使用量の目安表示例（対被洗物量，対水量の併記）

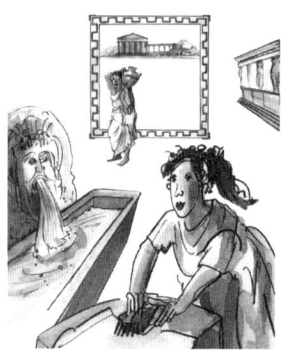

図 2.12　古代ローマの洗濯の想像図（P&G）[11]

「水 30 L に対して 25 g」といった表示）が基本となっていた．しかし，洗浄時の浴比が低下すると使用水量の減少に応じて洗剤使用量も減少することになり，繊維の表面などに特異的に吸着する界面活性剤の性質からみても，使用水量を基準とすることは必ずしも適切であるとはいえない状況となった．そこで，1997 年の同法改正では「使用の適量について，具体的にわかりやすく表示する」とされ，以来，適正使用量の表示は製品の特性に合わせた自由な表記が可能となり，洗剤メーカー各社は，洗濯物量に対する目安を併記するなど，わかりやすい表現の工夫を行っている（図 2.11）．洗濯機の洗浴の浴比は，タテ型でも節水型の機種が開発されるとともに，ドラム型の普及も進むなど年々低下傾向にある．洗浄効果の面からは，ここにも被洗物の量，汚れの量を加味して洗剤の使用量を考える必要が生じている．

なお，洗濯機の表示パネルには洗剤使用量の目安が表示されるものもあり，これを参考に洗剤使用量を決定する利用者も多い．しかし一般に，洗濯機の洗剤使用量の表示は，その洗濯機を発売したときに販売されていた代表的な洗剤の使用量を参考にしていると考えられる一方で，洗剤の使用量は，メーカーや製品によって異なり，何年か経つと代表的な洗剤の使用量も変わることがあるので注意が必要である．

なお，一般に非イオン界面活性剤は，陰イオン界面活性剤に比し親水性が小さいため，界面吸着を起こしやすい．したがって cmc が低く，低濃度で効果的な洗浄を行うことができるとされる．また，全体的に汚れ付着量が多い場合は，洗剤濃度を上げるより，2 度洗いなど繰り返し洗いを行ったほうが効果的であるとも考えられる．

c.　洗浴の液性（アルカリ度）

昔から人々は経験的にアルカリ性の洗浴を用いて洗濯を行っており，たとえば灰汁（あく），天然ソーダ，消石灰などが紀元前 2000 年ごろからすでに古代人によって使用されていたといわれている（図 2.12）．

被洗物の洗浄性に大きな影響を与える洗浴の液性（アルカリ度）は，一般に**水素イオン指数**（**pH**，potential Hydrogen，ピーエッチ）で表される．家庭用品品質表示法（雑貨工業品品質表示規程）における洗剤の液性は，水素イオン指数が 8.0 以下 6.0 以上のものに限り「中性」と表示し，11.0 以下 8.0 を超えるものを「弱アルカリ性」，11.0 を超えるものを「アルカリ性」，6.0 未満 3.0 以上のものを「弱酸性」，3.0 未満のものを「酸性」と表示するように規定されている（図 2.13）．また，その測定は，液状のものは原液について JIS Z 8802（pH 測定方法）に定める方法，液状以外のものは使用適量を用いた溶液について JIS K 3362（家庭用合成洗剤試験方法）に定める方法により，測定温度 25℃ で行うこととされている．

現在，洗濯用石けんと洗濯用複合石けんは，弱アルカリ性，洗濯用合成洗剤では，粉末のもので弱アルカリ性，液体のもので弱酸性（ただし，原液は弱酸性でも，希釈時には中性）から弱アルカ

酸性	弱酸性	中性	弱アルカリ性	アルカリ性

＜3≦　＜6≦　≦8＜　≦11＜

図 2.13　洗剤の液性（家庭用品品質表示法）

リ性のものが市販されている．また，繊維の損傷，変退色を防ぎ，毛や絹繊維の洗浄に適した洗剤として，中性のウール・おしゃれ着用洗剤（毛・絹・綿・麻・化学繊維用）などもあり，概して液体のものが多い．なお，粉末洗濯石けんに関しては，JIS K 3303（2000）で，pH 9.0〜11.0 と定められている．

洗浄性は，概してアルカリ度が高いほど洗浄効率が上昇するといわれている．これは，アルカリ性液中では繊維も汚れも負に帯電し，同符号どうしの反発力により汚れが繊維から離れやすくなる，すなわち **DLVO 理論**[12] におけるエネルギー障壁（energy barrier）の山が小さくなるためである（図 2.14）．また，有極性の脂質を含む油汚れの場合には，アルカリによりけん化して洗液中に溶解脱着することも考えられる．そのため，多くの合成洗剤には，アルカリ緩衝作用で洗濯液を適度な液性（pH 8.0〜11.0）に保ち，汚れを取り除きやすいようにするためのビルダーとして pH 調整剤を配合している．これには炭酸ナトリウム（Na_2CO_3，洗濯ソーダ），ケイ酸ナトリウム（Na_2SiO_3）等のアルカリ性を保つ性能（アルカリ緩衝能）をもつ物質が用いられる．また，こうした背景から衣料用洗剤に配合する酵素は，アルカリ性で十分な活性を有するものが開発され応用されている．

d. 洗浄温度

一般的な化学反応の速度は，温度に依存し，その上昇によって増加する（**アレニウスの式**による）．洗浄はきわめて複雑な物理化学的反応であると考えられるが，溶液中の界面活性剤分子の運動などを考慮すれば，一般的な化学反応と同様，温度の上昇によって反応速度は増加するものと考えられる．また，洗濯を繊維からの汚れの離脱反応ととらえると，これはある種の吸熱反応であると考えられ，その場合，温度上昇により平衡状態は離脱の方向に移動する（**ルシャトリエの原理**）．

温度は水の表面張力や粘度にも影響を及ぼし，温度上昇とともに表面張力，粘度ともに低下する（図 2.15）．こうした変化は，洗濯時における繊維/汚れ界面への洗濯液の浸透を考えると，いずれも洗浄を促進するものであると判断できる．ただし，水の比熱容量は，標準状態（SATP）で 4.186×10^3 J/(kg·K) であり，空気の 1.006×10^3 J/(kg·K) などと比べて大きく，また密度も比較的大きいことから，その温度を上げるには相当の熱量が必要となる．したがって高温での洗浄を行うには，水の温度上昇のために相当のエネルギーと時間を消費することとなる．その点，風呂の残り湯を洗濯に使うことは合理的であるが，衛生面から，最終のすすぎには用いないほうがよいとされている．

また，水中の硬度成分（Ca^{2+}，Mg^{2+}）のうち，たとえば炭酸水素塩は煮沸すると式（2.1）のように沈殿物として除去することができる．そのため，従来，水の硬度が高いヨーロッパ地域では煮

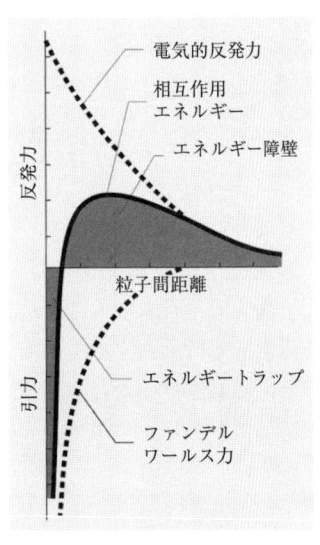

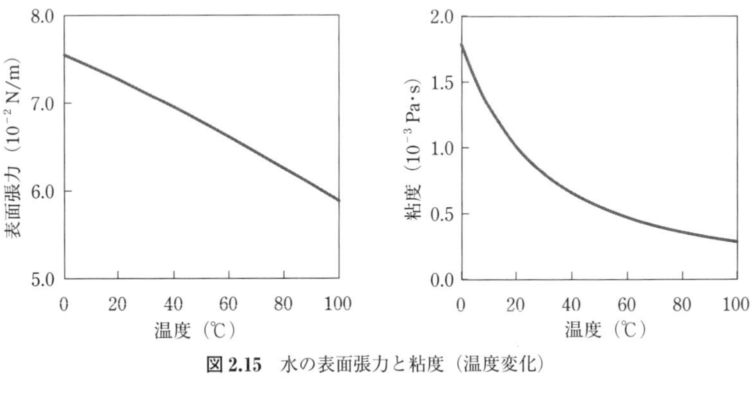

図 2.14 DLVO 理論の概念図
（Jansson, 2007）[12]

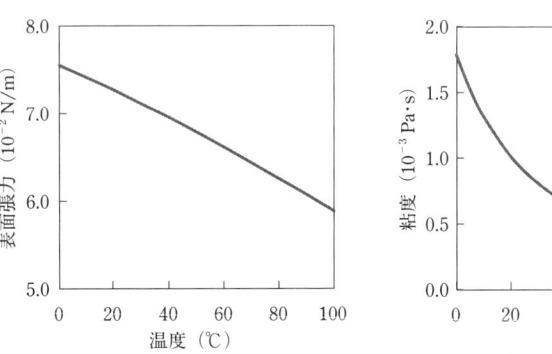

図 2.15 水の表面張力と粘度（温度変化）

沸洗浄が行われ，同時に滅菌の効果も期待されていたとされるが，近年では，省エネルギーの観点から洗浄温度が低下傾向にあることが認められている．

$$Ca(HCO_3)_2 \rightarrow CaCO_3\downarrow + H_2O + CO_2 \quad (2.1)$$

一方，汚れの種類別にみると，皮脂の組成は遊離脂肪酸，トリグリセリド，炭化水素（主としてスクワレン），コレステロールとその脂肪酸エステルおよび遊離脂肪アルコールからなる複雑な混合物で，約37℃では90%そして48℃ではすべてが液体となるともいわれている[13]．表2.3には代表的な脂肪酸の融点を示したが，こうした温度以上では，皮脂汚れの洗浄率の上昇が認められる．また，タンパク質は，温度変化により変性を起こす（図2.16および4.1節参照）．汚れに含まれるタンパク質も同様に熱により変性し，固体化して除去しにくくなるため，血液汚れなどの洗浄では注意を要する．さらに，洗剤に配合される酵素もタンパク質の一種であり，したがって，高温では熱変性のために活性を失う．つまり，活性には至適温度（optimum temperature）が存在する（図2.17）．洗剤用酵素としては，一般的な低温洗浄を考慮したものが開発され配合されている．

以上を含め，洗浄温度の上昇の効果としては，必ずしもメリットだけでなく，デメリットとなる効果も存在する（表2.4）．一般的に洗浄効率は，温度に対して図2.18のような変化をするとされ，消費エネルギーなどとのバランスから25〜40℃程度が適当と判断される．

e. 洗浄時間

付着した汚れの落ち方は汚れとその基質繊維の種類と性質によって大きく異なるが，その洗浄率の時間変化は，しばしば洗浄速度として取り扱われる．また，多くの化学反応と同様，汚れの除去と再付着とが可逆的に発生するため，いずれは平衡状態になり見かけ上は洗浄率が一定に達すると考えられる．こうした時間変化を表すための**速度**

表2.3 代表的な脂肪酸の融点

慣用名 IUPAC系統名	示性式 $CH_3-(R)-CO_2H$	融点 （℃）	代表的な含有物
ミリスチン酸 tetradecanoic acid	$-(CH_2)_{12}-$	53.9	ヤシ油，パーム油
パルミチン酸 hexadecanoic acid	$-(CH_2)_{14}-$	63.1	ラード，牛脂
ステアリン酸 octadecanoic acid	$-(CH_2)_{16}-$	69.9	牛脂，人脂
オレイン酸 （Z）-octadec-9-enoic acid	$-(CH_2)_7CH=CH(CH_2)_7-$	16.3	オリーブ油
リノール酸 （9Z, 12Z）-octadeca-9, 12-dienoic acid	$-(CH_2)_3(CH_2CH=CH)_2(CH_2)_7-$	−5	ベニバナ油，コーン油
α-リノレン酸 （9Z, 12Z, 15Z）-octadeca-9, 12, 15-trienoic acid	$-(CH_2CH=CH)_3(CH_2)_7-$	−11	キャノーラ油，ダイズ油

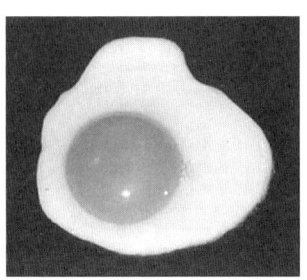

図2.16 卵焼き（タンパク質の熱変性の例）

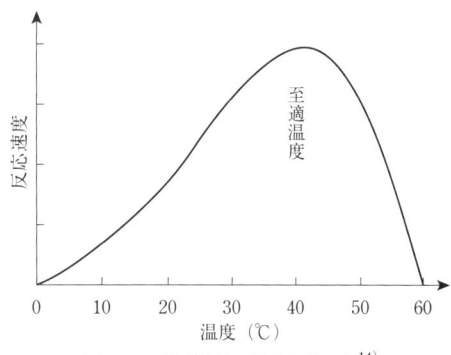

図2.17 酵素活性の温度変化の例[14]

式（rate equation）を求める試みが種々なされているが，単純には，付着した汚れが一定の割合で除去されていくと仮定し式（2.2）のような1次反応式を用いる場合や，式（2.3）のように時間の対数関数として表す場合がある．これらによれば，図2.19のような洗浄結果が予想される．

$$\frac{dc}{dt} = -Kc \quad (2.2)$$

$$D = a \log t + b \quad (2.3)$$

ここで，t は時間，c は汚れ濃度，K は速度定数である．なお，式（2.3）における係数 a は汚れの種類や洗剤，洗濯機による機械作用などに，一方，定数 b は，主として洗浄温度依存するともいわれている[16]．

しかし，実際の洗浄系はきわめて複雑であるため洗浄の速度式を単純に求められない場合が多い．また，再汚染の際には膨潤した繊維中に入り込んで落ちにくくなったり，さらに粒子汚れの場合は粒子自身の微粉化によって，表面反射率が低下してみかけ上取れにくくなる場合がある．実験結果の一例としては，図2.20のような傾向が示されている．

なお，洗浄時間が長くなれば，被洗物の損傷や劣化につながるため，タテ型の洗濯機では，7～10分，それより機械力の小さなドラム型では，十数分程度の洗浄時間が適切であるとされている．また，除去しにくい汚れの場合は，同じ洗液で時間をかけるのではなく，洗液を更新して2度洗いしたり，部分洗いを行ったりと工夫を行うべきである．

f. 機械作用の効果

洗浄の作用は，洗剤などの働きによる物理化学作用と洗濯機などによる**機械作用**の組み合わせにより考えることができる．繊維に付着した汚れの離脱を考える場合，DLVO理論におけるエネルギー障壁の山を，汚れが越えるために，機械作用

表2.4 洗浄温度上昇によるメリットとデメリット

メリット	デメリット
① 洗剤の溶解度が増加	① ミセル形成の阻害
② 界面活性剤の吸着速度が増加	② 合成繊維で再付着が増加
③ 液状油汚れの粘度減少	③ 繊維の損傷劣化が増加
④ 水溶性汚れの溶解，拡散促進	④ 種類によるが，加工効果の減少
⑤ 酵素の効果増進（至適温度まで）	⑤ 非イオン界面活性剤の曇点の効果
⑥ 蛍光増白剤の吸着量が増加	⑥ タンパク質の熱変性
	⑦ 色落ち，移染が促進される

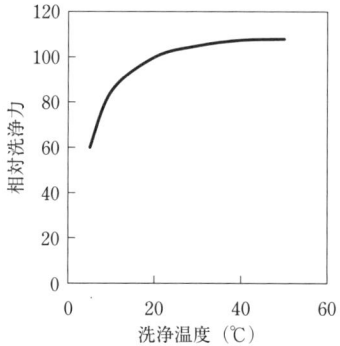

図2.18 洗浄力（20℃の値を100とした相対値）と洗浄温度の関係（日本家政学会，1990）[15]

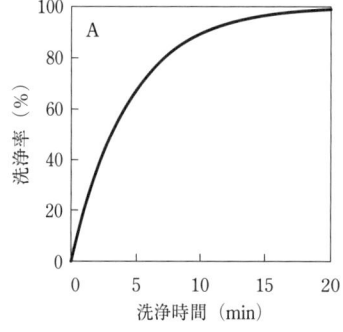
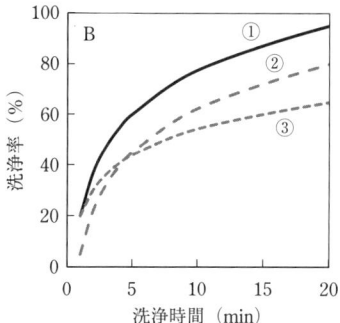

図2.19 単純な速度式により予想される洗浄結果
A；式（2.2）$K = -0.3$．B；式（2.3），①$(a, b) = (25, 20)$，②$(a, b) = (25, 5)$，③$(a, b) = (15, 20)$．

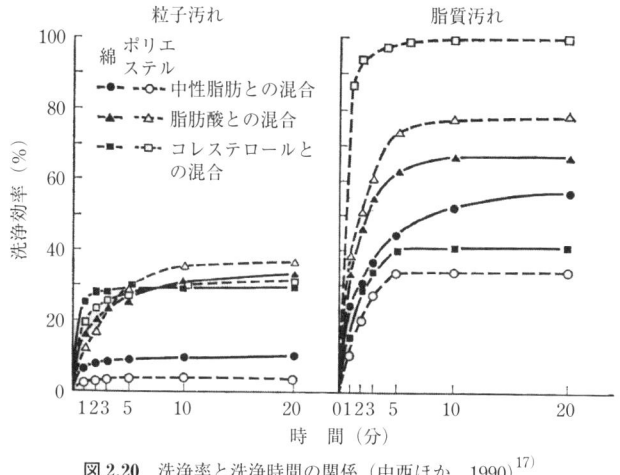

図2.20 洗浄率と洗浄時間の関係（中西ほか，1990）[17]

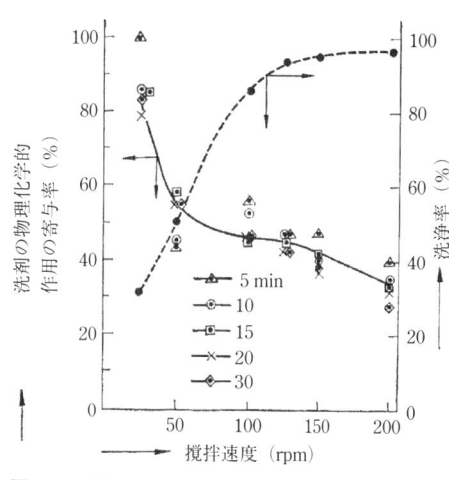

図2.21 撹拌条件の異なる洗浄における洗剤の寄与率（柏ほか，1971）[18]

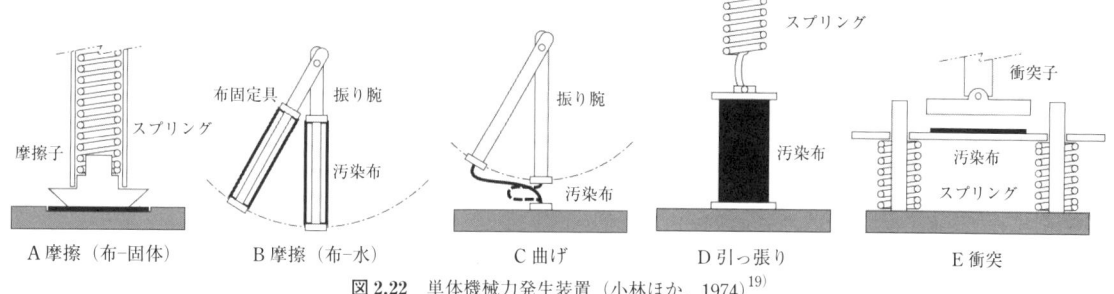

図2.22 単体機械力発生装置（小林ほか，1974）[19]

が必要となる．また，一般の家庭洗濯で用いられる水は，汚れの溶媒として物理化学的にも，また撹拌による機械作用の伝播においても重要な働きをしている．

洗浄試験機（ターゴトメータ）を用い，撹拌の速度を変化させることで機械作用を制御し，なおかつ洗剤の有無での洗浄率の差から，洗浄作用における洗剤の物理化学作用の寄与率を算出した事例がある（図2.21）．これによると，通常の洗浄条件においてはおおよそ半分が，機械作用の寄与によるものであると考えられる．また，洗濯時の機械作用として，布と洗濯槽（固体）の摩擦力，布と布（固体）の摩擦力，布と水の摩擦力，曲げ力，引っ張り力，衝突力などが考えられ，図2.22のようなモデルが考案されている．これらを用いた実験では，曲げ力や布と水の摩擦力が被洗物の損傷のわりに洗浄効率が高く効果的であることが明らかとされた．

最近の洗濯機では，「ゴシゴシ洗い」「手洗いコ ース」などの設定が可能となっているが，繊維と汚れに応じた水流で，ジーンズなどゴワゴワしたものと，デリケートなウール・化繊などとの洗い分けに気を配り，適切な水流を選択することが重要である．また，デリケートなものは洗濯用ネットを使うなどして機械作用を調節する工夫も必要であろう．

［小林政司］

2.3.2 家庭洗濯

家庭洗濯の果たす役割は，外観的な汚れの除去のみならず，細菌汚れなどの除菌・殺菌，薬物や放射性物質汚れなどの除去などにあることを理解する必要がある．洗濯機，洗剤，水を用いて着用・洗濯を繰り返し28回行った場合と，洗剤を使わず水のみで同様に洗濯した場合の男性用綿100％肌シャツの写真を図2.23に示す．洗剤を用いた場合は原布との違いが目立ちにくいが，水のみの場合は原布との差が明らかであり，顕著な累積汚れが確認できる．これにより洗剤の外観的な

汚れ除去作用は大きいことがわかる．また，洗剤の効果は外観だけではなく，被洗物に付着した菌の約94％が洗濯によって除菌される（図2.24）．さらに乾燥により70〜96％が殺菌される（図2.25）．したがって家庭洗濯は，被洗物に付着している細菌の98.2〜99.8％を除菌・殺菌している．

実際の洗濯では，洗濯による損傷・変形・変退色・風合い変化などを最小限にとどめ，かつ洗濯の役割を十分に果たすために，洗剤・仕上げ剤の選択を含め，準備から乾燥・仕上げまで，適切に行うための知識と技術が必要である．

a．洗濯の準備

(1) **洗濯方法の決定**　繊維製品の洗濯絵表示（巻末付表5）を確認し，洗濯方法を決定する．「洗濯絵表示」について，近年経済のボーダレス化を背景に国際規格と日本の規格との整合性の必要が高まった．2012年に**ISO**（国際標準化機構）が日本からの改正提案を反映し改正版を発行したため，経済産業省は**JIS**（日本工業規格）で規定されている「繊維製品の洗濯絵表示」を改正し，2014年にISOが定めた国際規格に統一する予定である．これによりなじみのあるJISの絵による表示（6分類22種）から，ISOの図形による表示（5分類41種）へと変更になる（巻末付表5，p.104-107）．

洗濯処理のための表示記号は洗濯機洗いも手洗いもすべてたらいによる表示となり，漂白処理は，非塩素系，酸素系なども加わったものになる．絞り方は自然乾燥記号に併合し，乾燥は自然乾燥も含めた11種になる．アイロン処置はアイロンの温度を「・」で表し，業者ドライおよびウェットクリーニングのための表示記号はドライクリーニングの溶剤のほかに，ウェットクリーニングが加わり，それぞれの操作の強弱の記号が用いられている．

ISOの表示記号は全体では種類が多くなるが，洗い方ではJISの「液温は30℃を限度とし，弱い手洗いがよい」に相当する条件がISOにはない．アイロン掛けではISOの温度設定がJISより10℃低い．またJISの付記「中性洗剤使用」，「ネット使用」，「当て布使用」に相当する内容がISOにはない．以上を注意する必要が生じる．

家庭で洗濯できる場合であっても繊維の種類（表地，裏地，芯地，異素材の組み合わせ，刺しゅうなど）や染色堅ろう度，仕立て方，アイロンかけの可否などにより，家庭で洗えるものと洗えないものがある．次の6項目の中に該当する項目がある場合は家庭で洗わないほうがよい．① 水で色落ちする．② しわ加工や特殊な加工がしてあり，水を使うと加工の効果が消える．③ 革製品や一部に革が使われている．④ 絹100％のきもの類や高度な染織，絞り，刺しゅう，金彩加工などが施されている．⑤ アイロン仕上げが必要

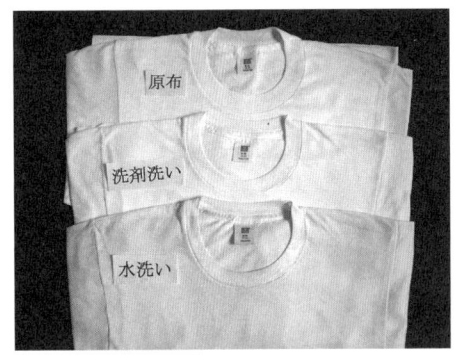

図2.23　着用と洗濯を28回繰り返した男性用肌シャツ（綿100％）

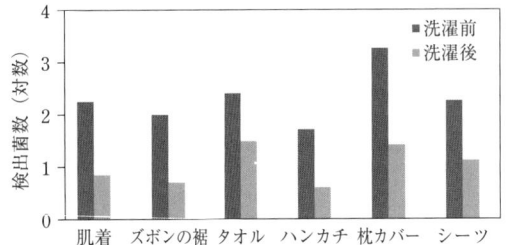

図2.24　洗濯による除菌効果（菌数/6 cm×6 cm）
Replica法による．被洗物：綿100％の衣類など．

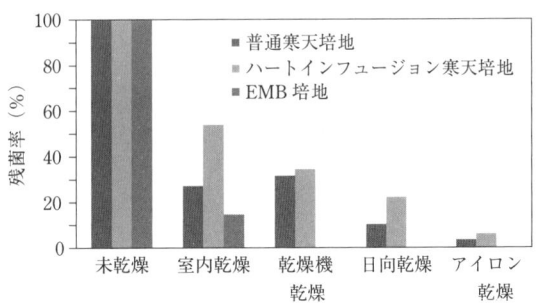

図2.25　被洗物の乾燥方法による殺菌効果
Replica法による．被洗物：綿100％の衣類など．

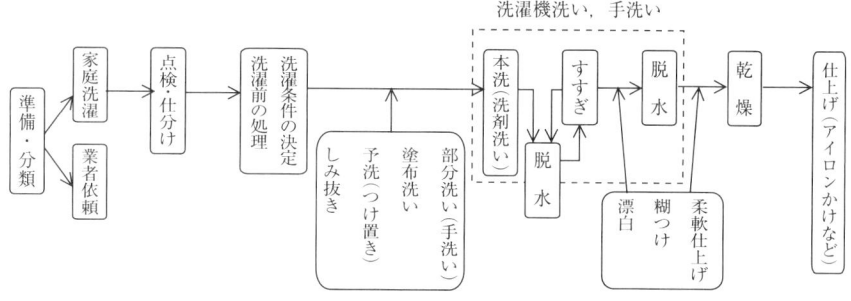

図 2.26 家庭洗濯の手順

だがその技術がない．⑥ 自己責任で洗濯する自信がない．

家庭で洗う場合は事前のチェックを慎重に行い，適切な洗濯・脱水・乾燥・仕上げ方法を選び，被洗物に負担をかけないように行わなければならない．業者に依頼する場合は，依頼時に業者とともに洗濯物の点検を行い，洗い方（ドライクリーニング，ウェットクリーニング，ランドリー，ホールセール，洗い張りなど）やしみ抜きの有無などを決める．洗濯は，一般に次の順序で行われる（図 2.26）．

家庭で洗う場合は以下のことに注意する．

(2) 洗濯物の点検と洗濯条件の決定および注意事項　繊維の種類，再汚染性，組織，縫製，汚れの程度，しみの有無，ほころび，傷みや劣化の有無，染色堅ろう性などを調べ，洗剤の種類，仕上げ剤使用の有無，洗濯方法（洗濯機洗いか手洗いか），機械力の程度，洗濯時間，洗濯温度，すすぎ回数，脱水方法と脱水時間，乾燥方法などの条件を決定する．混紡の場合は，最も弱い繊維に合わせた条件を採用する．また，汚れの程度の低いものと高いものを一緒に洗うと，汚れの程度が低いものがかえって汚れるので一緒に洗わないようにする．特に再汚染しやすい合成繊維は汚れたものと一緒にせず，洗濯温度も低温で洗う．染色してあるもので特に濃色の場合は，裏などの目立たないところで必ず色落ちのチェックをし，単品で洗うかどうかを決める．単品で洗う場合も低温で手早く洗濯する．同じ素材を用いているツーピースやリボンやボーなどは，汚れていない場合も一緒に洗濯するとよい．

(3) 洗濯前の処理　被洗物に付着している
ほこりなどはブラシなどで取り除いておく．特にポケットの中身やズボンの折り返しなどには注意する．しみは糸印を付け事前に除去しておく．ほころびや傷みは繕っておく．劣化している場合は，その程度によって洗濯ネットを使うなどして洗濯強度を軽減する．ボタンなどがゆるんでいる場合は付け直しておく．また，水洗いに適さないボタンや装飾品などは外しておく．ファスナーは閉じ，スナップ，ボタンなどはかけておく．

b. 予洗・予浸・塗布洗い・部分洗い

本洗（洗剤洗い）に先立って水で下洗いをすることを予洗，水や洗剤液に浸しておくことを予浸という．また，汚れのひどい部分に洗剤を塗布したあとで洗濯することを塗布洗いといい，手洗いを行っておくことを部分洗いという．

(1) 予洗　予洗のメリットがなくなり今日では行われなくなった．

(2) 予浸（つけ置き）　水で行う予浸は逆効果であるため行わなくなった．洗剤を用いて予浸する方法を特につけ置きといい，一般に酵素配合洗剤と温湯を用い，洗濯時より濃い洗剤濃度で 30 分から 1 時間程度つけ置き後に，通常の洗濯を行うことが推奨されている．つけ置き洗いの効果を検討するため，酵素配合の弱アルカリ性粉末合成洗剤，湿式人工汚染布，洗浄試験機（**ターゴトメーター**）を用い実験を行った．温度は 10, 20, 30℃，洗剤濃度は洗濯時と同じ標準使用濃度，つけ置き時間は 0, 1, 2, 3, 6 時間として，その後も同温度に保ちターゴトメーターで洗濯した．得られた洗浄率の結果を図 2.27 に示す．被洗物が綿布の場合，どの温度でも 3 時間のつけ置き洗いの効果は高く，低温ほど有効であった．ま

た，10℃の場合20 g/30 Lの3時間のつけ置き洗いが30 g/30 Lのつけ置きなしの洗浄力に匹敵し，20℃・3時間のつけ置き洗いでは同じく30 g/30 Lのつけ置きなしに，30℃では27 g/30 Lのつけ置きなしに匹敵することがわかった[20]．添付白布の再汚染率を図2.28に示す．綿の場合はいずれの温度，時間でも再汚染は認められなかった．しかし，ポリエステルの場合は20℃と30℃ではいずれのつけ置き時間でも再汚染が認められ，特に30℃では顕著であり，つけ置きなしでも再汚染が認められた．したがって，ポリエステルは10℃・1時間のつけ置きは有効であるが，それ以外の条件ではつけ置き洗いは不適当であることがわかった[20]．なお，酵素は50℃以上では失活するので効果がなくなる．

(3) **塗布洗い** ワイシャツなどの襟や袖口，靴下の泥汚れ，食べこぼしなど，通常の洗濯だけでは除去しにくい汚れに対し，洗剤を直接塗布し，そのまま普通に洗濯することで部分的な汚れを目立たなくする方法である．蛍光増白剤無配合の液体洗剤，台所用洗剤，市販の部分洗い洗剤を

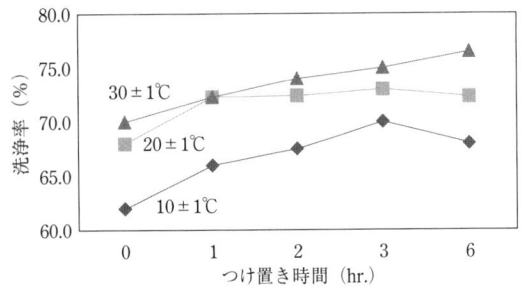

図2.27 つけ置き洗いの効果（市販洗剤0.067%）
湿式人工汚染布，硬度3度DH（アメリカ硬度），浴比1：30．ターゴトメーター120 rpm．洗浄1分→つけ置き→洗浄9分→ビーカーすすぎ2回．

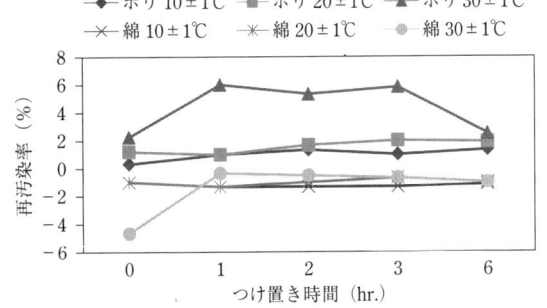

図2.28 つけ置き洗いの白綿布と白ポリエステル布への再汚染

直接塗布したり，その個所をぬらしてから固形石けんを塗布したりする．

(4) **部分洗い（手洗い）** 塗布洗いだけではよい効果が得られない場合，洗剤を用いて汚れた部分を手洗いする方法である．洗濯用馬毛ブラシは洗浄力が高く布を傷めにくい．細かいところなら歯ブラシも使い勝手がよい．また，頑固な汚れの付いた部分は40℃程度の温湯でぬらし，固形石けんを塗布し両手の人差し指と親指で汚れの部分を狭い範囲でもち，チクチク洗いをして温湯ですすぐ．これを繰り返して行うとたいていの部分汚れを除去することができる．

c. 本洗（洗剤洗い）

被洗物の繊維，組織，染色などに適した洗剤を選ぶ．繊維による洗濯に適する諸条件と注意事項をまとめて表2.5に示す．使用時の液性が弱アルカリ性である粉末洗剤のほうがアルカリ度の低い液体洗剤に比べ洗浄力は高い．淡い色や生成のものには蛍光増白剤や漂白剤を添加していない洗剤を使う．毛・絹用には中性洗剤が適しており，特にドライマーク対応の中性洗剤は，シリコーン樹脂などでウールのスケールを覆いフェルト化しにくくしてある．スケールとは，ウール繊維の表面を覆うウロコ状の層である．水に濡れるとスケールが立ち上がり，これに機械力が加わるとスケールどうしが絡まり合いフェルト化する．これを縮絨といい，元にもどらない収縮である．

(1) **洗濯機洗い** 従来の渦巻式洗濯機に加え，ドラム式洗濯機も普及してきた（詳しくは2.3.3項 a. 参照）．ドラム式洗濯機では泡がたたき洗いの妨げになることから，起泡力・泡の安定性が低い洗剤を選ぶ必要がある．表2.6に市販洗剤の形状・界面活性剤・起泡力・泡の安定性を示す[21]．なお，洗濯機洗いは部分的な汚れ除去より，全体的な汚れ除去に適している．

① ネットの使用：デリケートな衣類や，他の被洗物の突起物などで損傷を起こす素材を使ったもの，絡まりやすいものはそれぞれの大きさに合ったネットにたたんで入れる．スレにより白化しやすい濃色の衣類や，プリント，刺しゅう，ビーズ，ラメなどの装飾のある衣類は，裏返してからたたんでネットに入れる．ブラジャーはホックを

表 2.5 繊維による洗濯に適する諸条件と注意事項

繊維	洗剤	水温	柔軟剤	漂白剤	糊料	干し方	アイロン	注意事項
綿	弱アルカリ性洗剤 石けん	水 高温も可	可	塩素系 色柄酸素系	澱粉糊 化学糊	天日干し 色物は陰干し	水分を与える 高温（180〜210℃）	・摩擦に弱く白化する ・縮みやすい
麻	弱アルカリ性洗剤 石けん	水 高温も可	可	塩素系 色柄酸素系	澱粉糊 化学糊	天日干し 色物は陰干し	水分を与える 高温（180〜210℃）	・摩擦に弱く白化する ・縮みやすい ・押し洗い
絹	中性洗剤	30℃以下	可	白物還元型	化学糊	陰干し セーターは平干し	中温（140〜160℃），当て布	・摩擦に弱い，色落ち ・手洗い ・紫外線に弱く，黄変，脆化 ・虫害
羊毛	中性洗剤	30℃以下	可	白物還元型	不可	陰干し セーターは平干し	中温スチーム（140〜160℃）	・フェルト化しやすい ・手洗い（押し洗い） ・紫外線に弱く，黄変，脆化 ・虫害
アセテート	中性洗剤	水	可 帯電防止	酸素系	化学糊	陰干し	低（80〜120℃），当て布	・ネット使用 ・脱水1分以内 ・除光液・シンナーで溶解
キュプラ	弱アルカリ性洗剤 石けん	水	可 帯電防止	白物のみ 酸素系	化学糊	陰干し	中温（140〜160℃），当て布	・脱水弱め ・もみ洗い不可
テンセル（リヨセル）	弱アルカリ性洗剤 石けん	水	可	白物のみ 酸素系	化学糊	陰干し	中温（140〜160℃），当て布	・しわ，縮みはレーヨンより少ない ・濡らすと固くなるが，乾くと元の風合いにもどる ・摩擦に弱く白化する ・押し洗い
レーヨン	弱アルカリ性洗剤 石けん	水	可 帯電防止	白物のみ 酸素系	化学糊	陰干し	中温（140〜160℃），当て布	・濡らすと収縮し，強度も低下 ・しわになりやすい ・短時間で洗う ・脱水は短め
ナイロン	弱アルカリ性洗剤 中性洗剤	水	可 帯電防止	酸素系	化学糊	陰干し	低温（80〜120℃）	・紫外線に弱く，黄変，脆化 ・熱・乾燥機不可
ポリウレタン	弱アルカリ性洗剤 中性洗剤	水	可 帯電防止	酸素系	化学糊	陰干し	低温（80〜120℃）	・耐久性が低く劣化 ・紫外線で黄変，脆化 ・熱・乾燥機不可
アクリル	弱アルカリ性洗剤 中性洗剤	水	可 帯電防止	白物塩素系 色柄酸素系	化学糊	陰干し	低（80〜120℃），当て布	・吊り干しは伸びる ・毛玉ができやすい
ポリエステル	弱アルカリ性洗剤 中性洗剤	水	可 帯電防止	白物塩素系 色柄酸素系	化学糊	陰干し	中温（140〜160℃），当て布	・再汚染しやすい ・湿熱に弱い

閉じてたたみ，小さいネットに入れる．ネットは被洗物に与える機械力を弱めるが，同時に洗浄力も弱めるので注意する（図 2.29 参照）．

② くず取り用具：渦巻式洗濯機は水流が通過する箇所に内蔵されており，ドラム式洗濯機ではくず取り部分に排水を通過させる方式が多い．どちらも小まめにくずを取り除くことが必要である．

(2) 手洗い　手洗いは，洗濯機で洗うと損傷を受けやすい羊毛製品や絹製品，形状安定性の

表 2.6 洗濯用洗剤の起泡力と泡の安定性

試料	形状	界面活性剤	直後の泡高さ（mm）	安定性（％）
1	粉末	LAS・AE・AS	45	86.7
2	粉末	LAS・AE・AS	53	83.0
3	粉末	LAS・AE・AS・純石けん分（脂肪酸ナトリウム）	52	82.7
4	粉末	α-SF・純石けん分（脂肪酸ナトリウム）・AE・LAS	23	82.6
5	粉末	AE・LAS・脂肪酸塩	15	73.3
6	粉末	LAS・AE	128	90.6
7 (JIS)	粉末	LAS	153	90.8
8	液体	AE・LAS・脂肪酸塩	32	87.5
9	液体	AE	67	92.6
10	液体	AE・LAS・脂肪酸塩	89	84.3
11	液体	ポリオキシエチレン脂肪酸メチルエステル・AE	49	28.6
12	液体	AE・LAS	15	80.0
13	液体	AE・LAS・純石けん分（脂肪酸ナトリウム）	15	60.0

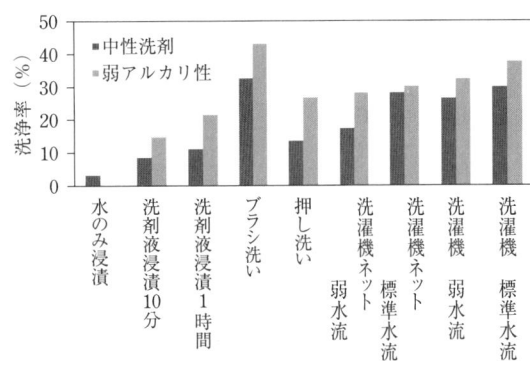

図 2.29 洗濯方法による洗浄率の比較

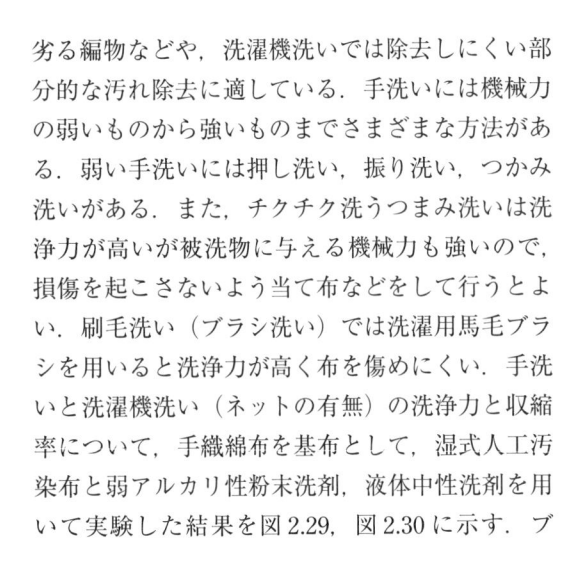

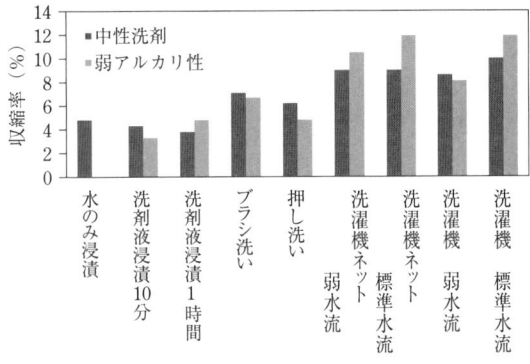

図 2.30 洗濯方法による収縮率の比較

劣る編物などや，洗濯機洗いでは除去しにくい部分的な汚れ除去に適している．手洗いには機械力の弱いものから強いものまでさまざまな方法がある．弱い手洗いには押し洗い，振り洗い，つかみ洗いがある．また，チクチク洗うつまみ洗いは洗浄力が高いが被洗物に与える機械力も強いので，損傷を起こさないよう当て布などをして行うとよい．刷毛洗い（ブラシ洗い）では洗濯用馬毛ブラシを用いると洗浄力が高く布を傷めにくい．手洗いと洗濯機洗い（ネットの有無）の洗浄力と収縮率について，手織綿布を基布として，湿式人工汚染布と弱アルカリ性粉末洗剤，液体中性洗剤を用いて実験した結果を図 2.29，図 2.30 に示す．ブ

ラシ洗いは 1 方向にタテ 15 回，ヨコ 15 回行い，すすぎは同 5 回ずつを 2 回行った．押し洗いは効果が出やすいように，試験布の下に厚さ 30 mm のスポンジを置いた．洗濯の押し回数は 30 回，すすぎは 10 回を 2 回行った．脱水は手洗いの場合タオルに挟んで水気を取り，洗濯機洗いの場合はプログラム通り脱水機で行った．干し方はすべて平干しである．最も洗浄力が高かったのはブラシ洗いであり，収縮率は低かった．押し洗いは洗濯機ネット使用弱水流の洗浄力に近い洗浄力を示し，収縮率はおおむね半分であった．押し洗いはウールのセーターなどに適した洗い方である．

その他の手洗い方法として，手もみ洗い，板も

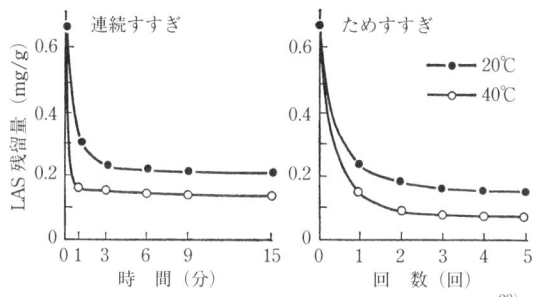

図 2.31 すすぎ後の綿への LAS 残留量（岩崎ほか，1984）[22]

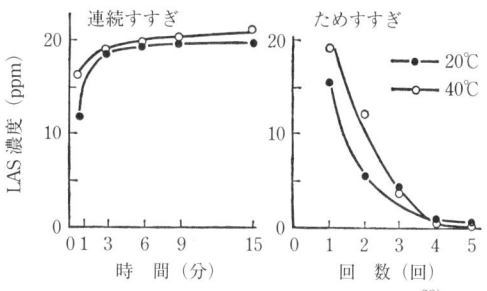

図 2.32 すすぎ液中の LAS 濃度（岩崎ほか，1984）[22]

み洗い（洗濯板などを使用），たたき洗い，足踏み洗い，へら洗い（和裁のへらを使い，こびり付いた汚れをけずり落としたり，足袋の底などに洗剤を塗布して用いる）などがある．

手洗いは部分汚れに対して適した洗い方である．洗濯機洗いを補う方法として必要に応じ上手に行うとよい．

d．すすぎ

すすぎは繊維に吸着した界面活性剤や，繊維上に残留した汚れを除去するために行う操作である．すすぎが十分に行われたかの目安として，水の汚れ具合などがあげられるが，目視による判断は困難である．

（1）**すすぎ効果** すすぎは洗剤液を希釈する面と，繊維に吸着した界面活性剤を着脱する面とから考える必要がある．したがってすすぎ効果は，すすぎ液中の界面活性剤量と繊維中に残留した界面活性剤量の両方から検討する．ターゴトメーターと綿100％メリヤスを用いて洗濯し，その後に連続すすぎ（注水すすぎ）とためすすぎを行い，綿メリヤスに残留している LAS 量を測定した結果を図 2.31 に，液中の LAS 濃度を測定した結果を図 2.32 に示す[22]．この結果からためすすぎ2回と連続すすぎ（注水すすぎ）6分とが同等のすすぎ効果であることがわかった．ためすすぎ1回に30Lの水が必要であるとすると，2回すすぎで60L必要になる．連続すすぎでは1分間に10Lの水を流すとすると，はじめのすすぎに30L，6分間のすすぎで60L，合計90L必要となり，同じすすぎ効果を得るのにためすすぎのほうが30L少なくて済むことになる．以上から，ためすすぎ2回が効率的かつ経済的であることがわかる[22]．

すすぎ効果を決定する要因は，繊維の種類，界面活性剤の種類，水温などである．合成繊維は綿より界面活性剤の吸着量が少ない．羊毛は吸着量が多くすすぎによって除去しにくいため，残留しても不具合を起こしにくい界面活性剤を使用している．水温は高いほうがすすぎ効果が高い．石けんは金属石けんを生成し繊維に付着し，加水分解した脂肪酸も付着するので，これらが残留して黄色化する．したがって，すすぎ効果の高い温湯などを用いて，合成洗剤を使用した場合よりよくすすぐ必要がある．

（2）**すすぎと節水**

① すすぎ1回洗剤：すすぎが1回で済む洗剤が市販されている．従来のためすすぎ2回と比較して大きな節水になる．これを可能にしているのは，低濃度で高い洗浄力をもつ非イオン界面活性剤である．しかし，すすぎは洗剤液を希釈するだけではなく，繊維に吸着している界面活性剤を脱着する働きも担っている．浴比の低い洗濯機の場合希釈倍率は下がり，界面活性剤の脱着量も高浴比の洗濯機より少ない．1回すすぎの洗濯を繰り返して行うと，残留界面活性剤が被染物に累積され，特に浴比が低い洗濯機では泡切れが悪くなるなどの不具合や，敏感肌への影響が生じる場合もある．また，すすぎには洗浄効果を上げる作用があることから，洗濯機のすすぎシステム（シャワー脱水を取り入れ効率化を図るなど）や洗浄結果などを総合的に考え，使用者各自が納得できる洗剤や使い方を選ぶ必要がある．

② 風呂の残り湯：節水の目的で風呂の残り湯を使用する場合があるが，節水以外の利点は水道水より温度が高いため洗浄力が高いことである．残り湯が40℃くらいの場合は油汚れが除去しや

すく酵素も十分に働く．翌日温度が下がっても水道水より高い温度であり洗浄には有利である．欠点は人体からの汚れである皮脂・表皮角質層の剝がれたものや，細菌，泥，砂，塵埃などで残り湯が汚れていることであり，衛生面に問題がある．利用するには，湯船に汚れをもちこまないよう入浴方法に気をつける．また，洗濯に利用するのは洗剤洗いのときだけにし，すすぎは水道水など清浄な水を使うよう注意する必要がある．

e．脱　水

本洗（洗剤洗い）の後や，中間すすぎ，最終すすぎ後に脱水を行う．洗剤洗いや中間すすぎの後の脱水はすすぎ効果に関係し，最終すすぎのあとの脱水は乾燥速度や仕上りに影響する．脱水方法には遠心脱水，ローラー絞り，手絞り（押し絞り，ねじり絞り，巻き絞り，棒巻き絞り，にぎり絞り，包み絞り）などがある．天じく木綿をそれぞれの方法で脱水した場合の絞り度，含水率は表2.7の通りである[23]．遠心脱水では洗浄効率はよいがしわになりやすく，特にアセテートのような半合成繊維，ナイロン，ポリエステルなどの合成繊維では，付いたしわが回復しにくい．この脱水方法は，**遠心力**（centrifugal force）によって水を振り切るものであり，遠心力 F_c は次式で表される．

$$F_c = mr\omega^2$$

ここで，m は物体の質量，r は脱水槽半径，ω は角速度である．この場合，回転数を n とすれば，$\omega = n\pi/30$（radian）であるので，

$$F_c = \pi^2 mrn^2/900$$

したがって，回転数の影響が最も大きく，洗濯物と脱水槽重量および脱水槽半径が大きければ遠心力が増大し，脱水効果は大きくなる．同じ脱水機を用いても繊維の種類により脱水効果が異なる（図2.33）[24]．また最初に織物表面や糸の間の水分が脱水されるため，最終的には繊維自体の水分率が影響する（表2.8）．

図2.33のように含水率の減少が最も顕著であるのは脱水開始から30～40秒間であり，60秒以降では含水率の減少はほとんどみられない．図2.34[25] のように脱水8秒でもかなりの水分が脱水される．脱水率を高くすると乾燥時間は短くなるが，脱水じわが生じやすくなり乾燥後の回復も困難になる．実際の洗濯では，脱水程度を低めにして水分を残しておき，ただちによく振りさばいてしわを取り，手で形を整えて自然乾燥したほうが脱水じわが残らず仕上りがよい．薄地の合成繊維のものは脱水せずにそのまま吊り干しする（だら干し）と小じわが寄らずに仕上げられる．洗濯機の場合は，被洗物の中の疎水性繊維で水分率が

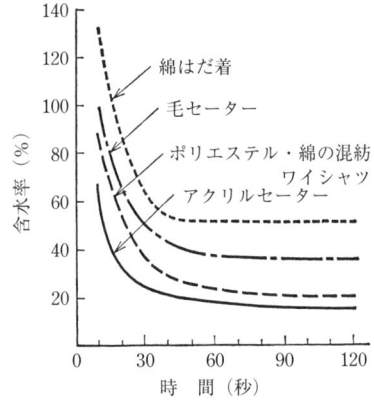

図2.33 脱水時間と含水率（花王生活科学研究所，1978）[24]

表2.7 天じく木綿約95 gの各脱水法による絞り度（％）（吉永，1964）[23]

絞り方（脱水法）		絞り度	含水率
押し絞り		37.0～43.5	170～129
ねじり絞り		47.6～50.0	110～100
包み絞り		54.6～55.0	83～81
ゴムローラー手動		44.0～48.9	127～104
遠心脱水機家庭用	3分	64.5～66.4	55～51
（1,500回転）	5分	66.6～68.0	50～47
遠心脱水機工業用	3分	68.5～70.4	46～42
（1,450回転）	5分	68.8～72.0	45～39

表2.8 各種繊維の公定水分率（JIS L 1013より抜粋）

繊維の種類	公定水分率（％）	繊維の種類	公定水分率（％）
綿	8.5	ビニロン	5.0
麻（亜麻およびラミー）	12.0	ナイロン	4.5
絹	12.0	ビニリデン	0.0
羊毛	15.0	ポリ塩化ビニル	0.0
レーヨン	11.0	ポリエステル	0.4
ポリノジック	11.0	アクリル	2.0
キュプラ	11.0	アクリル系	2.0
アセテート	6.5	ポリエチレン	0.0
トリアセテート	3.5	ポリプロピレン	0.0
プロミックス	5.0	ポリウレタン	1.0

低いものやしわになりやすい繊維・組織など，だら干しするものがあるときは，洗濯プログラムをすすぎまでで終了させる．だら干しするものを取り出した後で，被洗物中で脱水時間を短くする必要のあるものに脱水時間を合わせ，改めて脱水を行い被洗物を取り出す．脱水時間を長くしたいものがある場合は，さらに続けて脱水を行うとよい．このとき，取り出したいものを洗濯ネットに入れておくと扱いやすい．

f. 乾燥

洗濯終了後は直ちに形を整え乾燥する．洗濯機に入れたままにするとしわの原因になり，長時間放置しておくとかびや細菌の増殖を促し衛生状態を悪くし，いわゆる部屋干し臭の原因にもなる．

(1) **自然乾燥** 脱水後，戸外や室内で水分を蒸発させ，乾燥する方法である．乾燥時間に影響を及ぼす要因には気温，気湿，気流，洗濯物の表面積と含水量がある．初期の含水率と乾燥時間の関係を図2.35に示す[26]．

① 戸外乾燥：直射日光に当てて干すと紫外線の殺菌効果（図2.25）が期待できるが，毛，絹，ナイロン，ポリウレタンを黄変・劣化させ，染色物の変退色，蛍光増白したものの効果を失うなどの不具合が起こることがある（9章参照）．したがって，これらのものは風通しのよい日陰に広げて干したり，裏返しにして干すとよい．

② 室内乾燥：近年はライフスタイルの変化や住宅事情から，室内干しの割合が増加している．室内干しでは乾燥速度に影響する要因のうち，気流の効果が期待できない．その結果，洗濯物付近の湿度の高い空気が換気されないため，乾燥速度が遅くなり洗濯物が湿った状態に長く置かれることになる．細菌やカビは適度な温度（20℃以上）・湿度（60% RH以上）・栄養（除去しきれなかった汚れ）があれば繁殖する．その結果，不衛生になるばかりでなく部屋干し臭を発生したり，かびが出す色素でしみになったりする不具合も生じる．乾燥速度を決定する要因をできるだけ乾燥に有利になるようにする．部屋を閉め切らざるをえない場合は除湿機を使ったり，飽和水蒸気が逃げられるように室内のドアを開けて通風をよくし，さらに扇風機，換気扇などを使用し，洗濯物をできるだけ広げて表面積を大きくし，洗濯物と洗濯物の空間を十分とるなどの工夫をする必要がある．

(2) **人工乾燥** 電気やガスを熱源とする乾燥機を用いて乾燥する方法である．一般に乾燥機乾燥では，一定時間に蒸発する水分量は，乾燥機の熱容量に関係する．したがって，同じ繊維製品で同重量の場合には，家庭用乾燥機よりコインランドリー用大型乾燥機のほうが乾燥時間が短い（図2.36）[27]．また，同一の乾燥機では一定時間に蒸発する水分量は同じなので，同量の水分を含水した繊維製品は，別々に乾燥すると繊維の種類に関わらず乾燥速度は同じである（図2.37）．しかし，同量の水分を含んだ親水性繊維と疎水性繊維の製品を混ぜて乾燥すると，混合すると同時に水分が親水性繊維に移動して，図2.38のように疎水性繊維の製品のほうが早く乾燥する[28]．図

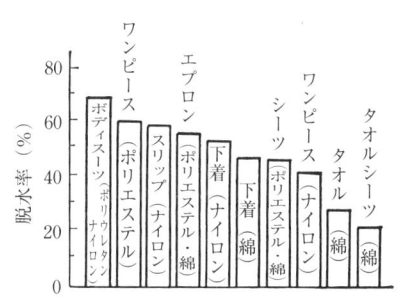

図2.34 各種衣料の脱水率（脱水8秒）（堀，1978）[25]

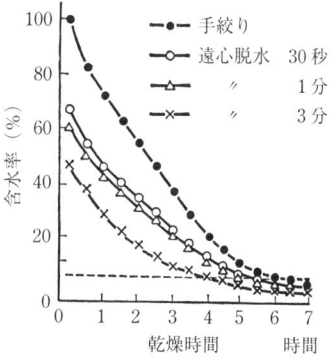

図2.35 脱水方法別の乾燥過程（綿ワイシャツ）（ライオン家庭科学研究所編，1971）[26]
家庭用二槽式脱水洗濯機，遠心脱水機使用．乾燥条件：室内自然乾燥，23～26℃，65～80%．

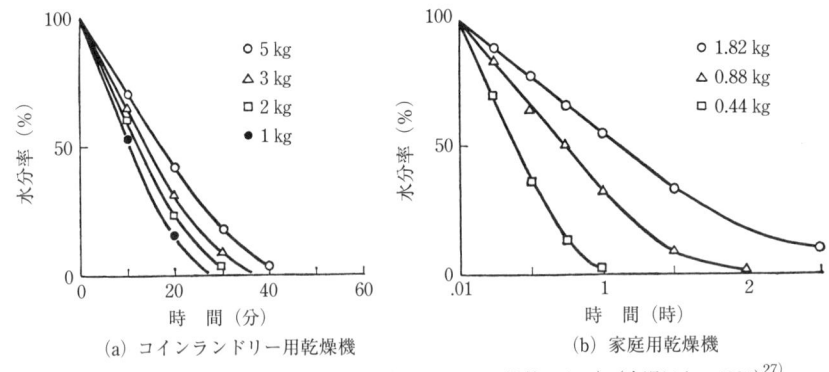

図2.36 乾燥機による乾燥速度のちがい（綿・アクリル混紡タオル）（生野ほか，1990）[27]

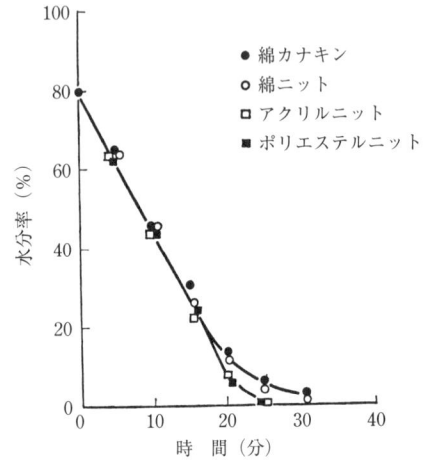

(a) コインランドリー用乾燥機
(b) 家庭用乾燥機

図2.37 コインランドリー用乾燥機での乾燥速度（種類別に乾燥）（阿部ほか，1987）[28]

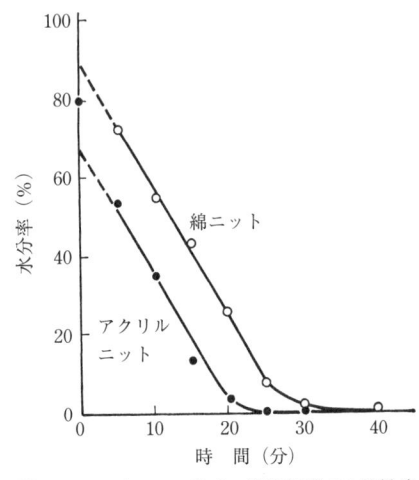

図2.38 コインランドリー用乾燥機での乾燥速度（混合乾燥）（阿部ほか，1987）[28]

2.36，図2.37で水分率が直線的に低下する部分は，水分蒸発が一定速度で行われている恒率乾燥期で，これは繊維の種類によらず一定である．これに対し，直線関係からはずれ乾燥速度がゆるやかになる下に凸の部分は減率乾燥期といい繊維の水分率によって異なる．また，環境温湿度一定の条件下で，乾燥機のドラム内空気温度，空気速度およびドラム容積比（乾燥衣類1kgあたりのドラム容積）は乾燥速度を決定する重要な要因である[29]．

(3) 乾燥機を用いて効率的に乾燥する場合の注意

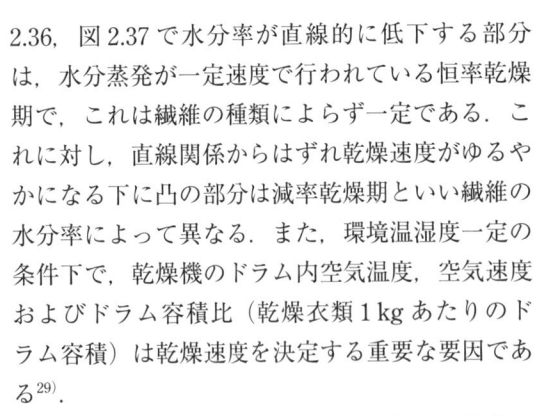

① 表示の乾燥容量（負荷率100%）では乾燥速度が低下し，乾燥時間が長くなるので，ドラム容積比を大きくするため乾燥容量以下の負荷率で使用する．特にシーツのような表面積の大きいものでは，負荷率100%の乾燥は著しく非能率的である．負荷率を小さくするとドラム容積比が大きくなり，乾燥効率が向上ししわにもなりにくい．

② 初期水分率（脱水後の含水率）の低い衣料（疎水性繊維，薄地など）や，重量，表面積ともに小さい衣料は，負荷率（ドラム容積比）の大小による影響は少なく乾燥時間は短い．衣類の種類により乾燥時間の異なることを知り，乾燥したものは随時取り出して乾燥効率を上げる．

③ 乾燥率100%（洗濯前の重量と同じ）では未乾燥部分が多い．しわを防ぎ形を整えたい衣類は，乾燥率が100%になる前の湿りが残っている間に取り出し，しわを伸ばし形を整えてから吊り干しにするとよい．

④ フィルターの目詰まりは乾燥効率を悪くするので小まめに掃除する．

⑤ 一般にニット製品は，繊維の種類に関わらず乾燥機乾燥によって縮みやすい．乾燥が進むに

従い含水率が低くなり衣類の温度が上昇すると，急速に収縮するので十分注意する．

⑥ 熱に弱く乾燥機を使えない繊維があるので，必ず取扱い絵表示をみる．
[藤居眞理子]

2.3.3 家庭用洗濯用機器
a. 電気洗濯機

(1) 家庭用電気洗濯機の方式　家庭用電気洗濯機は，大きく分けて**撹拌式**，**渦巻き式**，**ドラム式**の3種の方式に分類される（図2.39）．撹拌式はおもにアメリカで発達した方式で，洗濯槽の中心にある撹拌羽根（アジテーター）が往復運動して水流を起こし，被洗物を回転させる．被洗物が絡みにくいため大容量の洗濯に適しており，布の損傷は少ないが洗濯時間がやや長い傾向がある．渦巻き式は日本で発達した方式で，洗濯槽の底部にある回転翼（パルセーター）が回転して水流を作る方式である．機械力が強いため比較的短時間で高い洗浄率を得られるが，水流が激しく布の損傷や絡みが欠点であり，種々の改良がなされている．ドラム式は主としてヨーロッパで発達した方式で，円筒形の洗濯槽（ドラム）を回転させて被洗物を上に押し上げ，下部の洗濯液中にたたき落とすことによって機械力を加え汚れを落とす．使用水量が少なく布の損傷も少ないが，機械力が小さいため汚れが落ちにくく，洗濯時間が長くなる傾向がある．ヨーロッパでは，中世に流行したペストなどの伝染病蔓延の防止から生じた生活習慣と，水の硬度が高いことによる障害を防ぐために温水を使用する習慣が定着した伝統があり，少ない量の温水で洗濯をするように設計されたドラム式洗濯機が使われてきた．

(2) 日本における電気洗濯機の普及　日本では，大正末期に撹拌式洗濯機がアメリカより輸入され，昭和初期に国産化，販売されるにいたったが，かなり高級品であったため一般には普及しなかった．第二次世界大戦後，洗濯機の側面にパルセーターを取り付けた噴流式洗濯機がイギリスから輸入され，これを機に洗濯機が本格的に普及した．1955（昭和30）年にわが国の洗濯機の原型ともいえる国産の渦巻き式洗濯機が誕生し，生産量は年々増加していった．当初一槽式であったが，1960（昭和35）年に遠心脱水機付きの**二槽式洗濯機**が登場し，その後，1965（昭和40）年に**全自動洗濯機**の発売，1972（昭和47）年に自動二槽式洗濯機の登場，1977（昭和52）年にマイコン式自動洗濯機の発売へと変遷し，洗濯機の普及率（図2.40）はほぼ100%に達した．1980（昭和55）年頃から大容量化が進み，1980～1990（昭和55～平成2）年にかけて二槽式洗濯機から全自動洗濯機への大きな変化が起きた．1990（平成2）年には全自動洗濯機の販売構成比が56%となり，洗濯機市場の主流となった．洗濯機の大容量化はさらに進み，2006（平成18）年には容量が7kg以上の洗濯機が4割以上を占めている（図2.41）．また，イオン交換樹脂を応用して硬水軟化機能をもたせた「イオン洗浄」方式（1998年），電気的な作用により発生させた低濃度の活性酸素や次亜塩素酸を含有する「電解水」を利用した「洗剤0コース」搭載（2001年），除菌・防臭効果をねらって水に「Ag^+イオン」を溶け込ませる「イオン発生ユニット」

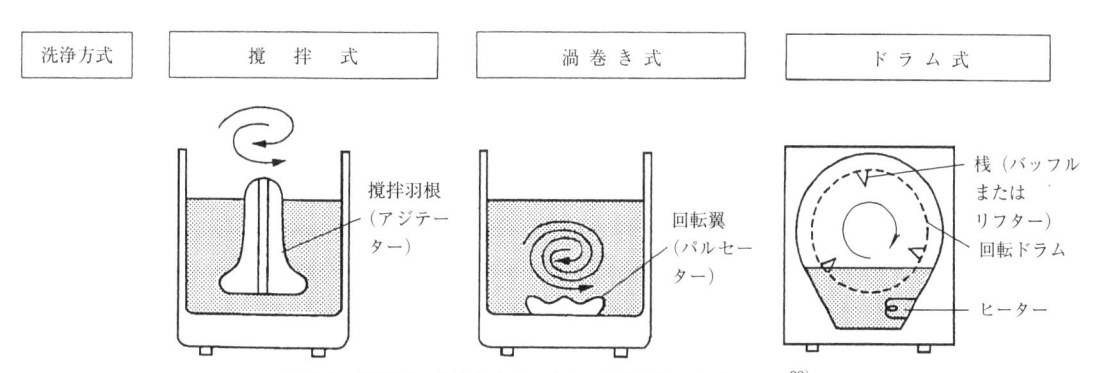

図2.39 洗濯機の洗浄方式（ライオン家庭科学研究所，1997)[32]

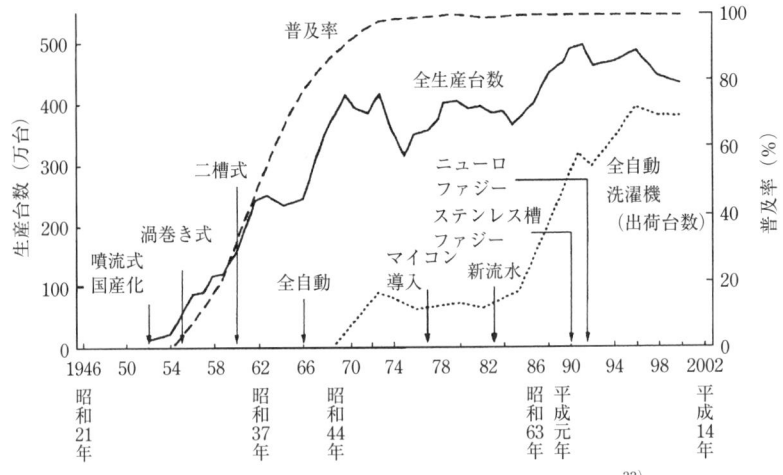

図 2.40 日本における洗濯機の変遷（衣料管理協会，2008）[33]

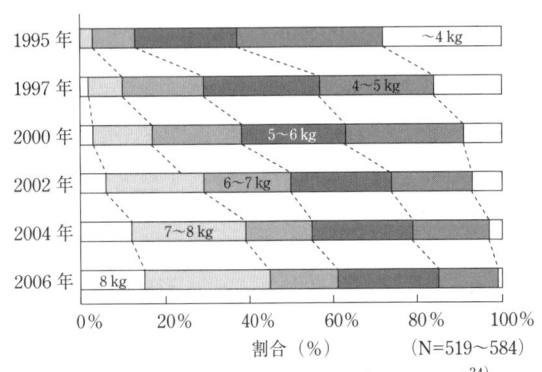

図 2.41 各家庭の保有洗濯機の容量（尾下，2008）[34]

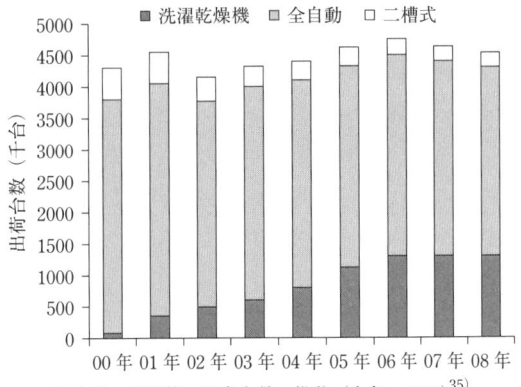

図 2.42 洗濯機の販売台数の推移（大矢，2009）[35]

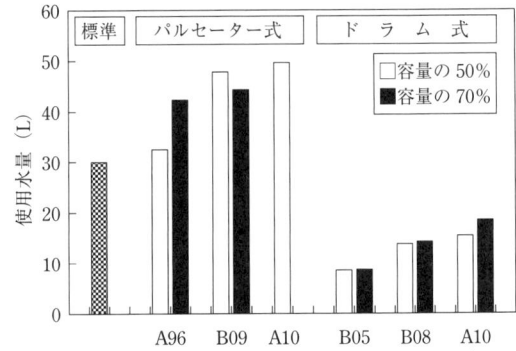

図 2.43 「洗い」時の使用水量（後藤ほか，2010）[36]

「標準」は JIS C 9606 規定の標準洗濯機，「A96」～「A10」は洗濯機の種類，「A96」は A 社 1996 年製を示す．「B09」は B 社 2009 年製を示す．

（2003 年）など，各洗濯機メーカーから多機能の洗濯機が発売された．

(3) 電気洗濯機の最近の動向 2000（平成12）年頃からは，洗濯から乾燥までを 1 台で行う**洗濯乾燥機**が注目されるようになり，2008（平成20）年の洗濯乾燥機の販売台数は洗濯機全体の 20% を占めるまでとなった．洗濯乾燥機には，縦型タイプの渦巻き式洗濯機に乾燥機能を付与したものと，回転ドラム式洗濯機の 2 種があるが，従来のドラム式は，重量，振動，騒音などの観点から日本家屋には不向きであったため，振動や騒音を抑えて軽量化を図った回転ドラム式洗濯機の開発が進められた．2002（平成14）年ごろからドラム式洗濯機の需要は高まり，2009（平成21）年には，洗濯乾燥機のうちドラム式が 6 割を占める構成となった（図 2.42）．ドラム式洗濯機の最大の特徴は少ない水で洗濯が行えることにある．1996～2010 年に発売されたパルセーター式（渦巻き式）とドラム式の洗濯機を使用して，容量の 50% および 70% の洗濯物で洗濯を行ったときの「洗い」時の使用水量を図 2.43 に示す．すべて各洗濯機の標準コースで洗濯を行った結果である．ドラム式の「洗い」時の使用水量はパルセーター

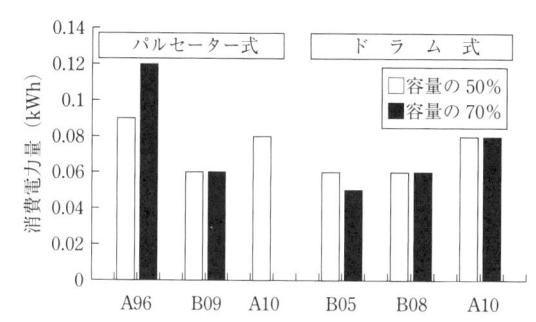

図2.44 「洗い」から「脱水」までの消費電力量（後藤ほか，2010）[36]

「A96」〜「A10」は洗濯機の種類．「A96」はA社1996年製を示す．「B09」はB社2009年製を示す．

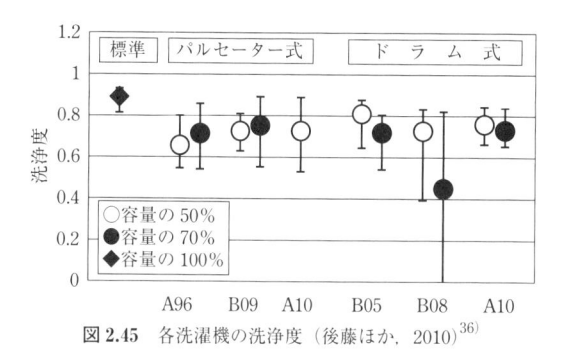

図2.45 各洗濯機の洗浄度（後藤ほか，2010）[36]

式の3分の1程度であり，かなり少ない水量で洗濯が行われることがわかる．また，同じ洗濯機を用いて調べた，「洗い」から「脱水」までの消費電力量を図2.44に示す．環境への意識の高まりとともに洗濯機の省エネ化も進み，2000年以前の洗濯機と比較すると，2000年以降の洗濯機の消費電力量はかなり低くなっている．そのときの洗浄度をJIS C 9606に規定されている湿式人工汚染布を用いて調べた結果が図2.45である．パルセーター式洗濯機の場合は，容量の50%，70%ともに安定した洗浄度を得ることができるが，ドラム式は，容量の70%の洗濯物を洗濯する際にばらつきが大きく，洗浄度がかなり低下する場合があることを示している．使用水量が少ないことが，洗浄力や再汚染に影響を及ぼしたり，洗濯後の衣類に洗剤成分が残留したりするなどの問題点もあり，ドラム式洗濯機はさらに改良が進められている．

b．乾燥機

家庭用衣料乾燥機は，主婦の職場への進出の増加，住宅事情，天候環境事情などの理由から需要が伸び，洗濯機と組み合わせて使用されてきたが，先に述べたように，2000（平成12）年頃からは乾燥機の機能を付与した洗濯機が注目されるようになった．近年の省エネ意識の高まりと洗濯機メーカーの技術開発により，新しい乾燥方式も登場してきている．以下に，乾燥方式の種類について述べる．

(1) **排気型乾燥機** 外部から空気を取り入れ，ヒーターで約90℃の温風をつくり，洗濯物から水分を蒸発させ，機外に排出させるタイプである．このタイプの乾燥機を室内に設置した場合，湿気を含んだ温かい空気が室内に排出されるため，室内の温度・湿度が上昇する．室内で使用する際には換気が必要である．

(2) **除湿型乾燥機** 洗濯物から出た湿った空気を冷却器に通して，排気温度を下げるとともに水蒸気を凝縮水として機外に放出するタイプである．排気式のように高温度・高湿度の排気がなく，室内で使用する際にも温湿度の問題がない．

(3) **ヒートポンプ式乾燥機** 高温の風で洗濯物を乾かすのではなく，乾燥した風で乾燥させる方法として2005（平成17）年に登場した乾燥方式で，大幅にエネルギー消費を抑えられるとして注目された．ヒートポンプユニット（エアコンの室外機と室内機を一体化したような構造）を本体内に収納し，熱交換を行うことにより洗濯物を乾燥させる．ドラム内の湿った空気は，冷却側の熱交換器で除湿後，加熱側の熱交換器で乾いた温風となり，再度ドラム内に送り込まれる（図2.46）．

(4) **ヒートリサイクル式乾燥機** 2008（平成20）年に登場した方式で，モータの排熱や本体内部に蓄積された熱エネルギーを回収し，再利用する省エネ技術である．メインモータから発生する熱をドラム内に伝道させ温度を上昇させる．高速風を発生させるジェットファンの圧縮熱，ジェットモータの熱を乾燥時の温風に利用する．洗濯・脱水・乾燥の各工程でメインモータやファンモータ，ヒーターから発生する熱エネルギーに温められた空気を乾燥時に再利用するなど，熱のリサイクルを行うことによって消費電力量を低減している（図2.47）．

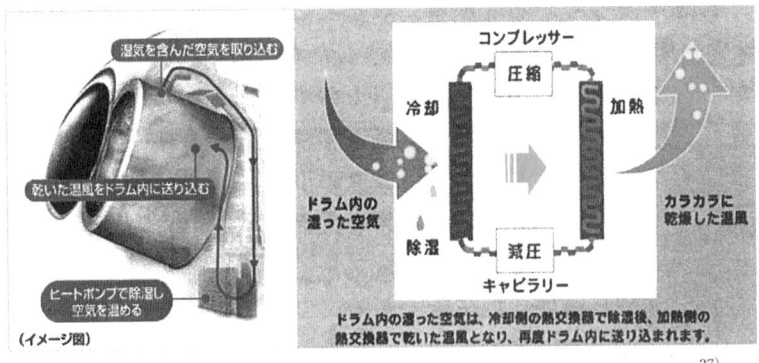

図 2.46 ヒートポンプ式乾燥の原理（JEMAプレゼン資料抜粋）(鈴木, 2010)[37]

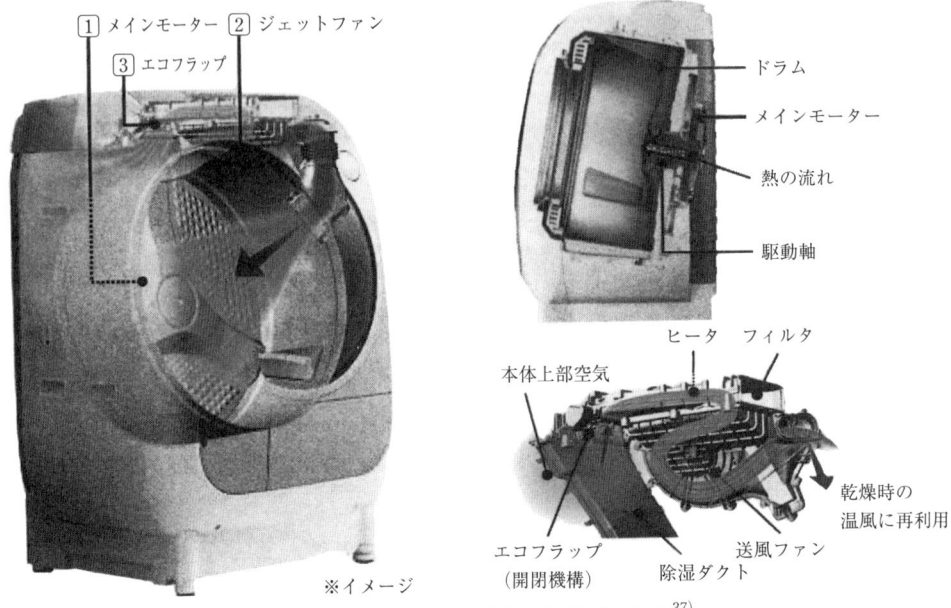

図 2.47 ヒートリサイクル乾燥方式（鈴木, 2010)[37]

2.3.4 各種素材でできた繊維製品の洗濯法

各種繊維製品を適切に洗濯するには，その組成繊維の性能（巻末付表7，p. 110–111 参照），組織（織物・編み物），加工，縫製法，染色堅ろう度などをよく調べ，それぞれに最も適した方法で行うことが大切である．実際には，家庭用品品質表示法による組成表示および取り扱い絵表示（巻末付表5，p. 104–107 参照）に従って行えばよいが，中には適切でないものもあるので，被服材料に対する正確な知識をもつことが必要である．

a. 組成繊維の性能

各種繊維の性能のうち，被服整理に関係があるのは次の性能である．

(1) 引張り強さ（tensile strength） ぬれたときの引張り強さが小さいものは強い力を加えないように，手洗いか電気洗濯機の弱水流で洗う．

(2) 伸び（elongation），変形（deformation） 繊維は，ぬれたときに力が加わると，伸びたり変形したりすることが多い．乾燥時に，しわを伸ばしたり形を整えたりして干すとよい．また，アイロンかけにより，ある程度は回復することができる．

(3) 吸湿性（hygroscopicity） 吸湿性の小さい繊維（合成繊維など）は乾きやすいが，洗濯中に再汚染しやすい．疎水性が大きいポリエステルなどの白いものを洗濯するときは，汚れのひどいものと一緒に洗ったり，汚れた洗剤液で洗ったりしないようにする．

(4) 耐熱性 (heat resistance)　熱に弱いもの（合成繊維など）は，洗濯液やアイロンの温度が高すぎると，収縮，軟化，溶融することがあるので注意する．

(5) 耐日光性 (light fastness)　日光にあてると引張り強度が低下したり，脆化，黄変（毛，絹，ナイロンなど）したりするものがある．このようなものは，日光を避け，風通しのよい日陰に干すようにする．

(6) 耐薬品性 (chemical resistance)　アルカリに弱いものは中性洗剤で洗う．酸や有機溶媒に弱いものは，しみ抜き用剤としてそれらを使わないようにする．また，塩素系漂白剤で損傷を受けるものには，酸素系漂白剤，還元漂白剤など他の漂白剤を用いる．

(7) その他　毛のように水の中で強い機械力が加わると縮じゅうするものは，ドライクリーニングか，手洗いの押し洗いがよい．虫害を受けやすいもの（毛，絹など）は，保管する際防虫剤を用いるなど取り扱いに注意する．

b. 組織・加工など

(1) 組織 (structure)　一般に組織の粗いものは，変形・ほつれなどが起こりやすい．したがって，編み物は織物に比べて変形しやすいので，手洗いか，洗濯機で洗う場合はネットに入れて洗い，形を整えタオルにはさんで短時間脱水する．干すときは，形を整えて平干しにする．糸が太く編み目の粗いものは吸水量が多いため，吊り干しにすると重さで丈が伸びることがあるので注意する．

(2) 加工 (finish)　繊維の加工には，樹脂加工，防水加工，シロセット加工，防虫加工，帯電防止加工，柔軟加工などがあるが，これらの加工は着用・洗濯を繰り返すうちに次第に効果が失われてくる．洗濯を行う際にはできるだけ強い力を加えないように注意する．

(3) 縫製 (sewing)　繊維の種類の異なるものを表裏に使ったり，部分的に使ったりしてあるものは，損傷しやすいほうに合わせて取り扱うことが必要である．皮革や合成皮革を部分的に使ったものは取り扱いが難しいので，なるべく購入時にも注意する．

(4) 染色堅ろう度 (color fastness)　近年，染料の染色堅ろう度が向上し，洗濯で色落ちするものが少なくなったが，濃色に染色してあるものは洗濯前にためしてから洗う．色落ちするおそれがあるものは，そのことを表示してある場合が多いので，品質表示にも注意して取り扱う．

c. 洗濯法

各種素材でできた繊維製品の基本的な洗濯法を表2.9に示す．

このほか，新しい機能が付与された特殊な衣服の洗濯方法を表2.10に示す．　　　　[後藤純子]

2.4　商　業　洗　濯

2.4.1　商業洗濯の種類[38,39]

クリーニング所の衛生水準の維持・向上と利用者の利益の擁護を目的とした法律である**クリーニング業法**では，「クリーニング業」を「溶剤又は洗剤を使用して，衣料品その他の繊維製品又は皮革製品を原型のまま洗たくすること（繊維製品を使用させるために貸与し，その使用済み後はこれを回収して洗たくし，さらにこれを貸与することを繰り返して行なうことを含む．）を営業とすること」と定めている．したがって，衣料品のみでなく，シーツやカーテン，じゅうたん，床マット，おしぼり，化学ぞうきん，モップ，のれん，旗などの洗濯も対象となる．また，原型のまま洗たくすることが要件となっており，着物の洗い張りのようなものは含まれない[40]．

商業洗濯を洗浄方法によって分類すると，有機溶剤を使用するドライクリーニングと水を使用するランドリーとウェットクリーニングに分類され，その他，通常のクリーニング処理ができない毛皮，皮革，和服，カーペットなどについて洗浄方法が工夫された特殊クリーニングがある（第2章表2.2参照）．

a. ランドリー

ランドリーとは，ワイシャツやシーツなど水に対する耐久性のある衣料品を，石けん，洗剤，アルカリ剤などを用いて洗濯機で温水洗いする洗浄方法である．

一般的にはドラム型のランドリーワッシャー

表2.9 各種素材でできた繊維製品の洗濯法

組成繊維	洗剤	洗い方と仕上げ法
綿・麻	粉石けん 複合石けん 合成洗剤	電気洗濯機（標準コース，おまかせコースなど），アイロンかけは高温．
レーヨン キュプラ		電気洗濯機（標準コース，おまかせコース，または手洗いコース，弱水流コース，ソフトコースなど），アイロンかけは中温．
ポリエステル		電気洗濯機（標準コース，おまかせコースなど），脱水は短時間に行う．再汚染しやすいので，白いものは汚れの多いものと一緒に洗わないようにする．
毛・絹	中性洗剤	ドライクリーニングがよい．家庭で洗うときは，手洗いの押し洗いか，電気洗濯機（手洗いコース，弱水流コース，ソフトコースなど）で短時間に行う．アイロンかけは中温．
アセテート ナイロン アクリル		電気洗濯機（標準コース，おまかせコース，または手洗いコース，弱水流コース，ソフトコースなど），編み物はネットに入れて洗う．脱水は短時間に行う．アイロンかけは低温．

洗濯機のコースは一般的な名称で示した．洗濯機により表現が異なるため注意する．

表2.10 特殊な被服の取り扱い方法

	素材	衣服	取り扱い
ラメ入り衣料 金・銀の光沢のあるラメ糸を織りこんだり，刺しゅう糸，縁どりなどに使った衣料．	ラメはポリエステルフィルムにアルミニウムを蒸着し，その表面をポリエチレン樹脂塗布したものや，ポリエステルフィルムでサンドイッチ構造にしたもの．	セーター類 ワンピース類	○汗や水分，酸，アルカリ，漂白剤などによって変色し，光沢を失ったり，灰色化するものもあるので，取り扱いに注意を要する． ○汗や汚れはなるべくはやく取り除く． ○クリーニング中より保存中に起こる事故が多いので，湿気の少ないところにしまうなどの注意が必要である．
ダウンウェア 羽毛の入った保温性の高い衣料で，寒冷地や冬山登山などの防寒具として使用されていたが，近年街着としても用いられる．	中綿：ガチョウやアヒルの ｛ダウン　80% 　フェザー　20% ものが主流． 表地：ナイロン，ポリエステル，ポリエステル・綿混紡などで，目づめ加工されている．	スポーツ用，街着用のジャケット，コート	○取り扱いについては，各メーカーやクリーニング店などでいろいろな異なった意見が出されている． ○中綿は水洗いでもドライクリーニングでも問題ない．かたまったらたたいてほぐすとよい． ○表地は洗い方によってシワを生じたり，つやがなくなったり，目づめ効果が低下したりする． ○日常の手入れとしては，汚れた部分をまめにふき取り，時々，取り扱い表示に従って全体を洗うとよい．
ウォッシャブル製品 洗濯機などで家庭洗濯が簡単にでき，型くずれやシワになりにくい衣料．	ポリエステルおよびポリエステル・毛混紡品	紳士用スーツ 婦人用スーツ 学生服	○洗い方，ネット使用の有無，アイロンかけなどの取り扱い方や洗濯後の仕上がり状態は，衣料の種類やメーカーによって異なっている． ○繊維間の滑りをよくし，繊維のもつゆがみやしわ回復能力を助けるために，柔軟剤を使用するとよい．
	毛（防縮加工）	スーツ スカート セーター類	
	綿（形態安定加工）	ドレス，シャツ	
オイルクロスまたはオイルコーティング衣料 光沢やぬめり感のあるコーティング衣料．	基布：綿または綿・ポリエステル混紡品 コーティング剤：ウレタン樹脂，アクリル系樹脂などに特殊加工剤添加	スポーツウェア ダウンジャケットの表地 婦人コート スカート	○各メーカーの認識，セールスポイント，取り扱い方法などは一定していない．
透湿・防水加工の衣料 水は通さないが，水蒸気は通るため，汗をかいてもムレない特長がある．	加工：ポリテトラフロロエチレンやポリウレタンの多孔質（微小な孔のあいたもの）の皮膜を基布に張り付けたもの（ラミネート製品）．	ショーツ レインコート スポーツウェア ダウンジャケットの表地 オムツカバー	○水洗いの場合は，布の剥離や毛羽立ち，しわ，収縮，硬化，型くずれなどに注意し，機械力を小さくした中性洗剤による40℃以下の短時間洗浄がよい． ○ドライクリーニングの場合は，溶剤によってフォームや接着剤などが膨潤し，布が剥離しやすいので，一般に石油系溶剤による5～7分間の短時間洗浄が行われる． ○乾燥は，熱と直射日光を避け，日陰で自然乾燥する方法が適している．

（洗濯脱水機）を用い洗濯する．

また，繊維製品の所有者はクリーニング業者で，それを貸与し，使用したものを回収して洗濯するのを繰り返す商業洗濯の業態を，**リネンサプライ**という．これには，ホテルリネン，病院リネン，フードリネン，タオルリネン，産業リネン，鉄道リネン，貸しおしぼり，ダイアパー（貸しおむつ）およびダストコントロールなどがある．洗浄方法は主としてランドリーであるが，大量に処理するため，連続洗濯機などを使用する連続洗濯システムで処理されることが多い．

b. ドライクリーニング

ドライクリーニングとは，水洗いすると縮んだり，形くずれしたり，色が落ちたりするような衣料品を，水の代わりに有機溶剤を用いて衣料品への影響を抑えて洗浄する方法である．

商業ドライクリーニングは，世界的には1825年にフランスのジョリー・ブランが，日本では1907年に白洋舎の五十嵐健治が始めたとされている．溶剤として，初めはベンゼン，その後，ガソリン，石油ベンジン，四塩化炭素，トリクロロエチレンなどが使われ，現在のおもな溶剤は**石油系溶剤**および**テトラクロロエチレン**（通称パーク，以下パーク）である[38, 41]．

c. ウェットクリーニング

ウェットクリーニングとは，本来はドライクリーニングすべき衣料品を水溶性の汚れが多いために，やむをえず40℃以下のぬるま湯で中性洗剤を用いて原型を損なわずに水洗いする洗濯方法と定義されている[13]．

最近は，消費者やアパレルメーカーから水洗いの要望が高まり「ドライマークのついた衣料が洗える洗濯機」，「ドライマークのついた衣料を洗う家庭洗剤」，「ウェットクリーニング対応衣料」が普及している．クリーニング業界でも種々のウェットクリーニングシステムが考案されている．いずれにせよ，水洗い可能かについては，水に漬けることによる衣料品の変化をいかに抑えることができるか，原型を損なわない状態に仕上げることができるかが判断の目安となる．

d. その他（特殊クリーニング）

通常のクリーニングができない，毛皮，皮革，和服，カーペットなどの特殊品について洗浄方法が工夫されており，これを特殊クリーニングという．

毛皮は原則，**パウダークリーニング**を行う．パウダークリーニングとは，コーンパウダー（トウモロコシの芯の粉）やソーダスト（おがくず）に毛皮用洗剤と加脂栄養剤を含ませてタンブルし，汚れをパウダーに吸着させた後ダスティングでパウダーを取り除き洗浄する方法である．

皮革は皮革用の特殊な洗剤を添加して水洗いまたはドライクリーニングを行うが，洗浄，仕上げなど高度な技術を要する．

和服，特に絹和服は一般的に石油系溶剤によるブラシ洗い（汚れの部分をしみ抜き剤などでブラッシングする）を主体に，ワッシャーによる処理はすすぎ程度として機械力をほとんど加えず，静止状態での低温乾燥を行う．

カーペットのクリーニングには水洗い，シャンプー洗い，ドライクリーニングなどがある．処理方法は，大きさ，素材などにより決められる．シャンプー洗いは基布をぬらさないように洗剤の泡をつけてポリッシャー（回転ブラシ）でブラッシングし，汚れを吸着させた泡をバキュームで取り除く洗浄方法である．

これらの特殊品を一般のクリーニング業者から委託され処理している，ホールセールという特殊クリーニング専門の業者がある．

2.4.2 ドライクリーニング用溶剤・洗剤

a. 溶　剤[42]

日本における使用溶剤の状況は，厚生労働省が調査した溶剤別の機械台数（平成22年度）をみると，全体の台数は減少傾向であるが，割合は例年通りで変化がなく，90%近くが石油系溶剤，パークが10%弱でその他の溶剤は2%にも満たない．世界的にみると日本は特異的で，欧米ではパークの使用が圧倒的に多い．

代表的な溶剤の特性を表2.11に示した．

（1）**石油系溶剤**　洗浄時間は5～20分程度．比重も油脂溶解力も小さく，樹脂を溶かしにくいので，デリケートな衣料品の洗浄に適するが，可燃性（引火点約40℃）がある．合成皮革，

表 2.11 ドライクリーニング溶剤の特性(クリーニング綜合研究所, 2011)[42]

	塩素系溶剤 テトラクロロエチレン	ふっ素系溶剤 HFC-365 mfc	石油系溶剤 (炭化水素化合物)
化学構造	C_2Cl_4	$CF_3CH_2CF_2CH_3$	炭化水素混合物
沸点(℃)	121	40.2	150〜210
溶解力(カウリブタノール価*)	90	13	27〜45
水の溶解度(g/100 g, 20℃)	0.008	0.09	0.007
引火性	なし	なし	あり
比重(20℃)	1.63	1.26	0.77〜0.82
表面張力(dyn/cm, 20℃)	32.3	15	20〜50
管理濃度**(ppm)	50	—	—
許容濃度***(ppm)	—	—	100(ガソリン)

*カウリブタノール価:石油系溶剤の樹脂に対する溶解力を試験するために考案されたもの.カウリブタノール価の大きいものほど樹脂に対する溶解力が大.
**管理濃度:厚生労働省が設定.
***許容濃度:日本産業衛生学会が設定.

キルティングなどの乾燥しにくい素材は乾燥不十分で石油系溶剤が残留していると化学やけどの原因になるので,返却前にドライチェッカーで溶剤が残留していないことを確認するよう,厚生労働省から通達が出されている.

(2) パーク 不燃性で長期毒性を有する.洗浄時間は30秒〜7分程度.油脂に対する溶解力が強いことと,比重が大きいのでワッシャー内のたたき作用が強いため,洗浄時間が短い.

大気汚染防止法,水質汚濁防止法などにより厳重に規制され,機械は密閉構造になっている.

(3) ふっ素系溶剤(HFC-365 mfc) 不燃性で,沸点が低く蒸発速度が速い.油脂溶解力が小さいことからデリケートな衣料品の洗浄に適していると考えられる.

(4) その他の溶剤 臭素系の1-ブロモプロパン,シリコーン溶剤,d-リモネン,グリコールエーテル,液化二酸化炭素などさまざまな溶剤が環境保全の観点から開発されているが,装置や価格,洗浄性,汎用性などの問題でその使用は限られている[43].

b. 洗 剤[44]

ドライクリーニング用洗剤は一般的にドライソープといわれる.基本的には界面活性剤,安定化剤,溶剤からなり,各溶剤の特性に合った最適な界面活性剤を組み合わせることで,洗浄能力を発現させて,汚れを落とす.

ドライクリーニングの界面活性剤には ① 抱水性能・親水汚れ可溶化能,② 極性油汚れ可溶化能,③ 再汚染防止能,④ 帯電防止能の4つの能力が必要とされる.

風合いを変化させない洗浄およびブラシ液用の基本ソープと,柔らかな風合いやしなやかな風合いのための複合ソープがある.基本ソープでは陰イオン界面活性剤と非イオン界面活性剤が使用され,複合ソープでは基本ソープに陽イオン界面活性剤が加えられる.複合ソープとして販売されているドライソープは,陽イオン界面活性剤の必要量存在下で最も性能が発現するように,陰イオン界面活性剤と非イオン界面活性剤とが組み合わされている.

2.4.3 ドライクリーニングの方法[45]

クリーニングに出された衣料品の受付から納品までの一般的な工程は,カウンター受付・点検→マーキング・タッグ付け→大分類(ランドリー,ドライ,ウェット)→ポケット掃除→細分類(溶剤,洗浄時間,乾燥方法,色,汚れなど)→洗浄→(しみ抜き)→仕上げ→最終点検→包装,となっている.

ドライクリーニングではそれぞれの溶剤に対応した専用の洗浄機を使用する.ドライクリーニン

グ溶剤は高価であるため，繰り返し使用が前提で，水洗いのように洗って，すすいで流すようなことはできない．環境中への排出は大気汚染や地球温暖化，地下水汚染などにつながるため，溶剤の種類により，各種の法令でさまざまな規制を受けている．

パークの洗浄機は，洗浄〜乾燥まで行う**ホットマシン**といわれる洗浄機である．最新のパークドライ機は溶剤や溶剤蒸気を機械の外に洩らさないようにさまざまに工夫されたクローズド構造であり，多様化する衣料品やファッションに対応するため，機械力の調整や溶剤温度を任意に設定できるようなものもある．

洗浄はマイコンでプログラミングされ，予洗→本洗→乾燥→脱臭の工程で進む．溶剤のフロー（例）は図2.48に示すとおりである．予洗ではウォッシュタンクから溶剤を処理槽に汲み上げ，ドラムをゆっくり回転させながら，処理槽→ボタントラップ→ポンプ→フィルター→処理槽と溶剤を循環させて衣料品を洗浄し，洗浄後の溶剤と遠心力で衣服から脱液した溶剤を蒸留器に廃液する．本洗では予洗と同様にウォッシュタンクから溶剤を汲み上げ，洗浄し，洗浄後の溶剤と脱液した溶剤をウォッシュタンクに廃液する．その後，乾燥工程に入り，衣料品から溶剤が蒸発しなくなると，脱臭工程に移り，系内を冷却し溶剤を回収する．機械によってはさらに活性炭溶剤回収装置により処理槽内の溶剤ガス濃度を低下させる．

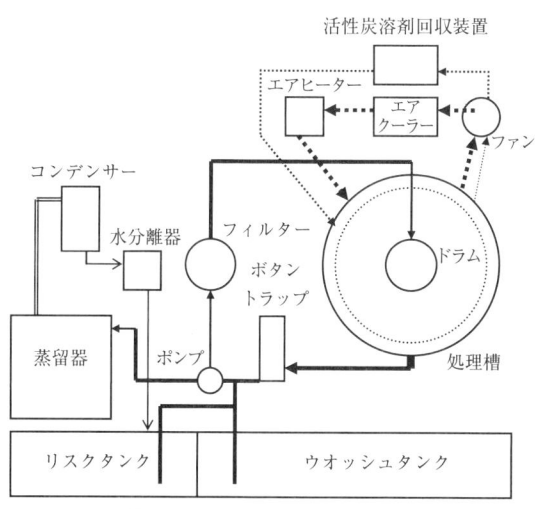

図2.48 パークドライ機のフロー図

石油系溶剤の場合はパークと同様の洗浄〜乾燥まで行うホットマシンと，洗浄〜脱液まで行う**コールドマシン**がある．コールドマシンでは乾燥にタンブラー乾燥機などを使用する．

洗浄工程，乾燥工程が終了すると，仕上げ工程に移る．ドライクリーニングでは，蒸気による仕上げが中心で，ウールプレス機，ズボン腰部を立体的に仕上げるパンツトッパー，上着やコートなどを人体型のものに着せて仕上げる人体型プレス機や，衣料品をハンガーにかけたままチェーンコンベアーで移動させて仕上げるスチームトンネル，ハンガーにかけた状態で仕上げる箱型のスチームボックスおよび乾燥・仕上げ・溶剤回収ができる箱型のクイックフィニッシャーと呼ばれる仕上げ機もある．最後に細部をアイロンで仕上げ，最終点検の後，包装して利用者に返却されるのが一般的な流れである．

2.4.4 クリーニングのトラブルと注意

クリーニングのトラブルの概観としては，（独）国民生活センターの**PIO-NET**による集計がある．全国の消費生活センターが扱った消費者相談のうち，クリーニングに関する相談は毎年1万件ほどで，平成4年まで相談件数の1位であったが，その後，他の消費者問題が多数発生して順位を徐々に下げ，ここ数年は件数も減少している．平成22年は件数で6,688件，順位は24位となっている[46]．

これらの相談内容について，原因など詳細な分析はないので不明であるが，クリーニングすることで生じる衣料品の変化は，クリーニング業者の過失ばかりでなく，製品に起因する問題や，消費者の着用や保管の問題，またそれらが絡みあっていることもあり複雑である．時には，衣料品のクリーニングクレームが感情的な別の問題になってしまう場合もある．また，クリーニングサービスは他のサービス業と違って，サービスが消費者の目の前では行われないため，返却後しばらく時間が経過してからクレームとなることが多いことも，問題をわかりにくくしている．

クリーニング綜合研究所で行っている事故衣料品の鑑定から得られたクリーニング事故と原因の

表 2.12 クリーニング事故と原因（クリーニング綜合研究所，2011）[47]

(1) 事故別件数

〈色の変化〉145 件　　〈損傷・形態変化〉135 件

変退色	73	穴あき	32	表面変化	3
しみ	24	損傷	17	剝離・脱落	3
着色	13	破損	14	熱溶融・焦げ	2
脱色	8	キズ	8	糸の緩み	1
移染	5	色糸の消失	7	アタリ・テカリ	1
ラメの消失	4	白化	7	型崩れ	1
黒ずみ	4	毛羽の発生	6	目寄れ	1
再汚染	3	スナッグ（糸の引き抜け）	5	ピリング	1
色泣き	3	風合い変化	5	シワ加工の消失	1
白色化	2	樹脂などのしみ出し	5	シワの発生	1
黄変	2	伸縮	4	溶解	1
色むら	2	毛羽の消失	3	〈その他〉21 件	
液汚染	1	べとつき	3	事故は生じていない	18
サビ	1	硬化	3	その他	3

(2) 要因別事故原因

〈製品の要因〉18 件

1. 染色加工等の問題に起因する事故	8 件
染色不堅牢による色泣き	5
染色時の斑	2
染色助剤等による損傷	1
2. 生地・素材の問題に起因する事故	6 件
生地の特性または欠陥	3
副資材の欠陥	3
3. 不適切な表示に起因する事故	3 件
顔料等の脱落	1
塩ビ可塑剤溶脱	1
素材および表示の間違い	1
4. 縫製の問題に起因する事故	1 件
縫製の不良	1

〈クリーニングの要因〉34 件

1. 不適切な洗浄・処理による変化	22 件
色泣き・移染など	12
収縮・損傷など	8
再汚染	2
2. 不適切な薬剤の使用による変化	8 件
損傷	6
変退色	2
3. 不適切な仕上げ処理による変化	4 件
変退色	2
しみ出し	1
収縮	1

〈製品・クリーニング以外の要因〉228 件

1. 損傷	103 件	2. 色の変化	85 件
物理的作用	65	紫外線	27
高温加熱物体	12	ガス	16
虫	11	薬剤	16
薬剤	7	ガスまたは紫外線など	7
水分と物理的作用	3	汗と紫外線の複合作用	5
生地の特性	2	汚れ	4
含金属染料と漂白剤	1	金属との接触	2
紫外線による生地劣化	1	水分	2
樹脂状物質の付着によるパイルの変化	1	カビ	1
		経時変化	1
3. 外部からの付着によるしみ	30 件	高温加熱物体	1
色素	14	水分と摩擦作用による移染	1
汚れ	7	不明	2
樹脂状物質	4	4. 経時的変化	10 件
サビ	2	ポリウレタン樹脂などのしみ出し	5
カビ	1	ポリウレタン樹脂などのべとつき	3
不明	2	コーティング樹脂などの剝離・脱落	2

内容は表2.12に示すとおりである[47]．毎年同じような傾向を示す．大まかに，色の変化と損傷・形態変化はほぼ同数である．実際には衣料品に事故は生じていない，消費者の思い込みや勘違いによるものもある．事故原因は，クリーニングに問題のあったものでは不適切な洗浄・処理による色泣き・移染が多く，仕分けや耐クリーニング性の事前チェック，表示の確認の徹底などが望まれる．製品に問題のあったものでは，染色不堅ろうによる色泣きが最も多く，副資材なども含めた，事前の性能検査，生地特性と加工方法などを十分検討した商品設計を行う必要がある．製品・クリーニング以外の要因は主として消費者の保管中や着用中の問題に起因するものであるが，消費者に返却後，申し出を受けたものも多数あり，受付時や返却時の相互確認，クリーニング処理工程中での検品などの徹底が重要である．

昨今，ファッション性が高く，さまざまな加工などが施されたり，従来の素材とは異なるデリケートな衣料品も出回ったりしている．クリーニングトラブルを防止するには，アパレルメーカーは，衣料品に関する情報をタグなどで注意喚起する必要があり，その情報を販売，消費者，クリーニング業者まで伝えるようにしなければならない．販売は，消費者に十分説明することが必要である．消費者は，素材特性や取扱い方法をよく理解したうえで衣料品を購入し，クリーニングに出すときにはその情報を伝えることも必要である．つまり衣料品に関わる情報を製造，販売，消費者，クリーニングで共有することが必要である．

そのため，クリーニングに関するトラブルの未然防止や拡大防止を目的として，平成14年11月にアパレル団体，検査協会，クリーニング関係および消費者相談団体の各団体が一体となって**日本繊維製品・クリーニング協議会**[48]が設立され，情報交換などを積極的に行い活動している．

［梅澤典子］

2.5 洗濯による損傷・劣化とその防止法

家庭洗濯やドライクリーニング，アイロンやプレス，タンブル乾燥などの操作を行うときに，収縮や伸長などの寸法変化，しわ，シームパッカリング，毛羽立ちなどの外観の変化，色相の変退色，機能性の低下などが起こる場合がある．

これらの洗濯過程における損傷や劣化は，洗剤や漂白剤の使用方法や，知識があれば避けられる場合がある．また，被服等の材料の性質を把握していないために起こる場合がある．染料が関係する変退色などは，使用染料の標記が義務づけられていないため，洗濯にあたって注意をする以外方法はない．以下に各事例を記載する．

2.5.1 洗濯用洗剤，漂白剤等の正しい使用方法により防げる変退色

事例1：蛍光増白剤の入った洗剤や漂白剤を直接被洗物にふりかけたり，長時間浸漬することによる色物の変退色など，洗剤等の間違った使用法により変退色が生じる．

洗剤や漂白剤の正しい使い方を習得する．すなわち，漂白処理をする前に，湯に溶かした使用濃度より濃い目の漂白液（液体の漂白剤は原液）を目立たない部分につけて5分ほどおき，変退色している場合は使用しない．変退色していない場合でも白布をあててもんで色が移れば使わない．洗剤は水または湯に溶かしてから使用する．洗剤や漂白剤を使うときに，指定時間を大幅に超える浸漬を行わない．

事例2：生成（きなり）の麻や綿のシャツを塩素系漂白剤で漂白すると白くなる．

麻や綿は塩素系漂白剤で損傷しないが，色素は脱色する．したがって，生成の麻や綿に付いたシミや汚れを漂白するときは，色柄物にも使える酸素系漂白剤を使用する．また，洗濯には蛍光増白剤が入っていない洗剤を使う．生成の布は，蛍光増白剤が付着した場合も白くなる．

> **事例3**：事例2と同様に，生成やパステルカラーの被服を蛍光増白剤配合の洗剤で洗濯を繰り返すと，白っぽくなる．

白色の被服は通常蛍光剤処理が施してあるが，生成や単色の被服は蛍光剤処理をしていないので，蛍光剤配合の洗剤で洗濯すると，蛍光剤の染着により，初めの色より白っぽくなる．また，スーツのような上下対になっているものを片方だけ洗濯すると上下の色調が変わってしまう．蛍光増白剤は染料であることを認識する．白っぽくなったものは，表示のある温度の範囲内でなるべく温度の高いお湯を使い，蛍光剤無配合の洗剤，または石けんで繰り返し洗うと，蛍光剤による白さは，しだいに薄くなる．

生成や色の淡い被服を洗濯する場合には，蛍光剤の入っていない洗濯用洗剤や，石けんを使用する．また，スーツのような上下対になっているものは，上下一緒に洗濯をしたほうが，片方だけの変退色を避けることができる．ドライクリーニングに出すときにも上下同時にする．

2.5.2 被服等の材質に対する知識を得ることにより防げる損傷，劣化，形態変形，変退色

> **事例1**：ウール100％のセーターを普通水流の洗濯機で洗ったり，手洗いでも，もみ洗いをしたりすると収縮した．

ウール繊維の表面はキューティクルと呼ばれるウロコ状の表皮細胞に覆われている．水や湯につけるとキューティクルが膨潤して開き，ウロコどうしがからまりやすくなるので，もみ洗いなど大きな力でもむと繊維どうしが絡みあいフェルト化して収縮する．

ウールは，もみ洗いをせず押し洗いをするのが基本である．洗濯機を使う場合は，ネットに入れて弱い水流で洗う．

> **事例2**：レーヨン100％の夏用婦人ワンピースを，中性洗剤を使って約30℃で押し洗いをし，自然乾燥をしたところ，収縮して，裏地がワンピースの裾からのぞき，背開きのファスナー部分が波打っていた．

レーヨンは吸湿性や吸水性が大きいので，洗剤水溶液中で膨潤し，乾燥すると収縮する．このワンピースは丈方向に大きな収縮を起こしているので，織物段階で大きな経（たて）方向の張力がかかっていて，それが洗剤液に入れることにより緩和されて，緩和収縮が起こったと考えられる．

レーヨンはその性質上，水洗いすると必ず収縮するので，ドライクリーニングが適当である．洗剤水溶液を使う場合は固く絞ったタオルでたたき洗いをする程度にとどめておくべきである．

> **事例3**：ポリウレタンコーティングによる合成皮革のジャケットにドライクリーニングを繰り返すことにより，コーティング加工部分に剥離が生じた．

ドライクリーニングに使われるパークロロエチレン溶剤は，石油系溶剤に比べて樹脂を溶解する能力が大きいので，ドライクリーニングの際に石油系溶剤を使う．もともとポリウレタンは空気中の湿気などで加水分解を起こし，劣化する．したがって，着用や保管でポリウレタン樹脂が劣化していると石油系溶剤でも溶解するので，注意が必要である．

> **事例4**：綿のスリップで部分的にポリウレタンを使ったものを塩素系漂白剤で漂白すると，ポリウレタン部分の黄変が起こった．

ポリウレタン繊維は伸縮性に富み，ファンデーション，靴下などに使われている．

ポリウレタンがもつウレタン結合（－NHCOO－）は塩素系漂白剤によりクロロアミン型生成物ができるので，黄変したり強度が低下したりする．したがって，ポリウレタンを含む被服には塩

素系の漂白剤を使わない．特に綿との混紡品は注意が必要である．また，水道水中の残留塩素の影響も受ける．水着に使われている場合はプール水中の塩素により脆化されるので，こまめに洗濯をし，陰干しすることが必要である．

また，直射日光下に長時間さらされた場合も黄変が起こることがある．着用時と洗濯後の乾燥時に紫外線の影響を受けるため，短時間での洗濯と陰干しが必要である．

事例5：綿50％，ポリエステル50％混紡ワイシャツをランドリーに出し，湿熱プレスを繰り返したら襟が収縮した．

綿は熱によって収縮しないが，ポリエステルは熱収縮する．ポリエステル繊維の軟化点は240℃程度であるが，水分が入るとガラス転移点が下がり，軟化点も低下するので，湿熱プレスの繰り返しによりポリエステルの収縮が起こったと考えられる．

アイロンがけの適温は綿で180～210℃の高温，ポリエステルで140～160℃の中温であるが，水分を使うときには，温度とプレス時間に十分注意する．家庭でのアイロンがけの際も同様の注意が必要である．

事例6：洗濯機の中でつけ置き洗いをしたら，ラクトボタンの染料が溶け出て，移染した．さらに洗濯中にボタンが割れた．

ラクトボタンはタンパク質であるカゼイン樹脂でできており，吸湿性が大で染色性にすぐれている．後染め染色が多く，膨潤して染料が溶け出し，接触している部分に移染を起こす．特に濃色の場合，堅ろう度がよくない．またその性質上，吸水性が高く膨潤しやすいため，洗濯時の機械力で割れることがある．

通常，このようなボタンは水洗いできないので，衣類にはドライクリーニングの表示がされているケースが多い．水洗いできるかどうか，まず衣類に付いている洗濯絵表示を確認し，衣類の素材が水洗いできるようなもので，ドライクリーニングの表示がされている場合は，ラクトボタンの色落ちを考えた方がよい．このような衣類の場合は，ドライクリーニングに出すか，水洗いをする場合はあらかじめボタンを外してから洗濯する方がよい．

2.5.3 消費者には防げない劣化，変退色

a. ポリウレタンの劣化

ポリウレタンは塩素や紫外線以外に，水分による加水分解や空気中の窒素酸化物（NOx），塩分，熱，微生物などの影響で，徐々に分解される．分解はその素材が合成されたときから始まっているので，使用しなくても，洗濯などをしなくてもポリウレタン部分は必ず劣化する．

b. 色泣き，移染

事例：白地に赤と紺の横縞のTシャツ（綿70％，ポリエステル30％）を長時間のつけ置き洗いをしたら，色泣き，移染が起こった．

綿素材のTシャツ，スポーツシャツの染色には，色相が鮮やかで，洗濯堅ろう度も直接染料などと比べると優れている反応染料が広く使われている．しかし，赤，紺，黒などの一部のものは，洗剤液に長時間つけ置いた場合，色泣き・移染するものがある．原因としては，染料自体の反応基など化学構造上の問題や，染色加工におけるソーピング不足，フィックス剤の選定ミスなどが考えられる．

新品でなくても色泣きする場合があるので，洗濯の前に色落ちしないことを確かめる．湯に洗剤を使用濃度より濃い目に溶かし，目立たない部分につけて5分ほどおき，変退色を確認する．変退色するものや，白布を当ててもんで白布に色が移るものは，つけ置き洗いを避ける．

c. 漂白による樹脂加工素材の黄変

事例：白いワイシャツ（ポリエステル65％，綿35％）を塩素系漂白剤で漂白を繰り返したら，襟とカフスが黄変した．

基布に熱可塑性樹脂をコーティングした接着芯

地は，樹脂によっては高濃度の塩素系漂白剤を使用すると塩素との反応で黄変するものがある．樹脂が黄変するかどうかの判断は，ほとんどできない．

黄変してしまったものは還元型漂白剤（ハイドロサルファイト，シュウ酸）で回復させることができる．次回からは酸素系漂白剤を使用する．また漂白後は，すすぎを十分にしてから干すようにする．

［牛腸ヒロミ］

2.6 最近の洗浄の実態

2.6.1 家庭洗濯の実態と問題点

a. 家庭洗濯の実態

日本石鹸洗剤工業会の2010年洗濯実態調査により次のことが明らかになった．

① 洗濯機の大容量化（8 kg 以上）．② 衣類乾燥機や乾燥機能付き洗濯機の保有率は79％，利用率は8％．④ 液体洗剤への移行（使用率56％）．⑤ 洗剤の過剰使用は減少，過少使用が増加．⑥ 柔軟仕上げ剤の使用率は60％以上，標準使用量の2倍以上使用している人23％，計量していない人16％．使用目的は香りと柔らかさ．⑦ 縦型洗濯機では極端な低浴比で洗濯する人が減り，ドラム式ではほぼ適正範囲で使用している．⑧ すすぎ回数を減らす人が若干増加の傾向．⑨ 平日18時以降に洗濯する夕職主婦が増加．⑩ 風呂の残り湯を利用する人（58％）は引き続き増加の傾向，すすぎにも利用する人は32％．

b. 洗剤

2011年に生産量で液体洗剤が粉末洗剤を抜き，種類も豊富になった．市販されている合成洗剤の，家庭用品表示法に基づく表示に示された液性と標準使用量における水溶液の液性を表2.13に示す[21]．

家庭用品品質表示法では，pH 6.0以上8.0以下を中性，pH 8.0を超し11.0以下を弱アルカリ性と規定している．弱アルカリ性粉末洗剤の標準使用量における水溶液の測定値は表示と合致している．液体洗剤で中性と表示してあるものは，測定の結果，中性範囲からやや外れるものもあり，弱アルカリ性と表示してあるものは，測定の結果，ほとんどが中性範囲であった．液体洗剤の場合は弱アルカリ性と表示してあっても，中性として扱うほうが実情に合う場合が多い．

粉末洗剤6種，液体洗剤8種など計16種類の洗剤の洗浄率を調べた結果[21,30]を次にまとめる．

① 粉末洗剤は8℃で溶け残りが生じ，20℃では溶け残りがほぼなかった．② 粉末洗剤と液体洗剤の洗浄性はいずれも40℃のときに最高値を示し，粉末洗剤の洗浄率が液体洗剤より約10％上回る．③ 粉末洗剤の場合8℃では洗浄率が著しく低下するものもあり，8℃のときの洗浄率が40℃の洗浄率に占める割合の平均値は，粉末洗剤60％，液体洗剤80％であった．液体洗剤は低温洗浄に比較的強いが，粉末洗剤との洗浄率の差はごくわずかであった．

市販洗剤は漂白剤や酵素に加え，柔軟剤配合のものも多くなった．また，繊維高潤滑成分配合により，湿潤布間の摩擦力を低減し洗濯機から取り出しやすくし，湿潤布間の摩擦力を低減し干しやすくし，糸間の摩擦力を低下ししわを抑制する洗

表 2.13 洗濯用洗剤の標準使用量における水溶液（20±1℃）の液性

試料（形状）	表示の液性	用途	水溶液 pH	試料（形状）	表示の液性	用途	水溶液 pH
1（粉末）	弱アルカリ性	A	10.03	8（液体）	弱アルカリ性	B	7.66
2（粉末）	弱アルカリ性	A	10.27	9（液体）	中性	B	7.47
3（粉末）	弱アルカリ性	A	10.29	10（液体）	弱アルカリ性	A	8.02
4（粉末）	弱アルカリ性	A	10.26	11（液体）	中性	A	8.43
5（粉末）	弱アルカリ性	A	10.67	12（液体）	弱アルカリ性	A	7.94
6（粉末）	弱アルカリ性	A	10.44	13（液体）	弱アルカリ性	A	7.80
7（粉末）JIS洗剤	弱アルカリ性	A	10.09	水道水			7.11

用途A：綿・麻・合成繊維用，用途B：毛・絹・綿・麻・合成繊維用．

剤や柔軟剤も開発された．詳しくは2.2節を参照すること．

c. 問題点

消費者にとって多くの洗剤の中から，最適なものを選ぶことは容易ではない．家庭用の洗剤は，一定割合以上配合された成分を包装容器に表示することが家庭用品品質表示法で定められている．しかし近年，製品についてより詳しい情報を求める要望や海外の家庭用品の自主的な成分情報開示が進められている．

日本においても日本石鹸洗剤工業会が，製品についての成分名称と機能，配合目的を開示し，1%以上の成分について含有量の多い順に開示，1%未満の成分は順不同で開示してもよいとする自主基準を制定した．この自主基準は2011年11月から運用され，洗濯洗剤についても構成成分と配合目的を各社が順次ホームページなどを利用して情報開示している[21]．家庭用品品質表示法に関係する経済産業省や消費者庁に対し，一般消費者向けにさらにわかりやすい表示や広報を期待する．

d. 仕上げ剤

柔軟剤仕上げ剤の従来の使用目的は風合い保持や帯電防止にあり，それから派生してしわ防止作用などの機能をもつ製品が開発された．しかし2000年代後半から，残香性が強い海外製の柔軟剤が消費者に好まれ始め，国内製品にも影響を与え，現在では衣類の香り付けの役割を担っている．洗濯物の汚れが落ちたかどうかについて，「いやな臭いがしない」「よい香りがする」を指標としているとするアンケート結果もある．汚れたから洗うのではなく着たから洗う洗濯行動のなか，汚れを確認することなく洗濯機に入れ，洗濯中は蓋が開かず洗濯液の状態も観察できないまま脱水・乾燥まで行う洗濯方式では，洗濯の効果を汚れで判断しにくくなっている．このためにおいや香りで汚れ落ちや清潔さを感じることになる．

e. 問題点

濃縮タイプの柔軟剤の場合，計量用を兼ねるキャップでは標準使用量より多く使用することも多い．また，香りを求める場合は多めの使用を推奨している製品もある．従来の陽イオン界面活性剤系は吸水性が低下するのが欠点であったが，シリコーン系ではその欠点も改善された．しかし，標準使用量の2倍量を使用した場合，上記の2タイプともに性能が低下し，後者の低下が著しい．香り付けのために過剰に使用すると，柔軟剤としての効果を低下させるので標準使用量を守る必要がある．

柔軟剤の容器と液体洗剤の容器が酷似しており，外見から区別がつかずに誤って柔軟剤を洗濯に使用する消費者もいるため，わかりやすい表示や容器の明確な違いなどを検討する必要がある．

2.6.2 コインランドリーの実態[31]と問題点

a. 店舗数

2007年では15,000店弱であり，厚生労働省の調査では，わが国のコインランドリーの店舗数は毎年5%前後の伸び率で増えている．

b. 利用実態

土曜日と日曜日の利用率が圧倒的に多く，単身世帯や，病院，ビジネスホテルなどの短中期滞在者に利用されているほか，次の理由で利用している．大物を洗いたい，大量にまとめ洗いがしたい，乾燥機を利用したい．

c. 特　徴

街や郊外の身近な場所にあり，コンビニのように駐車場をもつ店舗が多く，洗濯物を車に積んで出かけられ簡単に利用できる．洗濯機は渦巻式から大型のドラム式まであり洗濯物量によって使い分けられる．業務用設備が完備しているところが多く，家庭で洗えない大物やまとめ洗いが可能である．専用の洗濯・乾燥機でふとんの丸洗いや，スニーカーの洗濯ができる．お湯を使えるので洗浄力が高い．乾燥機は業務用のガス衣類乾燥機が設置されている場合が多く，熱容量が大きくドラム容積も大きいため，乾燥時間が短くしわになりにくい．ドライクリーニング対応の店舗もあり，インストラクターがいる場合が多い．クリーニング店と家庭洗濯の中間的な存在であり，家庭で洗えないがクリーニング店に出すほどの専門技術は必要としないものを安価で早く洗える．

d. 問題点

無人店舗の場合，安全を確保しにくい．苦情対

応がしにくい，などといった問題がある．また，ふとん洗いなど専門性の高い洗濯の場合，専門店で洗ったほどの満足度は得にくい．油汚れが残った衣類を乾燥機にかけると酸化熱が発生して発火する恐れがある．熱容量の大きいガス衣類乾燥機の場合は，取り扱いに特に注意する必要がある．

［藤居眞理子］

3 洗浄試験と評価

洗浄の過程において，繊維製品に付着した汚れは洗剤，水，洗濯機などの総合的な作用によって除去され，着用前の清浄な状態に復元される．より洗浄性能の高い洗剤や洗濯機の製品開発をはじめ，消費者への適切な情報提供や洗浄メカニズムの解明を行うには，洗浄性能を客観的に評価することが必要である．また，洗浄力そのものの試験だけでなく被洗物の損傷，変退色なども含め消費性能全般に目を向けることも重要であろう．さらに，生分解性などの環境への影響や毒性などの安全性については，洗剤の基本的な性能として検討されなければならない．

実際の洗浄行動における効果を示す実用試験の場合と洗浄のメカニズムを解明しようとする場合とでは，洗浄試験の内容は大きく異なる．また，洗浄のようにきわめて複雑な系で検討を行う場合には，その目的に応じた実験計画を立案するとともに，その結果の適用範囲を明確に示すことが肝要である．

3.1 洗剤の洗浄力試験

3.1.1 バンドルテストによる評価

バンドル（bundle）とは衣類などの束を示す言葉であり，洗濯用洗剤のファミリーバンドルテストは洗剤の実用的性能を評価する信頼性の高い方法として世界的にも認められている試験方法の1つである．なお，この試験方法は，**ASTM**（The American Society for Testing and Materials）D2960–05 (Standard Test Method of Controlled Laundering Test Using Naturally Soiled Fabrics and Household Appliances) で標準化されている．ここでは，成人の男女と2人以上の子どもを含む家族10世帯を単位とするパネラーによって実際に使用した衣料などを，試験機関で種々の洗浄条件を管理のもと，同一の家庭用電気洗濯機で洗浄する．衣料などは表3.1に示すようなものを2組用意し，それぞれ異なる洗剤を用いて10サイクル以上の着用，洗浄を繰り返す．最終的には布の色，手触り，におい，清浄度，白さ，つやなどを複数の判定者が視覚的に評価する．ただし，この方法では，繰り返しによる信頼性の向上が望まれ，それには多くのパネラーの協力と膨大な労力，費用が必要である．

3.1.2 モデル実験による洗浄力評価

モデル実験では汚染布および模擬洗濯物を用いて洗浄力評価を行う．

a. 天然汚染布

洗剤の実用性能の評価には，実際に着用，使用を行って汚染した天然汚染布の使用が望ましい．JIS K 3362: 2008（合成洗剤試験方法）には襟あか布（図3.1）が採用されており，単一繊維布を 11 cm×13 cm の大きさに裁断し，2枚を中央で縫い合わせた後，作業着，Yシャツなどの襟の折り目をまたいで固定し，2〜7日間着用して襟のあかを採取する．その後，中央の縫い代部の糸を抜いて2組に分け，1組15枚とする．これを用いて洗浄力を評価する際には，洗浄力判定用指標洗剤の溶液で撹拌式（かき混ぜ式）洗浄力試験機（ターゴトメーター，Terg-O-Tometer）を用い洗

表3.1　バンドルテストに用いる被服の例

繊維製品	枚
ツインサイズシーツ（E/C混）	1
枕カバー（E/C混）	4
洗面用タオル（綿）	4
手拭用タオル（綿）	4
子供用パンツ（綿）	3
Tシャツ（E/C混）	3
ワイシャツ（E/C混）	2
スリップ，ナイトガウンまたはパジャマ（化繊）	2

図3.1 襟あか布の作成

表3.2 汚染液に使用する材料および分量（水850 mL）

成分		分量(g)
有機質成分	油性成分 オレイン酸	14.2
	トリオレイン	7.8
	コレステロールオレート	6.1
	流動パラフィン	1.3
	スクアレン	1.3
	コレステロール	0.8
	タンパク質 ゼラチン	3.5
無機質成分	赤色黄土	15
	カーボンブラック	0.25

カーボンブラックの量は，反射率 $40±5\%$ になるように設定する．

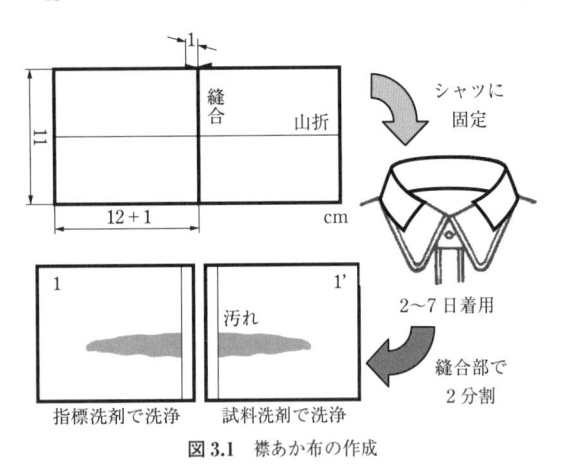

濯し，もう1組は試料洗剤で同様に洗濯する．さらに3人の判定者により，汚れ落ちの程度を指標洗剤と比較しながら視覚判定を行い，シェッフェ（Scheffé）の一対比較法を用いて評価する．

b. 人工汚染布

天然の汚染布は，汚染に時間がかかり再現性にも問題があるため，洗浄力の試験用には，その研究の目的に応じてさまざまな人工汚染布が考案されており，特に汚染物質の定量化や対象となる汚れの種類，さらには安全性なども考慮して設計される．またこの際には，基質形状も繊維に限らず，フィルムやプレートなどを用いる場合がある．グローバルで簡便な方法としては，市販の人工汚染布を利用することが考えられる．

JIS C 9606: 2007 では，電気洗濯機の洗濯性能試験に供する人工汚染布が規定され，その汚染布作成方法（付属書4）に汚染液の組成が示されており，この汚染布が市販されている（表3.2）．なお，JIS の規格では，この洗濯性能試験および汚染布は洗濯機の機械力を評価するものであり，市販洗剤などの洗浄性能試験に適用してはならないとされている．国際的には，**EMPA**（Swiss Federal Laboratories for Materials Science and Technology, Eidgenössische Materialprüfungsanstalt，表3.3）や **wfk**（Cleaning Technology Institute, Institut für Wäschereiforschung in Krefeld，表3.4）の汚染布などが広く知られており，ISO など国際規格に採用されているものも多い．さまざまな基質と

表3.3 EMPA のおもな汚染布

	番号	基布		重量（g/m²）
試験布	211	綿布（パーケール）		90
	213	ポリエステル/綿混布，65/35		165
	221	綿布（クレトン）		200
	番号	基布	汚垢成分	重量（g/m²）
汚染布	101	211	カーボンブラック/オリーブオイル	92
	104	213	カーボンブラック/オリーブオイル	165
	106	221	カーボンブラック/鉱油（IEC）	200
	108	221	Test strips for IEC60456 5th Ed. 221＋106＋118＋111＋112＋122	200
	111	221	血液	200
	112	221	ココア	200
	114	221	赤ワイン	200
	115	211	硫化染料（C.I. Sulphur Black 1）	90
	116	221	血液/牛乳/カーボンブラック	200
	117	213	血液/牛乳/カーボンブラック	165
	118	221	皮脂/ピグメント	200
	122	221	熟成赤ワイン	200

表 3.4 wfk のおもな汚染布

	番号	記号	繊維基質			
基布	10 A	CO	綿（WFK 標準）			
	90 A		IEC 綿（IEC 60456）			
	20 A	PES/CO	ポリエステル/綿（65/30）			
	30 A	PES	ポリエステル			
	40 A	PA	ナイロン 6, 6			
	50 A	PAN	アクリル			
	60 A	WO	羊毛			
	70 A	SE	絹			
					用途[*2]	
	番号	記号	汚垢成分	洗浄	漂白	酵素
汚れ	010	C	ピグメント[*1]/ラノリン	○		
	011	B	ピグメント[*1]/オリーブオイル	○		
	012	D	ピグメント[*1]/皮脂	○		
	015	F	ココア/ラノリン	○		P
	016	Z	チョコレート			P, L
	025	K	コーヒー		○	
	031	LI	赤ワイン（IEC 60456 熱処理）		○	
	035	H	コカコーラ	○		
	045	LS	口紅	○		L

[*1] 粘土（カオリン）84%，ランプブラック 8%，黒色酸化鉄 4%，黄色酸化鉄 2%．
[*2] P：プロテアーゼ，L：リパーゼ．

汚垢物質の組み合わせがあり，EMPA では，個々の組み合わせに番号が付されており，wfk のものは，基布の番号と汚れの記号を組み合わせて，たとえば wfk 10C のように表される．

c. 模擬洗濯物

先に述べたように洗浄時の浴比は，被洗物の撹拌状態を変化させるとともに，被洗物に与えられる機械力を変化させ，洗浄力を左右する要因となる．洗浄試験において，被洗物が汚染布のみだと設定した浴比に不足する場合，模擬洗濯物やバラスト布を用いてこれを調整する．また，JIS L 0844: 2011（洗濯に対する染色堅ろう度試験方法）では，試験瓶に洗剤液とともに直径 6 mm のステンレス（SUS 304）鋼球を 10（～100）個入れ，機械力の発生を促す工夫がなされている．

JIS C 9606: 2007 では，図 3.2 に示すように，シーツ，シャツ，タオル，ハンカチを模した模擬洗濯物が縫製方法，汚染布の取り付け位置とともに規定されている．また，ISO 6330: 2012（Textiles—Domestic washing and drying procedures for textile testing）では，表 3.5 に示すように，バラスト布の組成が定められている．

3.1.3 指標洗剤

洗剤の洗浄力評価や洗濯機の洗濯性能試験，また繊維製品の性能試験を行う際には，比較対照や評価の基準となる**指標洗剤**（reference detergent）が必要とされる．

洗浄力判定用標準洗剤として JIS K 3362: 2008 には，表 3.6 に示す洗浄力判定用指標洗剤の組成が示されている．また，IEC 60456: 2010（Ed. 5, Clothes washing machines for household use—Methods for measuring the performance）には，表 3.7 に示す指標洗剤 A* が規定されている．また，ISO 6330: 2012 では，これらを含め試験に用いる洗濯機の形式（A～C Type）に合わせた 5 種類の指標洗剤が，表 3.8 のように規定されている．現状では，いずれの標準洗剤も無リンのものとなり，蛍光増白剤や酵素の配合されたものもあるなど，現在市販されている一般的な衣料用合成

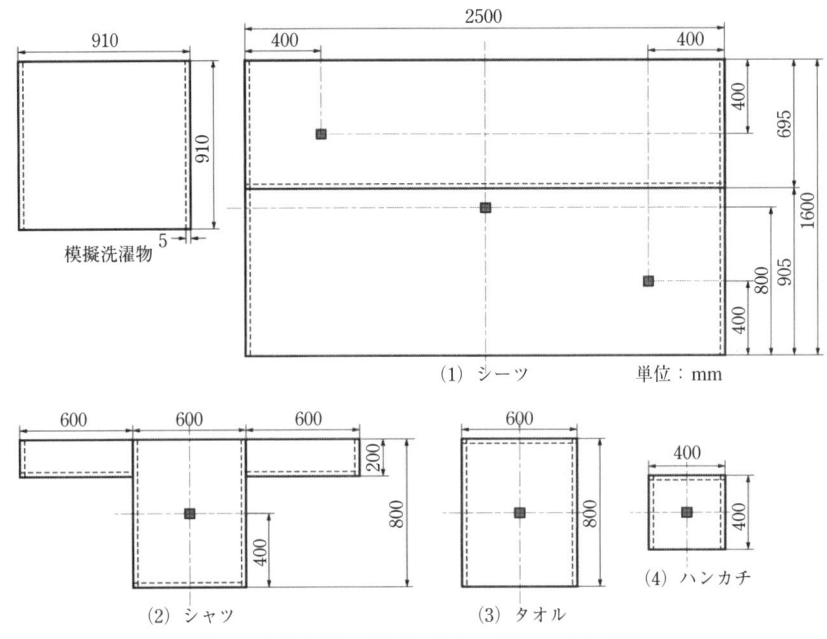

図 3.2 模擬洗濯物（網がけ部分：汚染布の添付位置）

表 3.5 ISO バラスト布の組成

バラスト布の種類	Type I	Type II	Type III
	綿 100%	ポリエステル 50% 綿 50%	ポリエステル 100%
糸	Ne 17/1	40/1 Tex	
組織 糸密度，たて 糸密度，よこ	平織り 25.9±2/cm 22.7±2/cm	平織り 18.9±2/cm 18.9±2/cm	編み かさ高加工
布重量 大きさ 重量 収縮率	188±10 g/m^2 92×92(±2) cm 130±10 g ±5%	155±10 g/m^2 92×92(±2) cm 130±10 g ±5%	310±20 g/m^2 20×(20±4) cm 50±5 g ±5%
加工	のり抜き，本練り，毛焼，漂白，樹脂加工なし，サンフォライズ加工（防縮加工）		洗浄，樹脂加工なし
縫製	2重 4辺縫製	2重 4辺縫製	4重 4辺オーバーロック 4隅バータック

洗剤の組成を反映することが試みられている．

3.1.4 洗浄試験機

洗浄における機械力の発生源となる洗濯機は，洗剤とともに洗浄力を左右する大きな要因となる．市販洗濯機では，その形式や機種，また内蔵コンピュータのコントロールにより機械力発生のメカニズムや構成，強度がさまざまであり，洗剤などの効果を統一的に評価するには不向きである．そこで，各種の規格で**標準洗濯機**が規定されている．

JIS においては，洗濯に対する染色堅ろう度試験（JIS L 0844: 2011，洗濯試験機），衣料用合成洗剤の洗浄力評価（JIS K 3362: 2008，撹拌式洗浄

表3.6 洗浄力判定用標準洗剤の組成

成分	質量比
直鎖アルキルベンゼンスルホン酸ナトリウム	15
ケイ酸ナトリウム	5
炭酸ナトリウム	7
カルボキシメチルセルロースナトリウム	1
硫酸ナトリウム	55
ゼオライト	17
全量	100

試験対象物に蛍光増白剤が含まれているときは，蛍光増白剤質量分率 0.5% を入れてもよい

力試験機），洗濯機の洗濯性能試験（JIS C 9606: 2007，標準洗濯機，図3.3）などの規格において，それぞれ個別に使用洗濯機が規定されている．これらはそれぞれ，ドラム型，撹拌型の洗濯機をモデル化したものと考えられ，JIS L 0844 の洗濯試験機は**ラウンダオメータ**（Launder-O-meter，図3.4），JIS K 3362 の洗浄力試験機は**ターゴトメータ**（Terg-O-Tometer，図3.5）として，国際的に用いられているものである．

ISO 6330: 2012 では，現在世界各国で用いられている電気洗濯機の形式を考慮して，Type A1（Horizontal axis, front loading type，ドラム型），Type B1（Vertical axis, top loading type, agitator machine2，撹拌型），Type C（Vertical axis, top loading type, pulsator type，タテ型）の3タイプを規格に取り入れている．これらのうち洗濯機 A1 は，試験用に開発されたドラム型の洗浄試験機で，Wascator FOM71 CLS（Electrolux）として販売されており，ISO の規格を始めさまざまな洗浄プログラムを詳細に設定可能としている（図3.6）．

3.1.5 洗浄力の評価
a. 表面反射率の応用

多くの人工汚染布の場合は，汚染物質としてカーボンブラックなどの有色物を用いて，白色の原

表3.7 指標洗剤 A* の組成

成分	%	許容誤差（%）
直鎖アルキルベンゼンスルホン酸ナトリウム（LAS）（$C_{ave}=11.5$）	8.8	0.5
アルコールエトキシレート（AE）$C_{12/14}$(7EO)	4.7	0.3
脂肪酸ナトリウム（獣脂石けん）	3.2	0.2
消泡剤（シリコン）	3.9	0.3
アルミノケイ酸ナトリウム（ゼオライト 4A）	28.3	1.0
炭酸ナトリウム	11.6	1.0
アクリル酸/マレイン酸コポリマー（ナトリウム塩，粒状）	2.4	0.2
ケイ酸ナトリウム	3.0	0.2
カルボキシメチルセルロース（CMC）	1.2	0.1
ホスホン酸（Dequest® 2066）	2.8	0.2
蛍光増白剤（スチルベン型）	0.2	0.02
硫酸ナトリウム	6.5	0.5
プロテアーゼ（Savinase 8.0）	0.4	0.04
過ホウ酸ナトリウム四水和物（活性酸素 10.00〜10.40%）	20.0	
テトラアセチルエチレンジアミン（活性量 90.0〜94.0%）	3.0	

表3.8 ISO の指標洗剤

	性状	LAS	POE-R	Soap	リン酸塩	蛍光増白剤	酵素	適用洗濯機	元規格
1 (WOB)	粉末	18.79			×	×	×	B	AATCC 1993
1	粉末	18.79			×	0.21	×	B	AATCC 1993
2	粉末	8.8	4.7	3.2	×	0.2	0.4	A, B	IEC A*
3	粉末	7.5	4.0	2.8	×	×	+	A, B	ECE 98
4	粉末	15.0			×	+	+	C	JIS K 3371
5 (WOB)	液体	12.0	8.0	4.0	×	×	×	B	AATCC 2003
5	液体	12.0	8.0	4.0	×	0.04	×	B	AATCC 2003

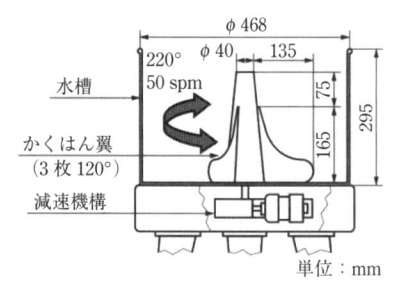

図 3.3 標準洗濯機（JIS C 9606: 2007）

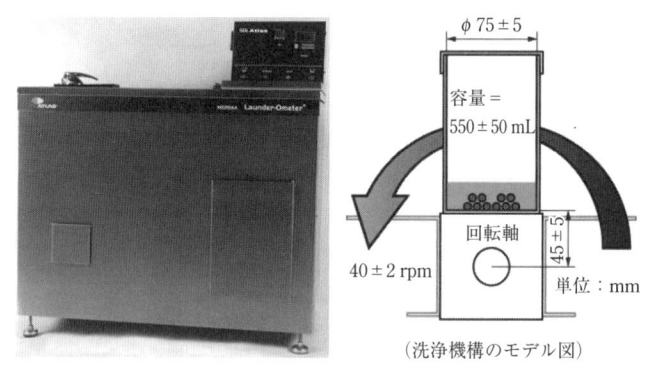

図 3.4 Launder-O-meter

図 3.5 Terg-O-Tometer

図 3.6 Wascator FOM 71 CLS Lab Washer

布を着色している．これが洗浄によりどの程度もとの白い状態に戻るかで，洗浄力を判断することができるが，それには**光電反射計**（図 3.7），分光光度計などを用いた反射率の測定が必要である．また，原布の**反射率** R_0（％），汚染布洗濯前の反射率 R_S（％），汚染布洗濯後の反射率を R_W（％）とした場合，次のような方法で洗浄度を規定することができる．ただし，いずれの場合も被洗物に付着した汚れを直接定量しているわけではなく，汚れ量の目安を反射率から間接的に求めたものである点に注意を要する．

（1）**洗浄前後の反射率の差を洗浄度とする**　単純に，洗浄前後の反射率の差を求め，洗浄により回復した反射率を算出する（式（3.1））．この場合，同条件の汚染布を複数準備できる場合には有効であるが，汚染布洗濯前の反射率 R_S（％）が異なる試料間の比較に用いることはできない．なお単位は他の式と同様に％となるが，これは反射率としての単位であり，汚れの除去率を表すものではない．

$$D\,(\%) = \Delta R = R_W - R_S \qquad (3.1)$$

（2）**洗浄による反射率の回復度合いを洗浄度とする**　原布の反射率 R_0（％）を基準に，汚染による反射率の低減と，洗浄により回復した反射率との比率を洗浄力とする（式（3.2））．図 3.8 に示すように，$R_W = R_S$ のとき $D = 0\%$，また $R_W = R_0$ のとき $D = 100\%$ となる．JIS C 9606: 2007 洗浄度（D）の求め方では，この方法を採用している．

図 3.7 光電反射計

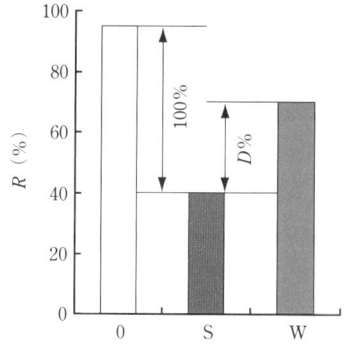

図3.8 式 (3.2) による洗浄度の算出

$$D\,(\%) = \frac{R_W - R_S}{R_0 - R_S} \times 100 \quad (3.2)$$

(3) 反射率から汚れ付着量を仮定して洗浄度を算出する 反射率と汚れ付着量（固体微粒子）との関係式として，**クベルカ-ムンク（Kubelka-Munk）の式**（式 (3.3)）が知られている[1]．これを用いて，汚れ付着量を仮定し，洗浄による減少率を式 (3.4) により求め，洗浄度とする．汚れ量に着目している点で上述の場合より好ましいが，クベルカ-ムンク式の適用範囲は限られており，いずれにしても限界がある．

$$\frac{K}{S} = \frac{(1-R_\infty)^2}{2R_\infty} \quad (3.3)$$

ここで R_∞ は絶対反射率，K は吸光係数，S は散乱係数であるが，洗浄度の計算時には単純に反射率 R を比（100 % = 1）として R_∞ に代入し，原布，洗濯前，洗濯後の (K/S) 値を算出して用いることが多い．

$$D\,(\%) = \frac{(K/S)_S - (K/S)_W}{(K/S)_S - (K/S)_0} \times 100 \quad (3.4)$$

なお，反射率の単純な指標としては，デジタルカメラの画像を応用する方法，目視判定の指標としては，たとえば JIS L 0804, L 0805: 2004 に示された変退色用グレースケールや汚染用グレースケールなど，反射率が既知のグレースケールの応用も可能であろう．ただし，これらにはカメラの調整や観察環境の整備などに配慮が必要である．

b. 分析機器による定量

繊維と汚れの分離など分析化学の手法を応用することにより，被洗物の単位量あたりの汚れを直接的に定量することが可能となり，繊維の質量や試験布の面積を単位量として表示したり，洗浄による汚れ質量の低減率を直接に洗浄率とすることができる．ただし，洗浄率の場合には，洗浄前の汚れ量が既知である必要があるため，特定量の汚れを付着させるか，複数の汚染布を準備し洗浄前後のサンプルとすることになる．なお，天然汚染布などにおいては，未知の汚染物質の同定などに各種化学分析の手法を用いる場合がある．

分離定量に用いられる分析手法としては，油脂，タンパク質，無機質など汚れの種類に合わせて，ガスクロマトグラフ質量分析（GCMS），高速液体クロマトグラフィー（HPLC），吸光光度分析法（AS），原子吸光分析法（AAS），発光分析法（AES）などが用いられる．

3.2 洗濯機の評価

3.2.1 洗濯性能の評価

2000年以降，日本でも従来のタテ型の洗濯機とは，洗浄機構が大きく異なるドラム型の洗濯機が普及しはじめるなど，洗濯機そのものの性能にも関心がもたれている．JIS C 9606: 2007 において，洗濯機の洗濯性能試験は，標準洗濯機および供試洗濯機の洗浄度を求め，洗浄比 C を算出することになっている．

$$C = \frac{D_r}{D_s} \quad (3.5)$$

ここで，D_r は供試洗濯機による洗浄度，D_s は標準洗濯機による洗浄度である．

一方，環境への配慮から省エネルギー，節水といった観点からも洗濯機の評価が問われている．米国では，環境保護庁（EPA）とエネルギー省（DOE）が環境ラベリング制度「**エネルギースター**」プログラムを1992年から実施している．対象品目は数十に及び，OA機器など一部では国際的なプログラムとなっている．1997年に対象となった洗濯機については，2007年の改定以降，洗濯容量に加え，MEF（modified energy factor），WF（water factor）などを算出し一定の基準を満たしたものが認証される．このうち MEF については，洗濯水の加熱などに加えタンブル乾燥を考慮した脱水後の残存含水率 RMC（remaining

図 3.9 エネルギースターとエネルギーガイドの表示

moisture content）も勘定され，その測定のために DOE Energy Test Cloth も規定されている．また，それに先立つ 1987 年には，洗濯機への「エネルギーガイド」の表示が義務化されたが，こちらは米連邦取引委員会（FTC）の管轄となっている（図 3.9）．

3.2.2 洗濯機械作用の評価

洗浄において洗濯機の**機械作用**は，必要不可欠なものであるが，過大な機械作用は被洗物の損傷劣化にもつながるため注意が必要である．また，日本における家庭洗濯では，今世紀に入ってドラム式型洗濯乾燥機の利用率が増加し，従来のタテ型のものとその洗浄機構が変化するとともに多様化しようとしている．また，いわゆるおしゃれ着への思い入れから，洗濯機洗いにおいても機械作用の小さな洗濯コースが重視される風潮もある．さらに，商業洗濯では，環境や健康への影響など各種溶剤の欠点を根本的に回避するため，脱溶剤化の動きがあり，ここでは，被洗物への機械作用が極端に制限されることになる．一方，洗浄実験においても，機械作用の大小は結果を大きく左右することからその測定方法や安定化も必要である．こうしたことから，機械作用の評価は特に近年注目を浴び，以下に示すような種々の方法が開発されている．

（1）**MA 法**　DTI（Danish Technological Institute）が開発した **MA**（Mechanical Action）**法**とは，240 mm×240 mm（家庭洗濯機用は 400 mm×400 mm）の平織り綿布に図 3.10 のように直径 35 mm の丸穴を 5 カ所開けた MA 布を使用する方法で，これを他の被洗物とともに洗濯試験に供する．試験後，5 カ所の穴にほつれ出し，切断していない織糸の本数の合計を機械作用の指標とする（図 3.11）．しかし，糸本数のカウントが煩雑であることや，高機械作用への対応に難点があるとされている[2]．

（2）**EMPA-MA（S）法，MA（P）法**　EMPA の開発した EMPA-MA（S）法は，ウールや手洗い，イージーケアの製品などに要する低機械作用の評価に用いられ，29.5 cm×29.5 cm の切り放しナイロン布（article 304，図 3.12）から，洗濯あるいはタンブル乾燥で脱落した織糸の本数をカウントして評価を行う（図 3.13）．さらに，EMPA-MA（P）法では，34 cm×34 cm の綿基布表面に着色したポリアミド樹脂を Poka Dots と呼ばれる斑点状にプリントした **Poka Dot 布**（article 306～309，図 3.14）を用いる．洗濯あるいは乾燥処理中の機械作用によりこの斑点が徐々に剥離する（図 3.15）．この布の測色値（Y 値）あるいは専用の色見本（Grade 1～10）で残存した斑点を見積もることで，機械作用を評価する．なお，Poka

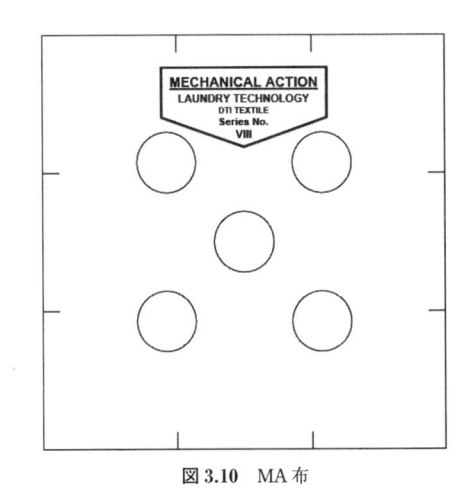

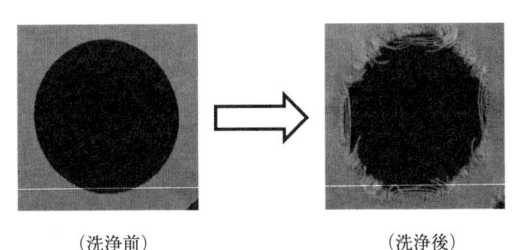

図 3.10　MA 布

（洗浄前）　　　　　　　　（洗浄後）

図 3.11　洗浄前後の MA 布の開口部

Dot布には広範囲の機械作用をカバーするため，斑点色が青（低～中）と赤（中～高）の2種類のものが用意されている．なお，この方法には，試験時に剥離ドットが被洗物や洗濯機に付着する問題がある．

（3）**WHS法**　日本では，繊維評価技術協議会が**WAT**クロスを用いた独自の評価方法を開発している[4]．WATクロスは，カーボンブラックやCMC，EVA樹脂などからなるインクを綿布にプリントして作成される．これを50 mm幅に切り取りISO 6330で規定する洗濯用の負荷布（Type III）に図3.16のようにミシンで縫いつけて使用する．試験後反射率計でL^*値を測定し，もとのL^*値との差ΔL^*を機械作用の指標，**WHS値**とする．また，WATスケールと呼ばれる評価用グレースケールの開発も進められており，開口部分を試験布のインク塗布部分にあてがい，視感判定により最も近似する標本を探索して評価する[5]（図3.17）．

3.3　マーク表示のための試験

被服にはケアラベルの表示を始め，各種の認定マークなど種々の表示がなされているが，それぞれの表示を行うための試験方法や認定の基準となる試験方法が規定されている．JIS L 0217: 1995（繊維製品の取り扱いに関する表示記号及びその表示方法）には，記号別の試験方法が規定されており[6]，一例として，以下に表示記号の番号103の試験方法を示す．ただし，表示の適用については表示責任者の判断にゆだねられているのが実情で，取り扱い上の衣料品事故を危惧するあまり，

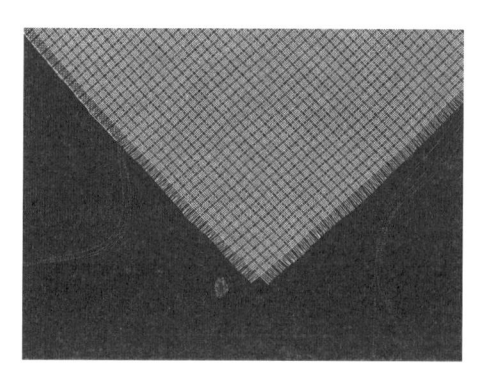

図3.12　EMPA article 304

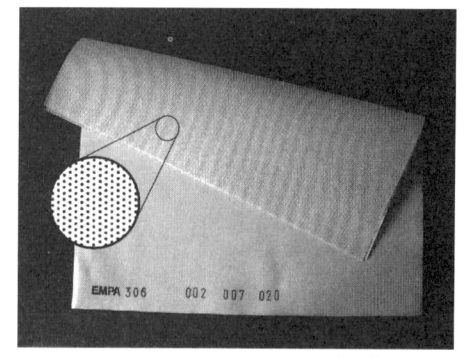

図3.14　EMPA article 306（Empa）[3]

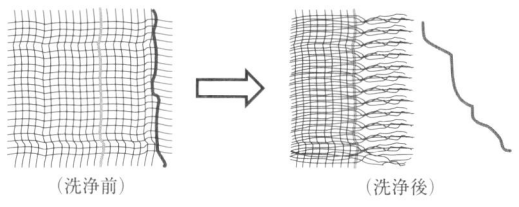

図3.13　EMPA article 304の布端部

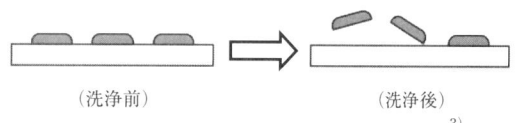

図3.15　EMPA article 306のPoka Dots（Empa）[3]

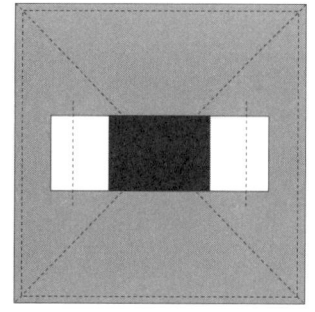

図3.16　WATクロス

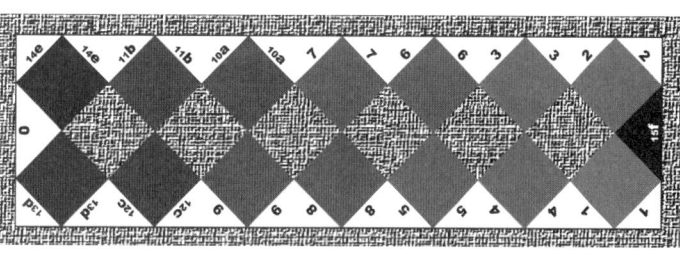

図3.17　WATスケール

図3.18 洗い方（水洗い）の記号103（JIS, 1995）[6]

現状ではいわゆる過保護な表示も見受けられる．

【番号】103（図3.18）

【記号の意味】液温は，40℃を限度とし，洗濯機による洗濯ができる．

【試験装置】JIS C 9606に規定する遠心式脱水装置付きの家庭用電気洗濯機．ただし，汚れ落ちの状態を感知しながら洗濯操作を行うものは，使用してはならない．なお，洗濯操作を行うときは，標準洗濯容量で行う．

【試験方法】試験装置の水槽の標準水量を示す水位線まで液温40℃の水を入れ，これに標準使用量となる割合で洗濯用合成洗剤（JIS K 3371）を添加して溶解し，洗濯液とする．この洗濯液に浴比が，1対30になるように試料および必要に応じて負荷布を投入して運転を開始する．5分間処理した後，運転を止め，試料および負荷布を脱水機で脱水し，次に洗濯液を30℃以下の新しい水に替えて，同一の浴比で2分間すすぎ洗いを行う．2分間のすすぎ洗いを行った後，運転を止め，試料と負荷布を脱水し，再び2分間すすぎ洗いを行い，脱水し，直接日光の影響を受けない状態でつり干しまたは平干しをする．その後，必要に応じて素材繊維の適正温度でドライアイロン仕上げを行う．なお，"中性"を付記する場合は，洗剤にJIS K 3371に規定する中性を用いる．

3.4 官能評価

最近の洗剤が訴求する特性は，単に汚れ落ちだけでなく，香りや風合い，触感など人間の感性に訴えるものに及んでいる．こうしたものの評価には，人間の感覚（視覚，嗅覚，触覚など）を用いて，その特性を一定の手法に基づいて評価したり測定したりする**官能評価**の手法が用いられる．順位法や一対比較法などが評価の手法としてよく知られている．また，イメージ調査などでは，SD（semantic differential，意味微分）法などの方法も尺度構成の手法として用いられる場合がある．いずれも統計的手法で，人間が行う評価のあいまいさの影響を軽減することが試みられている．

シェッフェの1対比較法での解析例 ここでは，JIS K 3362に規定される洗浄力評価方法の実施を例に，表計算ソフトウェア（Microsoft Excel®）を用いた**シェッフェ（Scheffé）の一対比較法**での解析例を示す．

① 洗剤Aの判定結果：洗剤Aで洗浄した襟あか布の汚れ落ち程度について，3人の判定者がそれぞれ指標洗剤で洗浄した襟あか布の汚れ落ち程度を対照として評価し，得られた結果について解析する．

洗剤Aについて得られた結果をC3からQ5の各セルに入力し，一覧表を作成する．なお，参考のためC6に総計（＝sum(C3:Q5)），Q6に平均値（＝average(C3:Q5)）を示した．

	A	B	C	D	E	F	G	H	I	J	K	L	M	N	O	P	Q
1	洗剤A							判定値									
2	襟あか布		1	2	3	4	5	6	7	8	9	10	11	12	13	14	15
3	判定者	1	+1	+1	+1	0	−1	+1	+1	0	+1	+2	0	−1	0	0	
4		2	+1	+1	+1	0	+1	+2	+1	−1	+1	0	−1	0	−1		
5		3	+1	0	+1	+1	0	0	+2	+1	0	+1	+1	0	0	0	
6	総計	22												平均値		0.48889	

② 洗剤Aの分散分析：洗剤Aについての分散分析表を作成する．なお各セルの入力関数は，次の通りである．

	S	T	U	V	W	X
1	洗剤A		分散分析表（入力式）			
2	要因	平方和	自由度	不偏分散	分散比	P値
3	主効果	=T5−T4	=2−1	=T3/U3	=V3/V4	=FDIST(W3,U3,U4)
4	誤差	=DEVSQ(C3:Q5)	=U5−U3	=T4/U4		
5	総計	=SUMSQ(C3:Q5)	=COUNT(C3:Q5)			

	S	T	U	V	W	X
1	洗剤A			分散分析表		
2	要因	平方和(S)	自由度(★)	不偏分散(V)	分散比(F)	P値
3	主効果(A)	10.75556	1	10.75556	17.37031	0.000142
4	誤差(E)	27.24444	44	0.619129		
5	総計(T)	38	45			

分散分析表のP値から，有意水準が0.014%であると判断できる．一般的には，有意水準として1%あるいは5%を用いるので，「指標洗剤に比べて，洗剤Aの洗浄力は優れている（有意水準1%）」と判断ができる．

③ ばらつきが異なる場合の例（洗剤Bの判定結果と分散分析）：ばらつきが異なる場合の例

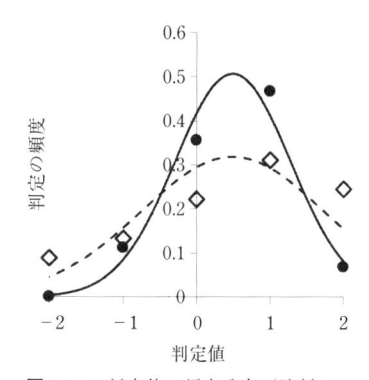

図3.19 判定値の頻度分布(洗剤A: ●,洗剤B:◇)
実線および破線は,A,Bそれぞれを正規化した分布を示す.

として,洗剤Bについて同様の試験を行ったと仮定し,解析を行う.この判定結果では,先の洗剤Aの例と平均値は同じであるが,個々の判定をみると数値が異なる.なお,洗剤A,洗剤Bについての判定値の頻度分布を図3.19に示した.

	A	B	C	D	E	F	G	H	I	J	K	L	M	N	O	P	Q
1	洗剤B								判定値								
2		襟あか布	1	2	3	4	5	6	7	8	9	10	11	12	13	14	15
3		1	+1	+1	+1	0	-2	+1	+1	0	0	+1	+2	0	-2	0	0
4	判定者	2	+2	+2	+2	+2	-1	+1	+2	+2	-1	+2	+2	0	-2	-1	-1
5		3	+2	+1	+1	+1	-1	0	+2	+1	0	+1	+1	+1	-2	-1	0
6	総計		22											平均値			0.48889

	S	T	U	V	W	X
1	洗剤B			分散分析表		
2	要因	平方和 (S)	自由度 (★)	不偏分散 (V)	分散比 (F)	P値
3	主効果 (A)	10.75556	1	10.75556	6.834403	0.012197
4	誤差 (E)	69.24444	44	1.573737		
5	総計 (T)	80	45			

この場合,分散分析表のP値(1.220%)から,有意水準が1%より大きく5%より小さいので,「指標洗剤に比べて,洗剤Bの洗浄力は優れている(有意水準5%)」と判断ができる.

[小林政司]

4 洗浄メカニズム

衣服に付着した汚れは，どのようにして布から落ちるのであろうか．

布から汚れが除去される際の「洗浄機構」は，固体表面から異物を取り除くことであり，食器，家具などの家庭用品，コンピュータに用いる電子部品，飛行機などの工業部品の洗浄とも共通するものである．

本章では，洗浄機構に深く関係する界面活性剤水溶液の特質，界面電気現象と洗浄への寄与，および各種汚れ除去のメカニズムについて，水系（湿式洗濯）と非水系（ドライクリーニング）に分けて解説する．

4.1 水系（湿式洗濯）の場合

湿式洗濯では洗浄液として界面活性剤水溶液が用いられる．界面活性剤は他の物質にはみられないいくつかの特質をもち，その特質が洗浄機構と深い関わりをもつ．

4.1.1 界面活性剤水溶液の特質とその応用
a. 界面活性

物質には3つの相（気相，液相，固相）があり，2つの相が接している境界面を**界面**（interface）という．接している2つの相の1つが気相である場合を表面と呼ぶ．

気相と液相の界面である液体の表面についてみると，液体を構成する分子は液体の表面に存在する分子と内部に存在する分子では，互いに接する分子から受ける力（分子間力）が異なる．

液体の内部に存在する分子は，隣接した四方の分子から同じ力を受け，互いに安定しているのに対し，液体の気体に接している最外層に存在する分子は，表面方向から受ける力がほとんどなく，液体の表面に飽和されない**分子間力**(intermolecular force) の場をもつ（図4.1）．この余分の力（**表面自由エネルギー**）を**表面張力**（surface energy）という．

表面張力は，分子間に働く凝集力の現れであり，表面をなるべく縮小しようとする表面に垂直な力となる．水滴が丸くなるのはこのためである．表面張力 γ は，縮小しようとする力にうちかって，液体表面を単位面積だけ広げるのに要する仕事に等しく，mN/m で表される．また単位面積に蓄えられる表面自由エネルギーとも考えられ，この場合は erg/cm^2 で表される．

表面張力の大きさは液体によって異なり（表4.1），水の表面張力は，液体の中では大きいほうである．

水に**界面活性剤**（surfactant）を溶解すると，界面活性剤がきわめて低い濃度でも水の表面張力は著しく低下する．界面活性剤は水の表面に吸着し，疎水基を空気側に，親水基を水側に入れた状態で配向する（図4.2）．自由エネルギーの小さい疎水基が自由エネルギーの大きい水分子にかわって表面に配列するので，水と比べて表面張力は著しく小さくなる．このように界面活性剤が表面（界面）に吸着することを正の吸着といい，吸着によって表面（界面）張力を低下させる性質を界面活性という．

b. ミセル形成

界面活性剤は，水溶液中で濃度が低い間は分子分散しているが，濃度が増していくと分子が急激に会合して**ミセル**を形成する．このときの濃度を**臨界ミセル濃度**（critical micelle concentration, cmc）と呼ぶ．

この臨界ミセル濃度を境にして界面活性剤水溶液の性質は大きく変化する．図4.3は，界面活性剤水溶液の濃度と表面張力との関係を示している．このように，表面張力は臨界ミセル濃度まで

4.1 水系（湿式洗濯）の場合

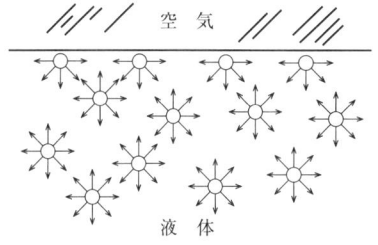

図 4.1 液体の表面張力および内部における分子間力

表 4.1 液体の表面張力（mN/m, 20℃）（北原，1986)[1]

水銀	470
水	72.8
ベンゼン	28.9
酢酸	27.7
クロロホルム	27.2
四塩化炭素	26.8
エチルアルコール	22.6
ペンタン	20.3
エチルエーテル	17.0

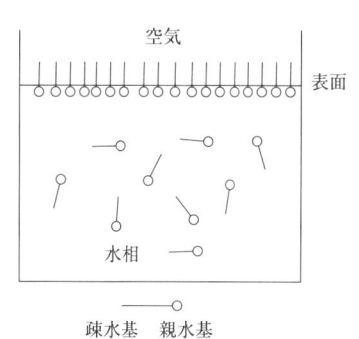

図 4.2 界面活性剤の吸着

は急激に低下するが，これを境にして一定となる．

これに伴い，電気伝導度，粘度，浸透圧，濁度などの物理化学的性質が変化する（図4.3）．これは，溶液内部の界面活性剤分子の分散が飽和状態となり，疎水基と水との反発を最小にするように親水基を外側に，疎水基を内側に凝集して会合体（ミセル）をつくることによる（図4.4）．

この場合，有機溶剤中では反対に親水基を内側に疎水基を外側に向けて凝集する（**逆ミセル**（reverse micelle）と呼ぶ）．

界面活性剤のミセルは，水に難溶性の疎水性物質を疎水基内に溶解し，逆ミセルでは親水性物質を親水基内に取り込んで溶解した状態にする．これを**可溶化**（solubilization）といい，元来不溶な物質を溶解状態にするのに有効な現象である．

c. ぬれをよくする作用

固体表面が液体と接したとき，初めに存在した固体/気体界面が消失し，新しく固体/液体界面が生成する現象を**ぬれ**（wetting）という．固体が液体によってぬれるかどうかは固体上の液体がその表面でぬれ広がるか，球状の液滴となるかによって知ることができる．液滴の接線と固体表面とがつくる角度を**接触角**（contact angle）と呼び（図4.5），接触角の大小がぬれの尺度となる．表4.2は各種物質の水に対する接触角の値であるが，ポリテトラフルオロエチレン（テフロン）やパラフィンが水にぬれにくいことがわかる．固体上に液滴が存在し，接触角が平衡状態にあるとき，次の**ヤング**（Young）**の式**が成立する．

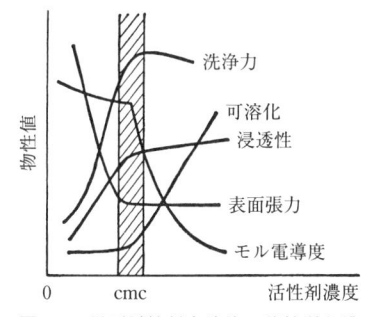

図 4.3 界面活性剤水溶液の諸性質と濃度との関係

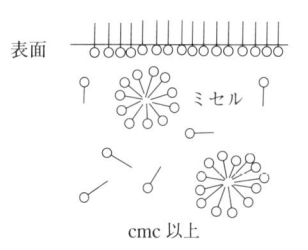

図 4.4 界面活性剤の水/空気界面への吸着とミセル形成

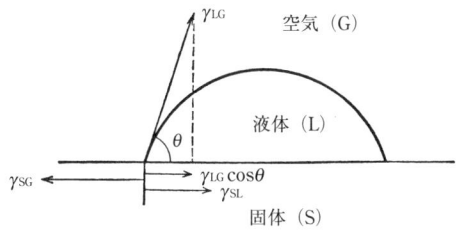

図 4.5 固体上の液滴と接触角

表 4.2 水に対する接触角（°）（北原，1986)[1]

鉄	0
アルミニウム	4.5
ナイロン	70
ポリ塩化ビニル	87
ポリエチレン	94
ポリテトラフルオロエチレン（テフロン）	108
パラフィン	108〜116

$$\gamma_{SG} = \gamma_{SL} + \gamma_{LG}\cos\theta$$

ここで，γ_{SG}：固/気界面張力，γ_{SL}：固/液界面張力，γ_{LG}：液/気界面張力，θ：接触角である．

ぬれは固体/気体界面が固体/液体界面に変わることであるが，熱力学的立場からみると，ぬれには3つの型がある（図4.6）．

（1）**付着ぬれ**（adhesional wetting）　固体と液体が，ある1面で付着する型のぬれである．この型のぬれでは接触角がぬれの尺度となる．

付着ぬれの起こる前後の単位表面積あたりの表面エネルギーの変化を付着仕事 W_A として表すと，

$$W_A = \gamma_{SG} + \gamma_{LG} - \gamma_{SL}$$

となり，W_A が大きいほど付着力が大きいことを意味し，ぬれやすいことを示している．固体の表面張力（γ_{SG}）を測定するのは困難であるが，ヤングの式を用いて γ_{SG} を消去すると，

$$W_A = \gamma_{LG}(1+\cos\theta)$$

となり，付着仕事 W_A は液体の表面張力 γ_{LG} と，接触角 θ の値から算出できる．

（2）**拡張ぬれ**（spreading wetting）　固体表面を液体がぬれ広がり，固体表面が消失してゆく型のぬれを拡張ぬれと呼ぶ．

この型のぬれには平衡状態は考えられず，ぬれ広がり前後における単位表面積あたりのエネルギー差を，拡張係数 S として，ぬれ広がりやすさの指標とする．

$$S = \gamma_{SG} - \gamma_{LG} - \gamma_{LS}$$

$S \geq 0$ のとき拡張は自然に起こる．実際には $S < 0$ の値をとり，負の絶対値が小さいほど，ある程度のぬれ広がりをもつ．

（3）**浸漬ぬれ**（immersional wetting）　空気中の固体が，大量の液体に完全に浸漬してぬれる型を呼ぶ．ぬれの前後の単位表面積あたりのエネルギー差を浸漬仕事 W_I で表す．

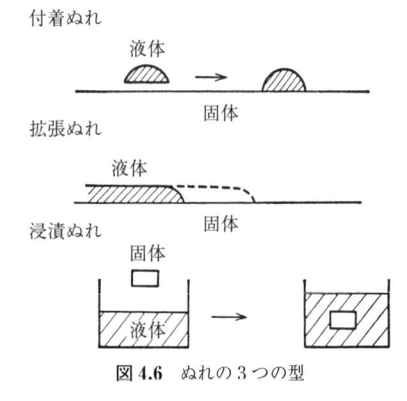

$$W_I = \gamma_{SG} - \gamma_{LS}$$

W_I の値が大きいほど浸漬ぬれが起こりやすい．

衣類の洗浄の場合のぬれは，上の3つの型のぬれが複合して起こり，洗浄液に浸った衣類は浸漬ぬれの状態である．疎水性の衣類は表面張力の小さい界面活性剤水溶液中では，浸漬仕事 W_I が水より大きくなり，衣類はぬれやすくなる．界面活性剤が衣類のぬれを促進している．

d．粒子の安定化への寄与

界面活性剤が液体や固体に吸着して，これらを大きい集合体から微小な粒子にする現象を分散という．

分散には，油などを水中に分散する「乳化」と，固体粒子を1次粒子へ分散する「懸濁」の2つがある．いずれの場合も界面活性剤が大きな役割を果たす．

（1）**乳化**　混合しない2つの液体が他の液体中に分散，懸濁している系を**乳化**（emulsion）という．

たとえば，油と水を混合して機械的に撹拌し，放置すると，やがてもとの油と水にもどる．このとき界面活性剤を加えると油と水の界面に吸着して乳化剤として働き，安定した乳化状態をつくる．乳化状態には次の2つの型がある．

① 水中油滴型（O/W型）：水中に油滴が微分散されているもの．たとえば，牛乳中の脂肪の分散，化粧品の乳液などがこの型に属する．洗浄における油汚れの洗浴中での分散もこの型である．

② 油中水滴型（W/O型）：油中に水滴が微分散されているもの．たとえば，マヨネーズ中の水分の分散，ドライクリーニングのチャージシステムにおける水分，などがある．

（2）**懸濁**　固形粒子の分散系を**懸濁**（suspension）という．固形粒子は通常その基本単位である1次粒子が集合し，凝集した2次粒子として存在することが多い．界面活性剤分子は粒子表面に吸着し，固形粒子を分散させて安定な状態に保つ働きを助ける．このような界面活性剤の働きは，汚れとして繊維表面に存在する固形粒子

図4.6 ぬれの3つの型

を分散させ，洗液中でも再び凝集しないように安定に保つ働きをする．　　　　　　　[齊藤昌子]

4.1.2 界面電気現象と洗浄への寄与：DLVO理論

一般に繊維や汚れのような固体は水のような液体と接すると，その界面は電荷をもち，帯電している．洗浄液中で繊維と汚れ粒子は帯電しており，この電気的な性質が汚れの脱離や汚れの付きやすさと深く関係している．

a. 電気二重層

一般に物質は水中に存在すると，その表面はマイナスに帯電する場合が多い．表面がマイナスに帯電するとその電荷を中和するように対イオン（この場合は陽イオン）が集まり，その次に陰イオンが近づいてくる．この繰り返しをしていくが，イオンは熱運動により均一に分布しようとするので，固体表面の外に向かってある分布をもち，図4.7のようになる．固体表面の電位（ψ_0 potential）はこのようなイオン分布によって表面から水中内部に向かって減少し，ゼロに近づく電位曲線をとる．

この固体が液体の中を動く場合，表面近傍の対イオンの層（Stern層）とそれに水和している水分子の層（水和層）は固体と一緒に移動する．このためStern層と水和層は固定層と呼ばれ，その外側を拡散層と呼ぶ．物質表面の電荷を含む固定層および拡散層の全体を総称して，**電気二重層**（electrical double layer）と呼ぶ（図4.8）．

そして固定層と拡散層の境界面を**すべり面**という．このすべり面における電位を**界面動電位**（**ゼータ電位**，ζ potential）と呼び，液体中での固体の挙動において考慮すべき電位となり，固体表面の電位 ψ_0 より少し低い値となる．

b. DLVO理論の洗浄への適用

繊維と汚れは水中で上述したような電気二重層をもっており，繊維に汚れ粒子が近づいていく場合，電気二重層が重なり合って電気的反発力として働く．一方，繊維と汚れの間には分子間力である**ファンデルワールス力**（van der Waals force）に基づく引力が作用する．

このように2つの物質間の界面電気的反発力と分子間引力を考え，微粒子間のポテンシャルエネルギーによって微粒子の分散安定性を説明した理論が，ソ連の研究者DerjaguinとLandau，オランダの研究者VerweyとOverbeekによって発表され，**DLVO理論**という．微粒子間に作用する反発力は微粒子の電気二重層の拡散部分が重なることにより生ずる．引力は中性の分子間に存在するファンデルワールス力によるものであり，微粒子間のすべてを構成する分子または原子について加え合わせたものである．2つの微粒子間に働く反発力および引力にもとづくポテンシャルエネルギーを距離を関数にして表すと，図4.9のようになり，全ポテンシャルエネルギー V_T は，電気二重層間の反発力によるポテンシャルエネルギー V_R とファンデルワールス力によるポテンシャルエネルギー V_A の和によって表される．

全ポテンシャルエネルギーは V_A に対する V_R の大きさによって，図4.9に示すように極大値をもつ場合（a）と，もたない場合（b）がある．もし，2つの粒子が熱運動によって近づいた場合，ポテンシャルエネルギーの極大値が熱エネルギーに比べて大きい場合には，2つの粒子は極大値を超えて凝集することはない．一方，極大値が小さいまたはない場合には，2つの微粒子は凝集する．

ここで，2つの微粒子のかわりに，繊維と汚れについてもこの理論を適用し，洗浄液中での汚れ粒子と繊維における付着と脱離を考えることがで

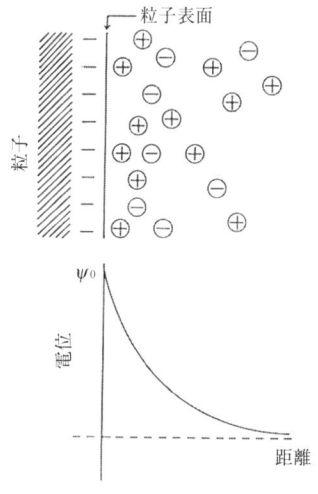

図4.7 界面電荷とイオンの分布

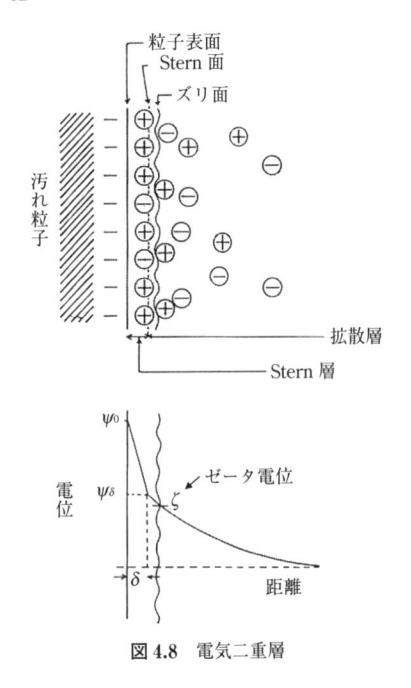

図4.8 電気二重層

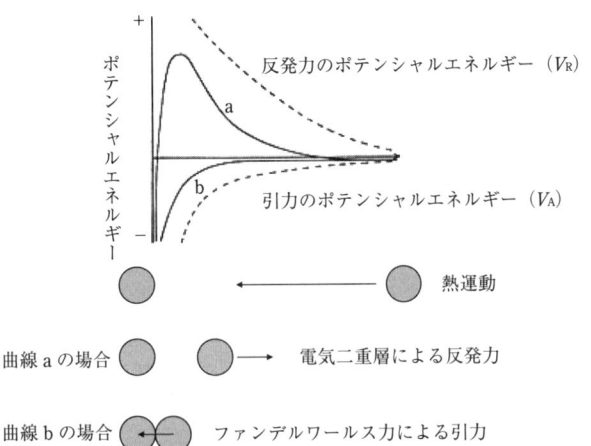

図4.9 ポテンシャルエネルギー曲線

きる（図4.10）．

図中でCは汚れが繊維に付着している状態，Aは汚れが繊維から脱離して洗浄液中にいる状態である．汚れ粒子が繊維から脱離するには，CからAに移行するためにBというエネルギー障壁を超えなければならない．そして同じように洗浄液中の汚れ粒子が繊維に再び付着（再汚染）するには，AからCへ移行するためにBを超えなければならない．

このように洗浄とポテンシャルエネルギーの関係を考えると，汚れの脱離には図4.10に示すようにポテンシャルエネルギーΔV_Tが影響し，洗浄液中の汚れの再汚染には，V_{Tmax}が影響すると考えられる．洗浄が効率的に行われるには，汚れが落ちやすく，再汚染しないことであるから$V_{Tmax}/\Delta V_T$比が関係する．

c. 界面活性剤および電解質の影響

洗剤に含まれる界面活性剤や電解質は，上述したポテンシャルエネルギーに影響を及ぼす．陰イオン界面活性剤は水中で陰イオンをもち，強い吸着力によって繊維や汚れ粒子に吸着し，それらの表面のマイナス電荷は増加する．すなわちマイナスの表面電位が増加し，すべり面におけるマイナスのゼータ電位も高くなる．したがって，繊維と汚れ粒子間の電気二重層による反発のポテンシャルエネルギーは大きくなり，全ポテンシャルエネルギーのレベルが高くなる．これを図4.11に示すと，B，C点がB′，C′点となる．その結果，脱離のポテンシャルエネルギー障壁ΔV_Tは小さくなって，汚れが脱離しやすくなる．さらに図4.11のA，B点はA′とB′点となり，再汚染のポテンシャルエネルギー障壁V_{Tmax}は大きくなり，

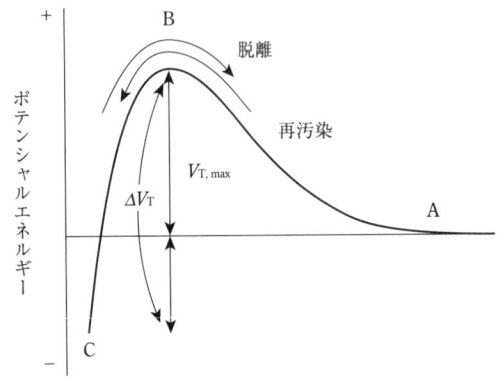

図4.10 ポテンシャルエネルギーと汚れの脱離・再汚染挙動

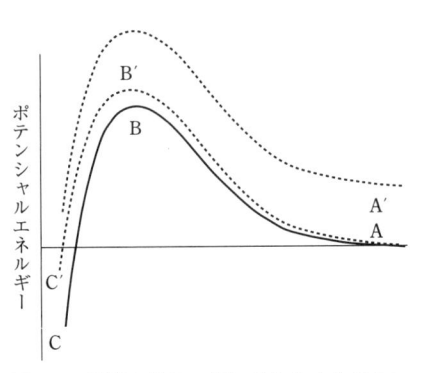

図4.11 繊維と粒子の間にはたらく全ポテンシャルエネルギー

再汚染が起きにくくなる．このように，洗浄液中に陰イオン界面活性剤を添加することは洗浄にとって有利になる．陽イオン界面活性剤を加えるとマイナスのゼータ電位を低下させて，逆効果となる．非イオン界面活性剤は電荷的な影響を及ぼさないが，吸着によって固定層が厚くなり，反発力の増大に寄与する．

電解質の影響はトリポリリン酸塩のように吸着性の強いものの場合，固体表面のマイナス電荷を増加させて，洗浄に有利となる．炭酸ナトリウムのようにアルカリ性の無機塩は溶液のpHをアルカリ性にすることで固体表面のマイナス電荷を増加し，洗浄に有利に働く．硫酸ナトリウムのような中性塩では直接的に電荷に影響しないが，界面活性剤濃度がcmc以下の場合には界面活性剤の不十分な吸着を促進して洗浄に有利に働く．しかし，濃度を高くすると電気二重層が圧縮されて反発力が低下し，洗浄には不利となる．

4.1.3 各種汚れ除去のメカニズム

a. 油汚れの除去

衣服に付着する油汚れには人体に含まれる脂肪酸，脂肪族アルコール，トリグリセリドなどの油脂成分や，食品に含まれる油脂，化粧品由来の油，機械油などさまざまな油がある．衣服に付着した油汚れは徐々に酸化し黄変して衣類の外観を損ねる．そのため洗浄においてどれだけの油汚れを除去できるかは衣類の耐用期間と密接に関連する．油汚れの除去メカニズムには，けん化による石けんの形成，液晶の形成，乳化・可溶化，ローリングアップ，酵素による分解が複合的に作用して油汚れが除去される．まず油汚れはローリングアップによって巻き上げられ，完全に巻き上がる前にくびれ現象が起きて油滴が脱離し，固体に接している部分に汚れが残留する．この残留した油汚れはけん化，乳化，可溶化，酵素の分解の現象により除去される．以下にこれらを説明する．

(1) ローリングアップ　油汚れが付着した衣服を洗浄液に浸漬すると汚れは徐々に球状になり，繊維表面から脱離する現象がみられる（図4.12）．この現象は**ローリングアップ**（rolling up）と呼ばれ，ぬれの理論を用いて説明することができる．

水中において油汚れが繊維に付着して平衡状態にあると，前項で述べたヤングの式が成立する．

$$\gamma_{SW} = \gamma_{SO} + \gamma_{OW} \cdot \cos\theta$$

θ は接触角である．ここで，水のかわりに界面活性剤を用いた場合，繊維と油表面に界面活性剤が吸着して，γ_{SW} と γ_{OW} は小さくなり，γ_{SO} は変化しない．このため繊維と油の接点は右の方向に引かれ，油滴は球状になる．ローリングアップの過程で接触角 θ が 90°以下の場合，90°以上，そして球になったときの各張力の関係を図4.13に示す．

油滴がローリングアップするかしないかは，KlingとLangeが残留仕事の概念を用いて説明している．油滴をロールアップする力を R とすると，ヤングの式の左辺と右辺の差として，下式のように表される．

$$R = \gamma_{SO} - \gamma_{SW} + \gamma_{OW} \cdot \cos\theta$$

この系のぬれ特性を表す（$\gamma_{SO} - \gamma_{SW}$）を Δj とすると，下式となる．

$$R = \Delta j + \gamma_{OW} \cdot \cos\theta$$

$\Delta j > \gamma_{OW}$ のとき，$R > 0$ であるので油滴は球形となるまで押し上げられる．油滴は球形となるまで押し上げられる．$\Delta j < \gamma_{OW}$ のときには，$R = 0$ でヤングの式が成立するので，ローリングアップは停止する．したがって，ローリングアップが起

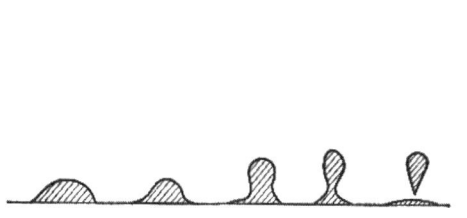

図 4.12 油汚れのローリングアップとくびれ現象

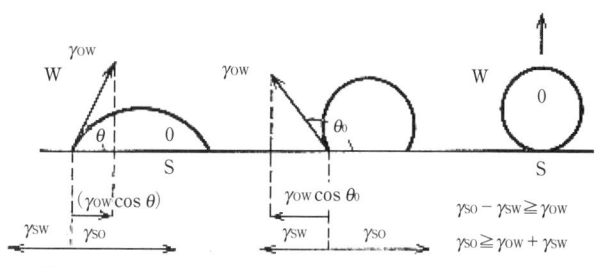

図 4.13 ローリングアップにおける表面張力・界面張力の関わり

こりやすい条件とはRが大きい値をとることであり、γ_{so}とθが大きく、γ_{sw}とγ_{ow}が小さい場合である。このとき、$\gamma_{so} > \gamma_{sw} + \gamma_{ow}$であるので、油汚れと繊維で界面をつくっているよりも、離れて油汚れと洗浄液、繊維と洗浄液の間で界面を形成したほうが、界面自由エネルギーが小さいことを意味する。自然現象は自由エネルギーの低いほうに進行するため、油滴は自然に脱離することを示している。実際の系を考えると、綿のような親水性繊維の表面に油汚れが付着している場合ではγ_{so}とθが大きく、ローリングアップによる除去は容易である。しかし、ポリプロピレンのような親油性繊維表面に油汚れが付着している場合には、γ_{so}とθが小さく、界面活性剤の吸着によるγ_{sw}とγ_{ow}の低下はあまり大きくないため、ローリングアップは起こりにくく、外部からの力が必要となる。

(2) **けん化による石けんの形成** 人体から分泌される油汚れには脂肪酸が約30%含まれている。油汚れが付着した衣服を洗浄液に浸すと、脂肪酸が洗剤中のアルカリと反応して石けんを形成し、石けんは水に溶解して除去される。このメカニズムは脂肪酸だけに有効であるが、皮脂汚れの表面で形成された石けんはその界面活性によって油汚れの界面張力を低下させ、油汚れの除去を容易にする。

(3) **乳化・可溶化** 油と水のように互いに混ざり合わない2つの液体は、界面活性剤を加えると油と水の界面に吸着して界面張力を低下し、微粒子を形成して一方の液体に分散し安定した状態（**乳化**, emulsion）をつくる。洗剤溶液中で界面活性剤は油汚れに吸着して、油汚れを微粒子として洗浄液中に乳化していく。乳化には撹拌が必要であるが、界面張力が限りなくゼロに近い値、またはマイナスの値をもつときには機械力がなくても**自然乳化**（spontaneous emulusification）が起こることが知られている。水に溶けない油性物質あるいは溶けにくい物質は界面活性剤が形成するミセル内部に取り込まれ、溶解度を増す現象の**可溶化**によっても油汚れが除去される。このとき可溶化される油汚れの性質（極性か非極性）や界面活性剤の種類によってミセル内で油汚れが可溶化する位置が異なってくる（図4.14）。非極性の油汚れはミセル内部に可溶化され、極性油ではミセルの表面近傍に位置する。非イオン界面活性剤の場合には、親水基部分の親油基であるポリオキシエチレンオキシド鎖の内部に可溶化される。

常温で液体の油汚れ、およびけん化や液晶を形成しない無極性の油汚れでは乳化と可溶化が重要な役割をもつ。一方、常温で固体の油汚れでは可溶化や液晶などによる除去が大きな役割をもつ。

(4) **液晶形成とマイクロエマルション** 液晶とは流動性をもち、分子が配向して光学的異方性をもつ液体である。界面活性剤が形成する液晶が油汚れと会合体を形成し、著しく界面張力を低下して油汚れを除去するメカニズムが見出されている。これは界面活性剤が油汚れに浸透する**ペネトレーション**（penetration）**現象**が起き、油汚れ内部に会合体が形成されることで除去されるものである。このメカニズムでは、油汚れは常温で液状でなくても、固体状でも除去される。マイクロエマルションは、通常のエマルションが白濁しているのとは異なり、透明で光学的に等方性の液体である。マイクロエマルションの構造はO/W型、W/O型という従来のもの以外に、水相と油相がともに連続している**バイコンティニュアス**（bicontinuous）**構造**がある（図4.15）。

このように、界面活性剤/油汚れ/水が形成す

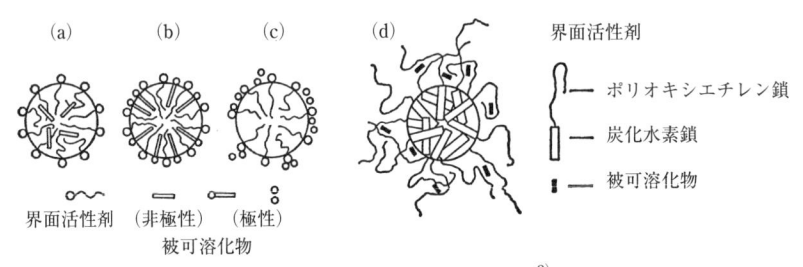

図4.14 可溶化機構（黒岩，1985）[2]

る会合体を利用することで，液晶またはマイクロエマルションがそのまま剥離して多量の油汚れを除去することができ，効率的な洗浄が行える．

(5) **酵素による分解**　皮脂汚れにはいろいろな油性成分が含まれており，その中で約30%を占める脂肪酸はけん化などにより除去されやすいが，約25%を占めるトリグリセリド (triglyceride) は落ちにくい成分である．**脂質分解酵素 (リパーゼ)** は下式に示すように，トリグリセリドを加水分解して，脂肪酸とグリセリンにすることができる．リパーゼを洗剤に添加すると，トリグリセリドを脂肪酸に分解し，皮脂汚れの除去率が向上する．

$$\begin{array}{c}CH_2OOCR_1 \\ | \\ CHOOCR_2 \\ | \\ CH_2OOCR_3 \\ \text{トリグリセリド}\end{array} \xrightarrow{\text{リパーゼ}} \begin{array}{c}CH_2OH \\ | \\ CHOH \\ | \\ CH_2OH \\ \text{グリセリン}\end{array} + \begin{array}{c}R_1COOH \\ \\ R_2COOH \\ \\ R_3COOH \\ \text{遊離脂肪酸}\end{array}$$

b．固体粒子汚れの除去

固体粒子の除去メカニズムは，界面電気現象と洗浄への寄与で述べたので，ここでは実際の洗浄系との関連を説明する．

(1) **固体汚れの分散性と洗浄性**　固体汚れの付着した布を洗剤水溶液で洗浄すると，まず固体汚れが布から脱離して洗剤溶液中に分散され，これが安定に保たれて再び布に付着することなく除去される．この場合，固体汚れの分散安定が十分でないと，分散した汚れが再付着して洗浄効率が低下する．

DLVO理論で学んだように，汚れ粒子の分散安定化には全ポテンシャルエネルギーの極大値 V_{Tmax} が大きいことが必要となる．図4.16は，木綿繊維および汚れのゼータ電位から洗剤液中における汚れ粒子と繊維の間の全ポテンシャルエネルギーを計算し，汚れの再汚染に関わる $V_{Tmax}/\Delta V_T$ 比と実際の洗浄力との関係をプロットしたものである．このように，$V_{Tmax}/\Delta V_T$ 比が大きいと脱離しやすく，洗浄液中での繊維へ再付着がしにくく，洗浄力が高くなる．

(2) **固体粒子汚れの粒子径と洗浄性**　固体粒子汚れの粒子径は洗浄力に大きく影響する．全ポテンシャルエネルギーの計算式では粒子径が因子に含まれており，粒子径が小さくなると全ポテンシャルエネルギーも小さくなる．したがって，小さい粒子は落ちにくいことがいえる．実際の洗浄においても，粒子径が大きいほど除去されやすく洗浄率が高くなり，粒子が小さいと織り編み組織の小さな隙間に入り込み，また繊維表面の微小なくぼみに入り込み除去しにくくなることが認められている．

(3) **固体粒子汚れの除去に必要な除去力**　固体粒子が平面に付着しているとき，その除去に必要な機械力は表面に平行に流れる流体力により比較的容易に除去される．付着面に垂直方向に遠心力を作用させても除去されない粒子は，付着面を遠心力方向に次第に傾斜させていくと，除去されるようになり，付着面が遠心力に平行になる条件で除去率が最も高くなる．すなわち，同じ大きさの遠心力を加えて，遠心力を粒子付着面に対して水平方向と垂直方向に分力すると，水平方向の割合が多いほど除去されやすいことが認められている（図4.17）．

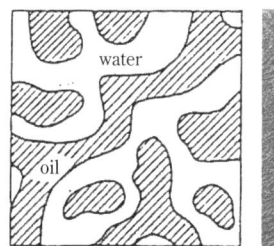

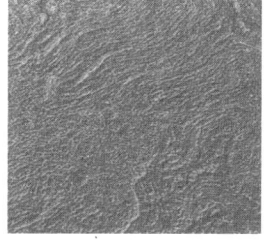

図4.15　バイコンティニュアス構造マイクロエマルションのモデル図と電子顕微鏡写真 (Friberg, 1976)[3] (米山, 2010)[4]

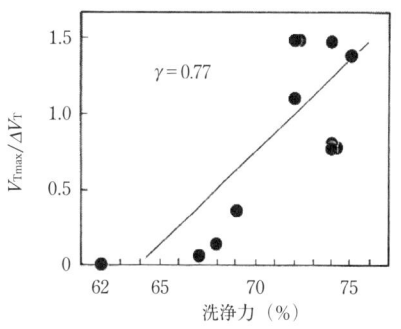

図4.16　ポテンシャルエネルギーの $V_{Tmax}/\Delta V_T$ 比と洗浄力の関係 (米山, 1987)[5]

c. タンパク質汚れの除去

日常生活において衣服に付着する**タンパク質汚れ**は，卵，牛乳など食品由来のもの，血液，糞尿など人体からの分泌物，および皮膚角質層，皮垢のような皮膚老廃物があり，タンパク質汚れは衣服に付着する汚れの 20～25% を占める．タンパク質汚れは微生物の栄養素となり，微生物が繁殖すると，微生物の分泌物により変色や臭気を発する原因となるため，衣類を保管するときには，十分に除去しなければならない汚れである．タンパク質は，水に溶ける水溶性タンパク質と，水に不溶性の硬タンパク質に分類される．

水溶性タンパク質汚れは付着しても，そのままの状態で短時間内に常温で洗浄すれば除去される．しかし，タンパク質は天然とは異なる条件下で置かれると容易に不溶性に変化し，タンパク質の生物学的働きを失ってしまう．このようにタンパク質の性質が大きく変わる現象を変性と呼ぶ．タンパク質は分子内外において図 4.18 に示すように，静電的な結合や水素結合のような弱い結合によって固定されており一定の立体構造を保っている．

この弱い結合は，酸，アルカリ，溶剤や温度などにより切れたり，または新たな結合を形成して強く絡みあってしまう凝固を起こし，変性が容易に起こる．タンパク質汚れがこのような変性を起こし，凝固した場合には繊維から除去しにくくなる．卵白汚染布の場合，100℃ 30 分加熱すると未加熱の場合の 1/2 程度しか除去されず，卵黄では 1/4 程度しか除去できないという結果がある．酸によってもタンパク質が凝固するため，たとえば卵白汚染布を酢酸で処理すると洗浄率は熱変性と同程度まで低下する．有機溶剤によっても影響し，エタノールが最も影響し，次にパークロロエチレンがそれに次ぐが，ベンジンやクロロホルムではあまり影響がみられない．ドライクリーニングにおいては使用する溶剤の種類によりタンパク質汚れの除去性を注意する必要がある．衣服に付着する表皮角質汚れは小片として皮脂，汗，および空気中の粒子汚れと混合して繊維に付着している．

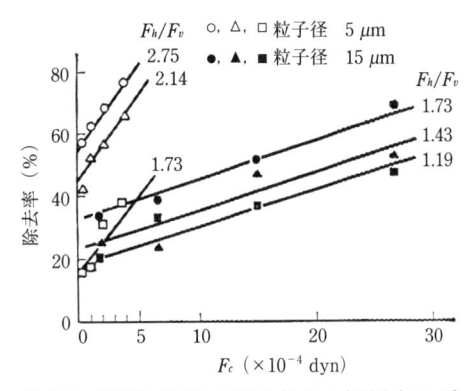

これらタンパク質はアミノ酸が多数結合してできた高分子物質である．**タンパク質分解酵素（プロテアーゼ）**はタンパク質の結合部分（ペプチド結合）を加水分解し，タンパク質を低分子化することができる．このため，洗剤にタンパク質分解酵素を配合することで，衣服に付着した混合汚れ中のタンパク質を分解して，洗浄力が向上する．

d. 混合汚れの除去

実際の汚れでは，皮脂汚れに泥粒子や空中を浮遊する粒子汚れが混合した汚れになっている場合が多い．混合汚れを洗浄した場合，以下のことが

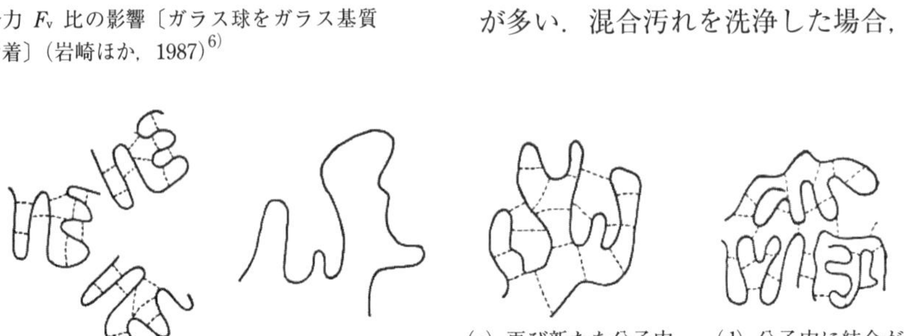

図 4.17 粒子除去に対する遠心力 F_c と水平分力 F_h/垂直分力 F_v 比の影響〔ガラス球をガラス基質に付着〕（岩崎ほか，1987）[6]

(a) 未変性状態　(b) 変性して分子内結合が切れた状態　(c) 再び新たな分子内結合ができた状態（もとのものとは形状が異なっている）　(d) 分子内に結合が起きて凝固した状態

図 4.18 タンパク質の変性と凝固

わかっている．

① 脂質のほうが粒子汚れよりも洗浄効率が高く，優先的に落ちやすいが脂質が落ちても粒子汚れが除去されにくく，残留する．

② 酸化鉄のように極性をもつ粒子汚れと脂質との混合汚れは，無極性のカーボンブラック汚れよりも落ちやすい．

③ 同じ粒子汚れでも脂質が有極性である場合のほうが，洗浄率が高い．

食品汚れは，脂質とタンパク質の混合汚れである場合が多い．脂質単独の汚れよりもタンパク質が混合すると洗浄効率が低下する．タンパク質分解酵素を添加して洗浄すると，酵素でタンパク質が分解され，タンパク質自身の除去が促進されるのに伴って脂質の除去も増大する．最近の食品にはでんぷん系の増粘剤が用いられている場合が多くなっており，でんぷんを含む食品汚れは汚れてもすぐ洗うことで落とせるが，乾燥すると強固な汚れとなり除去しにくくなる．**でんぷん分解酵素（アミラーゼ）**はでんぷんを分解し，低分子化するので，でんぷん分解酵素を添加すると食品汚れを効率よく落とせる．

4.2 非水系（ドライクリーニング）の場合

ドライクリーニングは水の代わりに有機溶剤を用いて洗浄する方法である．有機溶剤は脂質汚れを容易に除去できる．固体の粒子汚れは脂質汚れをバインダーにして繊維に付着している場合には，油の溶解と機械力によって繊維から脱離，除去される．しかし，有機溶剤だけでは固体粒子汚れの再汚染が発生し，また水溶性汚れが除去できないため，少量の界面活性剤を添加して洗浄を行う．ドライクリーニングの洗浄メカニズムは複雑であり十分に解明されていないが，ここでは水溶性の汚れの除去および粒子汚れの再汚染について述べる．

a. ミセルと逆ミセル

界面活性剤は水溶液中で親油基を内側に向けたミセルを形成し，油溶性物質をミセル内部に保持し可溶化することができる．有機溶媒中ではこれとは逆に親水基を内側に向けたミセル（逆ミセル）を形成し，逆ミセルの中心の親水基部分に微量の水を可溶化することができる（図4.19）．

この可溶化を一次可溶化といい，可溶化された水に食塩のような水溶性物質が溶けることを二次可溶化という．ドライクリーニングでは界面活性剤と少量の水を添加して逆ミセルを形成させ，水溶性汚れの除去を行っている．

b. 溶剤相対湿度

水溶性汚れの除去は，可溶化される水の量が多いほど除去率は大きくなるが，可溶化限界を超えて水を添加すると乳化状態になる．この状態では繊維に対する水の影響が強くなり，収縮や変形を発生させてしまい，ドライクリーニングの意味が失われる．

溶剤中の水の含有量を表すには，含水率より溶剤相対湿度が用いられる．空気中の相対湿度は空気中の水蒸気圧の分圧をp，その温度における純水の飽和蒸気圧をp_0とすると，p/p_0と表される．溶剤中の水の蒸気圧は測定できないが，以下のようにして溶液相対湿度として求めることができる．ドライクリーニングでは密閉した容器内で水を可溶化した溶剤と空気相が接している場合，この両相が平衡状態にあるとき，両相の水の蒸気圧は等しくなるので，溶剤中の相対湿度p/p_0と気相のp/p_0は等しくなる．気相中のp/p_0を測定して，溶液相対湿度とする（図4.20）．溶剤相対湿度が75%以上になると，乳化状態になり，繊維も著しく吸湿して水による影響が大きくなる．そのため，ドライクリーニングではこの溶剤相対湿度を測定して水分をコントロールし，繊維への影響に注意している．

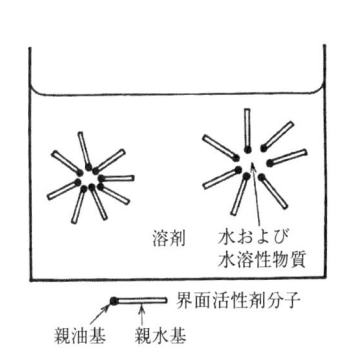

図4.19 逆ミセルと可溶化

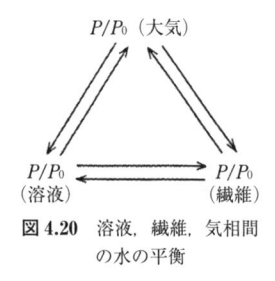

図 4.20 溶液，繊維，気相間の水の平衡

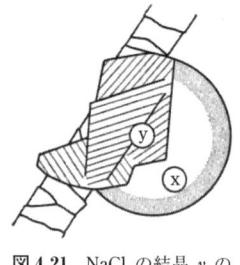

図 4.21 NaCl の結晶 y の周囲に形成した液滴 x の模式図（Meek, 1968）[7]

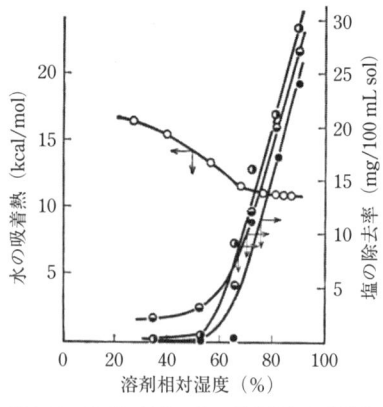

図 4.22 羊毛に対する水の吸着熱と水溶性塩の除去量の関係（藤井，1980）[8]

c. 水溶性汚れの除去

食塩やショ糖などの水溶性汚れは，溶剤の相対湿度 75% 付近で急激に増加する．食塩を付着した羊毛繊維を相対湿度 75% 以上の溶剤に浸すと，図 4.21 に示すように NaCl の結晶の周囲に液滴が形成される．そして NaCl が完全に溶けると，液滴は次第に縮小して消失する現象が認められている．また，羊毛繊維に対する水の吸着熱を測定すると，溶剤相対湿度が高くなるとしだいに小さくなり，湿度 75% でほぼ一定となり水の凝縮熱に近い値になる（図 4.22）．75% 以下の低湿度領域水は繊維に強く吸着し，繊維内で吸着水として存在するが，湿度 75% 以上では水は繊維内で自由水として存在し，この自由水が繊維上の水溶性汚れを溶解し，除去が起こると考えられている．

d. 固体粒子汚れの除去

脂質とともに付着している固体粒子汚れは，脂質の溶解とともに洗浴中に脱離することができるが，繊維に直接付着している粒子の除去機構は，あまり解明されていない．非水系の洗浄では水系洗浄よりも再汚染が大きい．これは，有機溶剤中での固体粒子の表面に電気二重層が存在するもの，有機溶剤は水よりも誘電率が低いために，電気的反発が小さく，**凝集**（**再汚染**）が起こりやすい．ドライクリーニングでは固体粒子の分散安定性が重要な問題となる．そこで，ドライクリーニングでも非イオン界面活性剤や高分子分散剤を添加し，固体粒子表面に形成される吸着層の立体保護作用を利用して，再汚染を防いでいる．

［米山雄二］

5 しみ抜き

　衣服についた部分的な汚れを**しみ**（stain）といい，**しみ抜き**（stain removal）とは全体を洗濯しないで部分的にしみを除去することである．しみは衣服に付着すると美観を損なうだけでなく，長期間放置しておくとしみを栄養源として虫害やばい害をこうむり繊維が脆化損傷する．しみは経時とともに変質し，また繊維内部に浸透していくので，除去が困難となる．したがって，早期にしみ抜き操作をする必要がある．しみ抜きが必要な場合は，①素材として丸洗いできない場合，②汚れが部分的で丸洗いする必要がない場合，③普通の洗濯では除去できないような特殊な汚れがついている場合，などである．しみ抜き処理では，繊維素材，しみの成分に応じた適切な処置が重要である．

5.1　しみ抜きの原理

　しみは日常生活のさまざまな機会に付着し，その種類は多種多様である．しょう油，汗などの水溶性のしみ，油などの油性のしみ，泥・すすなどの不溶性のしみ，ヨードチンキなどの化学的手段を要するしみなどに分類される．これらのしみはその成分や付着状態に応じて，次のような物理的・化学的方法により除去される．

5.1.1　物理的方法
a.　機械的方法
　もむ，ブラシやヘラでたたく，こする，削るなど，機械的に除去する．
b.　溶解法
　水溶性のしみは水や洗剤溶液で，油性のしみは有機溶剤や洗剤溶液で溶解して汚れを除去する．
c.　熱を利用する方法
　ろうやパラフィンなどは加熱分解により溶融して除去する．

5.1.2　化学的方法
a.　酸を用いる方法
　シュウ酸，酢酸など弱酸の希薄溶液で処理する．
b.　アルカリを用いる方法
　アンモニア水のような揮発性の弱アルカリ溶液で中和あるいは溶解させて除去する．
c.　漂白法
　上記のいずれの方法でも除去できない色素汚れは漂白剤や酵素で分解する．

5.2　しみ抜きの実際

5.2.1　しみ抜き剤
a.　有機溶剤
　石油ベンジン，リグロイン，アセトン，エチルアルコールなど．有機溶剤は，油性のしみの除去に用いられる．しかし，揮発性も高く，引火しやすい溶剤が多く，多量に吸入すると人体に影響を及ぼす溶剤も多いので，慎重に扱うことが大事である．
b.　石けんまたは合成洗剤
　水溶性のしみ，油性のしみの除去に用いられる．しかし，蛍光増白剤配合の洗剤を使用すると，しみを処理した部分だけが蛍光増白剤により色ムラが生じることがあるので，使用を避ける．蛍光増白剤無配合の洗剤か中性洗剤を用いる．
c.　アルカリ性薬剤
　アンモニア水，炭酸ナトリウム，ホウ砂など
d.　酸性薬剤
　シュウ酸，酢酸，ホウ酸など
e.　漂白剤
　酸化漂白剤（次亜塩素酸ナトリウム，過酸化水

素，過ホウ酸ナトリウム，過炭酸ナトリウムなど），還元漂白剤（ハイドロサルファイトなど）

f. 市販のしみ抜き剤

水溶性しみや油性しみに対応した界面活性剤を主成分とした各種のしみ抜き剤が市販されている．これらの中にはベンジン系の溶剤が加えられているものもある．

5.2.2 しみ抜き用具

① 板あるいは下敷き布：しみ抜きを行う際の下敷きに用いる．

② 綿棒あるいはしみ抜き刷毛：しみをたたき出すために使用する．

③ へら，目打ち：布の表面にこびりついている汚れをこそげとるのに使う．

④ その他：噴霧器など．

5.2.3 しみ抜きの方法

しみ抜きは，まず，しみが水溶性か油性か固形かなど，しみの種類を判別する．しみの部分に微量の水を付けてはじくようであれば油性のしみ，水がしみこむようであれば水溶性のしみの可能性が高い．実際に家庭でできる個々のしみに対するしみ抜き法を表 5.1 に示す．

表 5.1 しみ抜き法（吉永ほか，1981）[1]

しみの種類		しみの主成分	しみ抜き法
食物のしみ	しょう油	タンパク質，塩，脂肪，色素	中性洗剤液で処理．残ったしみは石けんか混合薬剤で処理．乾いた後に油分が残ったらベンジン処理．
	ソース	酢，塩，色素，香辛料，タンパク質	
	煮物汁（魚肉）	タンパク質，脂肪，塩，色素	
	カレー汁	黄色素，香辛料，デンプン，タンパク質，油など	中性洗剤で処理，20% 酢酸で処理，その後酵素洗剤でたたき出す．白物は漂白．
	マヨネーズ	酢，塩，油，香辛料，タンパク質	石油ベンジンで脂肪分を除き，洗剤温液あるいは混合薬剤で処理．
	アイスクリーム	脂肪，タンパク質，糖，色素，カルボキシメチルセルロース	
	卵，牛乳	タンパク質，脂肪	
	バター	脂肪，塩，色素	
	チョコレート	カカオ，粉乳，砂糖，脂肪，色素	
	果物の汁	有機酸，糖，タンニン，色素	つけてすぐなら水で処理．洗剤温液か混合薬剤で洗う．
	ジュース	有機酸，糖，色素	
	ジャム	糖，ペクチン，色素，果汁，カルボキシメチルセルロース	
	コーヒー	カフェイン，タンニン，糖，色素	
	ココア	テオブロミン，脂肪，色素	
	コーラ	タンニン，糖，色素	タンニンを含んでいるものは加熱，アルカリ処理をしてはならない．新しいものは中性洗剤で古くなったらグリセリン温液でこすり水ですすいで次に 20% 酢酸処理．
	お茶	タンニン，カフェイン，色素	
生活環境のしみ	青インキ	タンニン酸，硫酸第一鉄，色素	中性洗剤→（アンモニア水→シュウ酸）をくり返す．白物は漂白．
	ボールペン	ヒマシ油，樹脂，油溶性染料	ベンジン，次にシンナー→石けんとアルコールまたは住居用洗剤で処理．
	マジックインキ	染料，合成樹脂	シンナーまたは除光液．
	油絵具	乾性油，顔料	ベンジンで処理した後アルコールで洗う．
	クレヨン	顔料，油脂	
	印刷インキ	顔料，レーキ，染料，油性ワニス	ベンジン→混合薬剤
	墨	カーボン，にかわ	ねり歯みがきをつけ小布にはさんでもむ．
	泥はね	泥・微粒子は油膜でおおわれている	乾いたらブラシで落としてから中性洗剤処理．油分が残ったらベンジン，鉄分が残ったらシュウ酸．
分泌物	襟あか	脂肪，タンパク質，ほこり	ベンジン，残ったら中性洗剤．
	血液	脂肪，タンパク質，血色素，塩	ついた直後なら水洗，中性洗剤．古いものは酵素処理．
	汗	脂肪，尿素，脂肪酸	ついた直後は水で処理．黄色くなったものは混合薬剤でその後 1% シュウ酸温液，白物は漂白．
香粧品	口紅	みつろう，ワックス，色素，ヒマシ油，香料	ベンジンで処理した後アルコール，石けんで処理．
	毛髪油	油脂，ろう，色素，香料	石油ベンジン．
	香水	香料，アルコール，保香剤（尿素）	アルコールで拭く．古くなったものはアンモニア水で，さらに洗剤温液で処理．

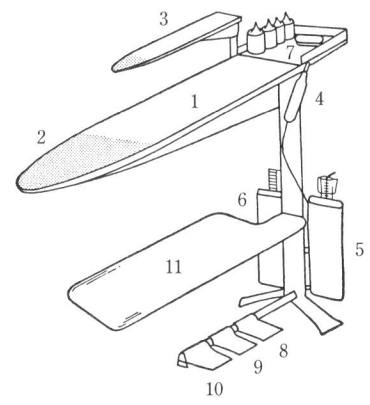

図 5.1 スチームスポッター（クリーニング綜合研究所，1984）[2]

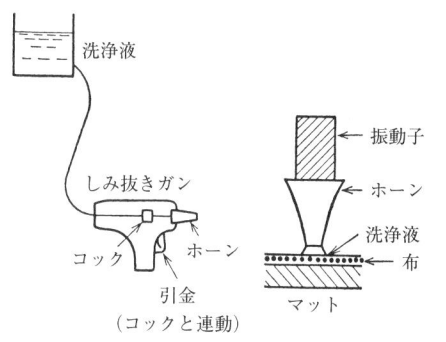

図 5.2 超音波しみ抜き器（麓，1980）[3]

しみ抜きを行ううえで注意を以下に示す．

① できるだけ早くしみ抜きをする．

② しみの種類や繊維の組成を確認する．：適切なしみ抜き剤やしみ抜き方法を選ぶために，しみの種類を見極める．しみの付着した繊維素材が何であるか，組成表示を確認する．耐薬品性，耐熱性などに注意してあらかじめ目立たない部分で予備テストをし，耐性を確認した後，使用するしみ抜き剤を決定する．

③ しみを広げない．：しみを広げないように，周囲から中央に向かってしみ抜きを進めるとよい．

④ しみをこすらない．：しみは，ブラシや綿棒などでたたき，下敷き布に吸い取らせるようにして除去する．決してこすってはいけない．こすると布を傷め，しみを広げる原因となる．

⑤ 複数のしみ抜き剤を混用しない．：2種以上のしみ抜き剤を使用する場合は，先に使用したしみ抜き剤が残らないように水によるたたき出しを十分に行う．

⑥ しみを加熱しない．：タンパク質を含むしみは高温で処理すると，変性凝固して取れにくくなるので，加熱してはいけない．

5.3 商業洗濯におけるしみ抜き

クリーニング業者に用いられているしみ抜き機械としてはスチームスポッター（図5.1），超音波しみ抜き機（図5.2）などがあり，洋服・和服を問わず広範囲な衣類のしみ抜きを行っている．スチームスポッターは主として水溶性のしみを対象に，蒸気とエアおよびバキュームを利用してしみの除去，ボカシ，乾燥などを行う装置である．超音波しみ抜き機は振動子で発生させた超音波振動をホーンに集中させて振幅を拡大し，さらにホーンの先端を衣類に含ませた洗浄液に接触することで，洗浄液にキャビティション（空洞現象）を生じさせて衣類に付着している汚れをたたき出す装置である．しみ抜き処理により生地の色が脱色したりにじんだりした場合には，友禅染における染色補正技術を応用して補筆して修正するなど，しみを目立たなくするなどの方法が行われている．

[増子富美]

6 漂白と増白

衣服は着用と洗濯を繰り返すうちに，白地や淡色部分に黄ばみや黒ずみ，しみが生じてくる．その原因は，① 洗剤で除去しきれない皮脂汚れや不溶性粒子汚れの蓄積・変質，② 食べこぼしなどによる色素成分の付着，③ 水道水に含まれる微量鉄分の沈着，④ 繊維や加工剤の変質，などである．そこで，繊維製品の白さや色合いを回復させるために，漂白や増白が行われる．

漂白は酸化剤や還元剤の化学作用によって有色物質を分解する方法であり，増白は蛍光増白剤などの染料で繊維を染めて白さを高める方法である．

6.1 漂　　白

6.1.1 漂白の原理
衣服に付着した有色物質を化学的に分解し，その色を消失させることを漂白（bleach）という．使用で損なわれた衣服の白さを回復させるほか[*1]，繊維製品の精練[*2]や染色物の染め直しの際の色抜きにも漂白が行われる．

6.1.2 漂白剤の種類と特徴
漂白剤はその化学作用によって酸化型と還元型に分類され，酸化型はその主成分によって酸素系と塩素系に分類される．日本では現在，表 6.1 に太字で示した漂白剤が家庭用に使用されている．使いやすさや環境保全の観点から，塩素系から酸素系への移行が進み，現在では約 90％ が酸素系漂白剤である．

家庭用の衣料用漂白剤の種類と特徴を表 6.2 に示す．これらは液性，漂白力，適用繊維などに違いがあり，用途に応じて使い分ける．漂白剤に含まれる成分によって，取り扱いや保管に注意を要するものがある．家庭用品品質表示法に基づく表示項目（品名，成分，液性，使用方法，使用上の注意）を確認することが必要である．

漂白剤には除菌や消臭も期待できるため，医療用の衣服や寝具など，繊維製品の用途によっては洗濯とあわせて使用される．

過炭酸ナトリウムの安定化や，漂白剤との共存が難しいとされてきた酵素の耐酸化性向上などの技術が進歩し，洗剤への漂白剤の配合が可能となり，漂白剤は洗剤配合成分としても重要である．

a. 酸素系漂白剤
酸素系漂白剤（oxygen bleaching agent）は色柄物に使用でき，適用できる繊維の種類も多いことから，家庭用の衣料用漂白剤の主流である．液

表 6.1　主な漂白剤

酸化型	酸素系	**過酸化水素** **過炭酸ナトリウム** 過ホウ酸ナトウリム 過酢酸 過マンガン酸ナトリウム
	塩素系	**次亜塩素酸ナトリウム** 次亜塩素酸カルシウム 塩素化イソシアヌル酸塩
還元型	還元系	**二酸化チオ尿素** 亜二チオン酸ナトリウム （ハイドロサルファイト） 亜硫酸

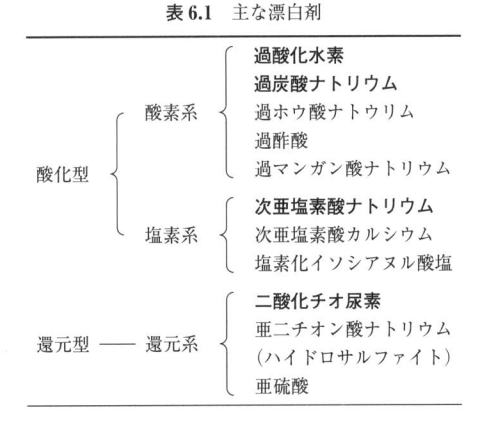

[*1] 最初の漂白は，湿った布を草の上で日光にさらす glass bleach（14世紀，オランダ）とされる．越後上布の雪晒，芭蕉布の海晒も紫外線，水分，酸素などの作用により色素を分解する天日晒である．

[*2] 繊維製品は白布として用いる場合だけでなく，染色する場合も，鮮明な色を出すために生地をより白くする．繊維に含まれる有色の不純物を洗剤などで除去し，さらに白さを高めるために漂白処理が行われる．

表 6.2 家庭用漂白剤の種類と特徴

種類		主成分	形状	液性	おもな特徴
酸化型	酸素系	過酸化水素 H_2O_2	液体	酸性〜弱酸性	・漂白力はおだやか ・タンパク質繊維にも使用できる ・色柄物に使用できる
		過炭酸ナトリウム $2Na_2CO_3 \cdot 3H_2O_2$	粉末	弱アルカリ性	・漂白力はおだやか ・綿,麻,化学繊維用 ・タンパク質繊維に使用できない ・色柄物に使用できる
	塩素系	次亜塩素酸ナトリウム NaClO	液体	アルカリ性	・漂白力,除菌力が強い ・綿,麻,ポリエステル,アクリル用 ・タンパク質繊維,ナイロン,ポリウレタン,レーヨン,アセテートに使用できない ・色柄物に使用できない
還元型		二酸化チオ尿素 NH_2NHCSO_2H	粉末	弱アルカリ性	・漂白力はおだやか ・すべての繊維に使用できる ・色柄物に使用できない ・空気酸化により復色しやすい

体タイプは過酸化水素,粉末タイプは過炭酸ナトリウムや過ホウ酸ナトリウムが主成分である.

（1） 過酸化水素（hydrogen peroxide, H_2O_2）
過酸化水素を主成分とする衣料用漂白剤は1990年代に導入された.家庭用漂白剤の過酸化水素濃度は 2〜5%[*3],工業用のものは 30〜35% である.家庭用漂白剤は,保管に伴う過酸化水素の分解を抑制するために pH 2〜6 の酸性〜弱酸性に調整されている.主成分のほかに界面活性剤や漂白活性化剤,金属捕捉剤が配合され,多様化するしみ汚れに対応できるように組成が改良されている.

過酸化水素（H_2O_2）は HOO^-（パーヒドロキシルイオン）を経て $HOO\cdot$（ヒドロキシラジカル）を生成し,これが漂白作用を示すと考えられている.

$H_2O_2 \leftrightarrow HOO^- + H^+$
　　（水中の平衡状態）
$HOO^- + H_2O_2 \rightarrow$
　　$HOO\cdot + HO\cdot + OH^-$
$HO\cdot + H_2O_2 \rightarrow HOO\cdot + H_2O$

過酸化水素はアルカリ条件で高い漂白作用を示すことから（図6.1）,弱アルカリ性洗剤との併用が効果的である.熱や光は過酸化水素の酸化作用を促進し,鉄や銅などの金属は触媒として酸化作用を加速するので,適正な処理条件で使用することが重要である.

過酸化水素は酸化作用が穏やかで,白物と色柄物を分けずに漂白できる[*4].水溶液が酸性であることから,綿・麻・ポリエステルのほか,毛・絹などのタンパク質繊維にも広く使用される.

漂白剤を溶かす手間がなく,汚れに直接塗布することができ,つけ置きは30分〜2時間とされ

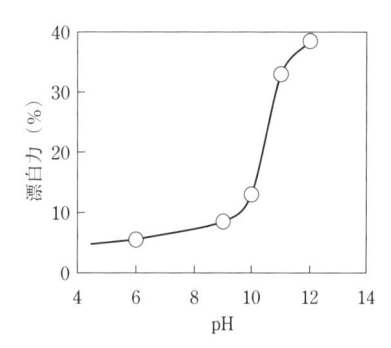

図 6.1 過酸化水素の漂白力と pH（紅茶汚染布,40℃,浸漬 1 時間）（美濃,1990）[1]

[*3] 皮膚消毒用に 3% 水溶液（オキシドール）が使用されていたが,皮膚を傷めるという理由から使用されなくなった.
[*4] 色柄物については,目立たない部分に漂白剤の原液をしみこませ,すぐに洗剤液を付けて 5 分程度で変色するものや,白布を当て,たたいて色が移るものは,使用を避けるよう,注意書きがある.

る．繊維の種類や色柄によらず，まとめて漂白できることから，衣料用漂白剤の主流になっている．黄ばみ・黒ずみの防止，衣料の除菌・除臭，洗剤の洗浄効果を高めるなどのために，毎回の洗濯で洗剤と一緒に使うこともできる．超コンパクト液体洗剤（弱酸性）にも配合されている．

(2) **過炭酸ナトリウム**（sodium percarbonate, $2Na_2CO_3 \cdot 3H_2O_2$） 過炭酸ナトリウムは1980年代に導入され，液体タイプの酸素系漂白剤が出回るまでの10年以上，家庭用漂白剤の主流を占め，現在も粉末洗剤配合用として使用されている．

過炭酸ナトリウムは水に溶けて過酸化水素と炭酸ナトリウムに解離する．炭酸ナトリウムがアルカリ剤としてpHを高めて，過酸化水素が良好な漂白作用を示す．低温でも水溶性がよく，常温水の洗濯条件に適しており，日本で使用が広がった．40℃以上の温水で漂白効果が高い（図6.2）．

酸素系漂白剤に共通する性質として色柄物にも使用できる[*5]が，水溶液が弱アルカリ性であるため，毛や絹への使用は適さない．家庭用の粉末タイプは過炭酸ナトリウム40～90％に界面活性剤，アルカリ剤（炭酸塩），漂白活性化剤，水軟化剤，安定化剤，酵素などが添加されている．

粉末洗剤には5～30％程度配合されている．過炭酸ナトリウム粒子の表面をコーティングして洗剤中で安定に保つ技術が開発され，洗剤への配合が実用化された（図6.3）．

(3) **過ホウ酸ナトリウム**（sodium perborate, $NaBO_3$） 過ホウ酸ナトリウムも粉末の酸素系漂白剤である[*6]．水に溶けて過酸化水素を放出し，水溶液はpH 10程度の弱アルカリ性を呈する．

$$4NaBO_3 + 5H_2O \rightarrow 4H_2O_2 + Na_2B_4O_7 + 2NaOH$$

過ホウ酸ナトリウムは水温65℃以上で高い漂白効果を示すため，高温水で洗濯する習慣のあるヨーロッパで早くから汎用されてきた．高温洗濯用の洗剤に配合されることが多い．

b. 塩素系漂白剤

(1) **次亜塩素酸ナトリウム**（sodium hypochlorite, NaClO） 日本で家庭用漂白剤が汎用されるようになった1970年代から長く使用されている．衣料用・台所用として有効塩素[*7] 5～6％の水溶液が市販されており，近年はかび取り剤，トイレ用洗浄剤，排水パイプ洗浄剤にも使用される．次亜塩素酸ナトリウムはアルカリ条件で安定化することから，水酸化ナトリウムを加えてpH 11～12.5に調整されている．

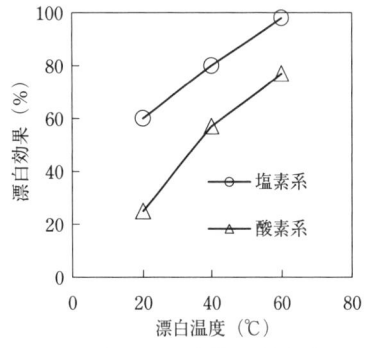

図6.2 漂白温度と漂白効果（塩素系1％，酸素系0.5％，浸漬30分）（向山，2007を一部改変）[2]

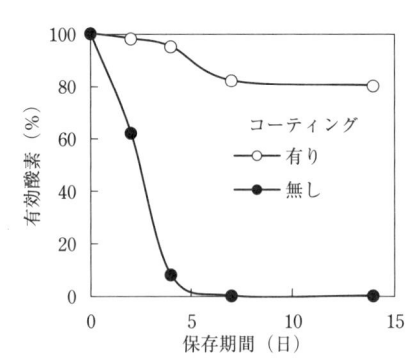

図6.3 過炭酸ナトリウムの洗剤中の安定性に及ぼすコーティングの効果（向山，2007を一部改変）[2]

[*5] 色柄物には，温水にしみ抜き濃度の5倍を溶かして，目立たないところにつけ，5分程度で変色するものは使用を避けるのがよいとされる．
　しみ抜きは5g/水1Lで30分～2時間，洗剤併用では5g/水30L（ドラム式洗濯機では衣料4kgに10g）が目安とされている．
[*6] 過酸化水素，水酸化ナトリウム，ホウ砂の反応で得られる白色結晶である．四水塩（$NaBO_3 \cdot 4H_2O$）と一水塩（$NaBO_3 \cdot H_2O$）があり，溶解性のよい一水塩の使用が多い．

次亜塩素酸ナトリウムは水で希釈すると，亜塩素酸（HClO）を生成し，それが漂白作用を示すと考えられている．

$$Na^+ + ClO^- + H_2O \rightarrow HClO + Na^+ + OH^-$$

次亜塩素酸ナトリウムはきわめて高い漂白力を有するが（図6.4），色柄物を脱色させるため，綿・麻・ポリエステルなどの白物に使用が限定される．タンパク質繊維・ナイロン・ポリウレタンなどの窒素を含む繊維や尿素を含む樹脂加工布に対しては，黄色のクロルアミン（−NCl−）を生成して白物を黄変させる．

$$R_1NHR_2 + NaClO \rightarrow R_1NClR_2 + NaOH$$

アルカリに弱いアセテートにも使用できない．繊維に対する酸化力も強いので，表示に従って，漂白剤濃度，水温，処理時間などの条件を適切に設定し，使用する．

次亜塩素酸ナトリウムと過酸化水素を混合すると酸素ガスを発生し，両者の漂白力が失われるため，塩素系と酸素系は混合使用できない．

$$NaClO + H_2O_2 \rightarrow NaCl + H_2O + O_2$$

次亜塩素酸ナトリウムはpH 5以下の酸性条件で分解し，塩素ガスを発生する．酸性の洗浄剤等との混合を禁止する「まぜるな危険」表示が1990年に義務づけられ，取り扱い上の注意事項を絵柄で表示する取り組みも2011年に始まっている．

$$HClO + HCl \rightarrow Cl_2 + H_2O$$

アルカリ条件でも長期間や高温の保管によって分解が進行し，有効塩素が減少する．冷暗所に保管して，なるべく早く使い切ることが望ましい．

c. 還元型漂白剤

還元型漂白剤（reduction bleaching agent）は鉄さびや赤土による衣類の黄ばみ，塩素系漂白剤で黄変した樹脂加工布の白さの回復等に使用される[*8]．酸化型漂白剤と比較して作用が穏やかで，毛・絹・アセテートなどすべての繊維に使用できる．染料を脱色するので色柄物には使用できない．二酸化チオ尿素，ハイドロサルファイトなどがある．家庭用漂白剤には二酸化チオ尿素が使用され，アルカリ剤（炭酸塩），金属封鎖剤，安定化剤，蛍光増白剤が配合されている．

（1）二酸化チオ尿素（NH_2CNHSO_2H） 二酸化チオ尿素は水中で熱やアルカリによってスルホキシル酸（H_2SO_2）を遊離し，これが水素を放出して漂白作用を示すと考えられている．温水（40〜50℃）の使用が効果的である．

$$NH_2CNHSO_2H + H_2O \rightarrow NH_2CNH_2O + H_2SO_2$$

$$H_2SO_2 + 2H_2O \rightarrow H_2SO_4 + 4H^+ + 4e^-$$

鉄さびは酸で溶かして除去することもできるが，還元型漂白剤を使用すれば，弱アルカリ性〜中性で分解除去できる．

（2）ハイドロサルファイト（hydrosulfite, $Na_2S_2O_4$） 強力な還元作用[*9]をもつ代表的な漂白剤である．湿った空気中では分解が早く，水溶液も不安定で家庭用としては使いにくい．酸性条件では分解が促進され，pHが高いと安定化して漂白に長時間または高温度を必要とする．一般

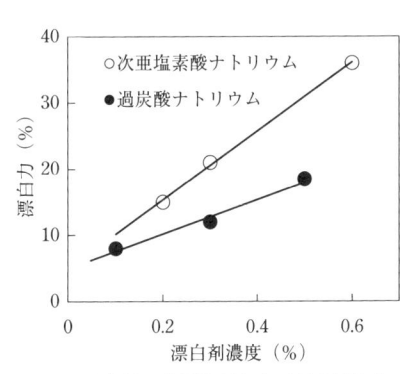

図6.4 漂白剤の種類と漂白力（紅茶汚染布，40℃，浸漬30分）（美濃，1990）[1]

[*7] 次亜塩素酸ナトリウムの漂白力は含有する塩素量によって決まり，これを有効塩素濃度という．次亜塩素酸カルシウム，塩素化イソシアヌル酸塩も水中で次亜塩素酸を生成し，漂白作用を示すと考えられる．

[*8] R_1NHR_2 + 塩素系漂白剤 → R_1NClR_2 + 還元型漂白剤 → R_1NHR_2
　　アミン　　　　　　　　　　クロルアミン（黄変）　　　　　　　アミン（黄変からの回復）

[*9] 藍染め用の還元剤としても使用される．

的には弱酸性〜弱アルカリ性で使用する．

6.1.3 漂白の適正化
a. 漂白活性化剤

粉末の酸素系漂白剤は温水で良好な漂白効果を示すが，常温の水道水で使用する場合，たとえば日本では夏に20〜30℃，冬には10℃以下になり，低温では十分な漂白力が得られない．これを改良するために**漂白活性化剤**（bleach activator）が開発された．

漂白活性化剤自体は漂白作用をもたないが，過炭酸ナトリウムなどと併用すると，過酸化水素から発生するHOO^-（パーヒドロキシルイオン）と漂白活性剤[*10]が反応して，酸化力の高い有機過酸（$R-COOOH$）が生成する．

$$R-\overset{O}{\underset{\|}{C}}-L + HOO^- \rightarrow R-\overset{O}{\underset{\|}{C}}-L \rightarrow$$
$$\overset{|}{OOH}$$

$$R-\overset{O}{\underset{\|}{C}}-OOH + L^-$$

代表的な漂白活性化剤の構造と効果を表6.3，図6.5に示す．テトラアセチルエチレンジアミン（TAED）は1分子から複数の有機過酸を生成するが，汚れへの吸着性が小さい．デカノイルオキシ安息香酸（DOBA）は，炭素数10のアルキル基を有する有機過酸を生成し，汚れや繊維への吸着性が高いことから，TAEDよりも高い漂白効果が得られる．DOBAは界面活性剤に似た構造を有するといえる．

b. 漂白による繊維の損傷

漂白条件が過剰であると，強い酸化作用によって繊維高分子の重合度が低下し，繊維の強度が低下する（図6.6，図6.7）．漂白剤濃度や水温が高く，処理時間が長いほど漂白効果は高いが，繊維の脆化を防ぐためには，適切な条件で漂白する必要がある．

漂白は化学反応であり，金属や紫外線が触媒として働くと，繊維の劣化を促進する．金属製の付属品（ファスナー，ボタンなど），含金属染料で染色した布，汗で装身具から溶け出した金属が付着したTシャツなどの場合，金属イオンが，繊維の劣化や染料の変退色を引きおこす（図6.8）．

表6.3 代表的な漂白活性化剤

テトラアセチルエチレンジアミン（TAED）	デカノイルオキシ安息香酸（DOBA）
$H_3C-\underset{\|}{\underset{O}{C}}\diagdown_{N-CH_2CH_2-N}\diagup\underset{\|}{\underset{O}{C}}-CH_3$ ...	$C_9H_{19}-\underset{\|}{\underset{O}{C}}-O-\bigcirc-COOH$

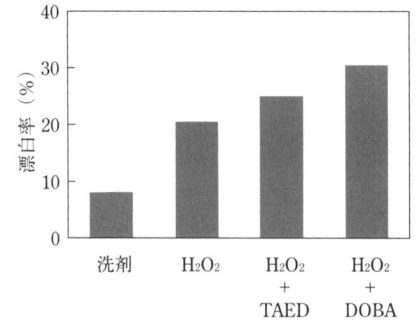

図6.5 漂白活性化剤の効果（向山，2007を一部改変）[2)]

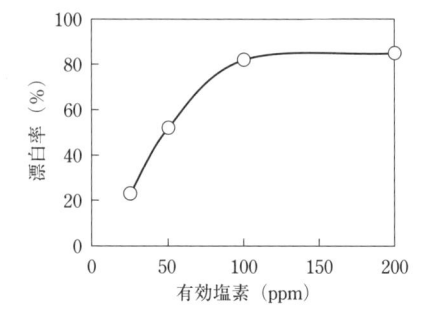

図6.6 紅茶汚染布の漂白に及ぼす次亜塩素酸ナトリウム濃度の影響（McClain, 1974）[3)]

[*10] 漂白活性化剤の化学構造は$R-CO-L$，Rはアルキル基，Lは脱離基である．

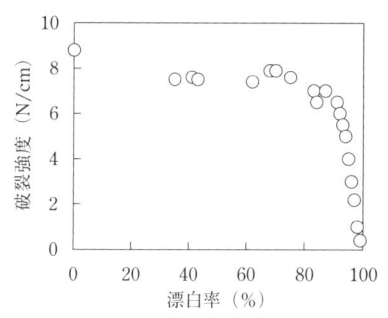

図 6.7 漂白率と布の破裂強度（倉田ほか，1980を一部改変）[4]

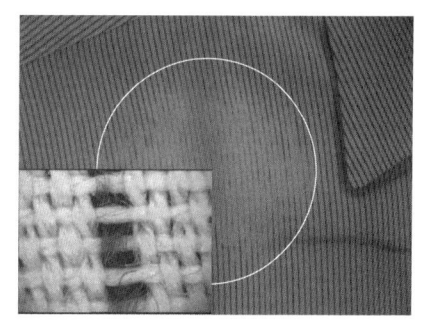

図 6.8 含金属染色綿布の漂白による損傷（縞の濃色部分の繊維が劣化消失，白色の円内）（クリーニング綜合研究所，2008）[5]

表 6.4 ふきんの洗浄条件と付着細菌数（美濃，1990）[1]

洗浄条件	洗浄前の細菌数	洗浄後の細菌数	除菌率（％）
水　洗　い	550,000	93,000	83
中　性　洗　剤	2,000,000	51,000	97.4
中性洗剤＋塩素系漂白剤	840,000	200	99.97

金属の悪影響を防止するために，漂白剤には金属捕捉剤が添加されることがある．

c. 漂白剤の除菌効果

漂白剤には除菌効果や消臭効果がある．その一例を表 6.4 に示す．

6.2　蛍　光　増　白

多くの白い繊維製品は，輝くような白さを付与するために**蛍光増白**（fluorescent whitening）処理されているが，蛍光増白剤の洗濯による脱着や外干しによる退色によって，蛍光増白効果が徐々に失われて白度低下が生じる．これを補うために，洗剤には蛍光増白剤が配合され，洗濯時に衣料を蛍光増白処理している．

6.2.1　増白の原理

増白は，漂白だけではやや黄色味を帯びている白布を染料で染めて白く見せる物理的方法である（図6.9）．

物体に当たった可視光（380～780 nm）がすべて反射された場合，その物体は白に見える．精練漂白した布は青色光（380～500 nm）の吸収が他の波長よりも多いため，青色光の反射が不足して生成色(きなり)にみえる．

増白法の1つに，青色染料でごく淡く染めて白く感じさせる**青味付け**（blueing）がある．青色染料が黄～赤の光（500～780 nm）を吸収して布の黄色味を消す．全体に反射光が減少するため，得られる白さは明度に欠け暗く感じられる．

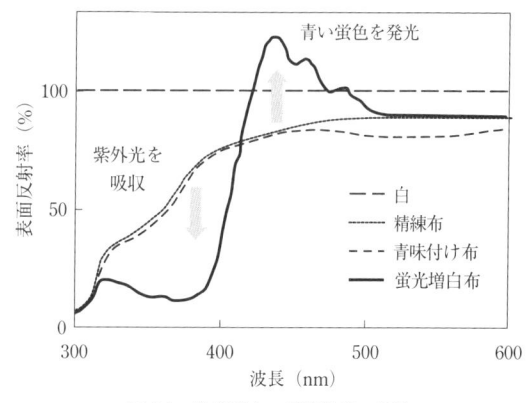

図 6.9 蛍光増白，青味付けの原理

蛍光増白剤は紫外光（300～400 nm）を吸収し，青色光に変換して放出する．放出される光を蛍光といい，青色の蛍光が加わることで白く見える．布に照射される光に紫外光が含まれない場合，蛍光増白効果は得られない．

蛍光増白剤は染料の一種であるが，有色染料とは異なり，繊維重量に対して0.1～0.5％程度の希薄な濃度で用いる．適量を超えると蛍光が減少し（濃度消光という），蛍光増白剤の色が現れて淡黄色に染まり，白さが低下する（図6.10）．

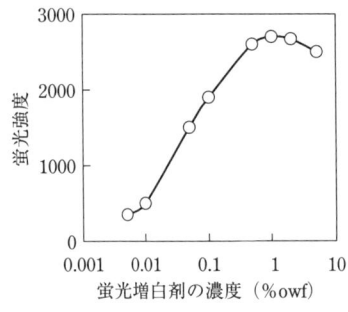

図 6.10 蛍光増白布の蛍光強度（駒城, 1988 を一部改変）[6]

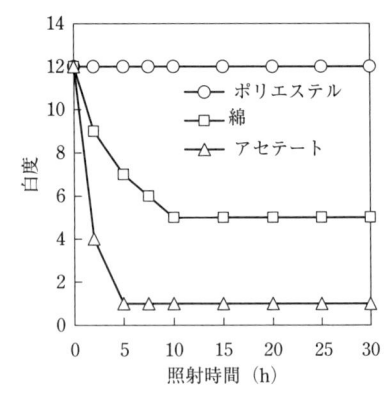

図 6.11 蛍光増白布の光による白度変化（カーボンアーク光を照射. 布の白度はチバガイギ社のホワイトスケールで評価）

蛍光増白と青味付けの両方を施すと，高い白度が得られる．

6.2.2 蛍光増白剤の種類

蛍光増白剤は 1945 年以降に多く開発され，繊維製品，洗剤，紙，プラスチックに利用されている[*11]．蛍光増白剤の出現によって白に対する概念が変わったといわれ，漂白処理のみの布を白と認める割合は 30% 前後という報告がある[7]．繊維の種類によって化学構造の異なる蛍光増白剤が使用されている（表 6.5）．

セルロース繊維にはジアミノスチルベン系の直接染料タイプが使用され，蛍光が強く染着性に優れることから，洗剤や糊料にも添加される．水に溶けやすく洗濯で脱着するが，白さの減少はわずかである[8]．耐光堅ろう性が低く，戸外の紫外光が強い条件では白度の低下が大きい（図 6.11）．洗剤には 0.2% 程度配合されており，その 50% 前後がセルロース系繊維の洗濯物に染着する[9]．直接染料タイプのビフェニル系は低い水温での染着性がよく，洗剤配合用に使われていたが，環境負荷の観点から使用が減っている．

ポリエステル用のオキサゾール系は耐光性に優れる．塩基性染料タイプのクマリン系のように耐光性が低く，光照射により著しく黄変するものもある（図 6.11）．

表 6.5 代表的な蛍光増白剤

適用繊維	染料部属	化学構造
セルロース繊維（綿，麻など）	直接染料タイプ ジアミノスチルベン系	(X-C=N-C-NH-phenyl-CH=CH-phenyl-NH-C=N-C-X, SO₃Na, Y) X:-N○O Y:-NH-phenyl
ポリアミド繊維（毛，絹など）	酸性染料タイプ ピラゾリン系	SO₃Na-phenyl-N-N=C-phenyl-Cl, CH=C-phenyl
合成繊維（ポリエステルなど）	分散染料タイプ オキサゾール系	CH₃-benzoxazole-C-CH=CH-C-benzoxazole-CH₃

[*11] 蛍光増白の効果は「けい光増白度スケール」で判定できるが，JIS L 0807 は 1994 年に廃止されている．

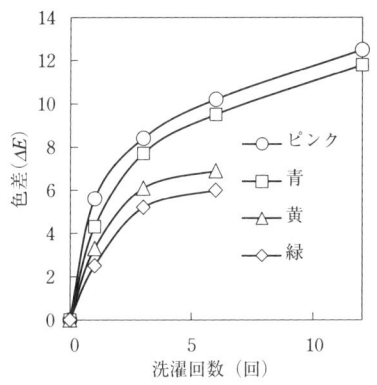

図 6.12 蛍光増白剤配合洗剤による淡色綿布の色調変化（高橋ほか，1986を一部改変）[10]

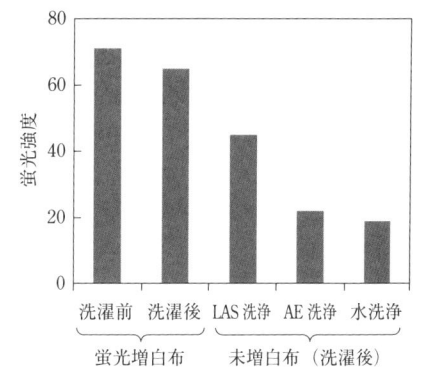

図 6.13 衣料品の洗濯における蛍光増白剤の移染（斎藤，1994）[13]

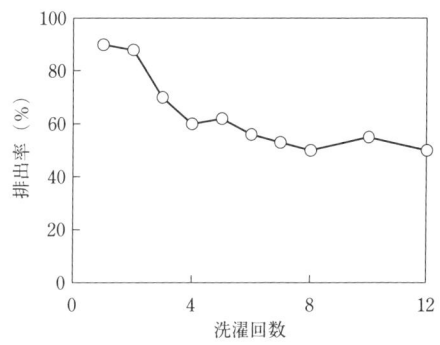

図 6.14 衣料品の洗濯における蛍光増白剤の排出率の変化（駒城，1988）[6]

6.2.3 蛍光増白剤による淡色布の色調変化

洗剤に配合された蛍光増白剤は衣料を変色させることがある．綿や麻の淡色の製品で，製造工程で蛍光増白処理されていないものに変色を生じさせる．

蛍光増白剤が配合された洗剤で洗濯すると，生成色が白くなり，パステルカラーの色調が変化する．ピンクや青で変色が大きい（図 6.12）．蛍光増白剤配合洗剤をしみ抜きや塗布洗濯に使用すると，蛍光増白剤が高濃度で触れた部分がまだら状に変色する[*12]．

蛍光増白剤を配合しない洗剤で洗った場合も，蛍光増白布と未増白布を一緒に洗濯すると，増白布から脱着した蛍光増白剤が未増白布に**移染**（migration）して白く変色する．（図 6.13）．濃色の衣料やポリエステル製品では変色は生じない．このため，部分洗い用洗剤には蛍光増白剤は配合されていない．

6.2.4 蛍光増白剤の環境における挙動

洗濯用洗剤に配合された蛍光増白剤の約50％は洗濯物に染着せずに，排水とともに下水道や環境水中に移行する．また，新しい繊維製品は高濃度に増白されているため，洗濯初期における蛍光増白剤の脱着が著しいが，排出率は数回の洗濯でほぼ定常になる（図 6.14）．河川に流入した場合，土壌や藻類への吸着や光分解などによってその2/3程度が消失する[11]．蛍光増白剤は環境水中で紫外光によって光分解され，光分解生成物は生分解される[12]．

東京近郊における調査では，河川水中に0.3〜8 μg/L，下水中に8〜38 μg/Lが検出されている[14]．東京湾の海底土壌への蓄積も確認されている[15]．

蛍光増白剤は，OECDの報告などでは発がん性はないとされている．医療用のガーゼや包帯は，リサイクルした繊維が混入することを防ぐために，蛍光を認めないことが定められている．

[生野晴美]

[*12] 液体洗剤を部分的に衣料に直接塗布したり，粉末洗剤を生成色の衣料に振りかけて放置したり，つけ置きした場合に変色が大きい．

7 仕上げ

衣類は着用・洗濯によりしわや型くずれが生じ，形態や外観，感触に変化が生じる．このような変形を回復させるため家庭では柔軟仕上げや糊つけ，アイロン仕上げなどの仕上げが行われる．

7.1 柔軟仕上げ

衣類は，初めは柔らかく着心地もよいが，洗濯・着用を繰り返すことにより，徐々に硬くなり，着心地が悪くなる．これは，工業用柔軟仕上げ剤などで処理されていた新品の繊維製品が洗濯などを繰り返すうちに離脱し，繊維自身の脆化，縮みなどが進むことが原因である．そこで，洗濯後の衣類を柔らかく仕上げ，静電気の発生を防止する目的で柔軟仕上げ剤が使用される．

7.1.1 柔軟仕上げ剤の種類

柔軟仕上げ剤（fabric softener）としては，繊維の製造・加工工程で用いられている工業用の柔軟仕上げ剤と衣類の洗濯後に使用する家庭用柔軟仕上げ剤とがある．家庭用柔軟仕上げ剤の主成分は繊維の吸着性に優れている**陽イオン界面活性剤**（cationic surfactant）が主として使用されている．柔軟仕上げ剤に用いられる代表的な陽イオン界面活性剤は図7.1に示す通りで，疎水基の炭素数が16〜18の2本の炭化水素基を有する第4級アンモニウム塩またはアミン塩である．以前は，塩化ジアルキルジメチルアンモニウム（DAC）がよく用いられていたが，最近は，生分解性が良好な分子中にエステル結合を有するトリエタノールアミン由来のエステル型陽イオン界面活性剤（TEQ）が最も多く使用されている．

家庭用柔軟仕上げ剤は液体タイプのリンスリサ

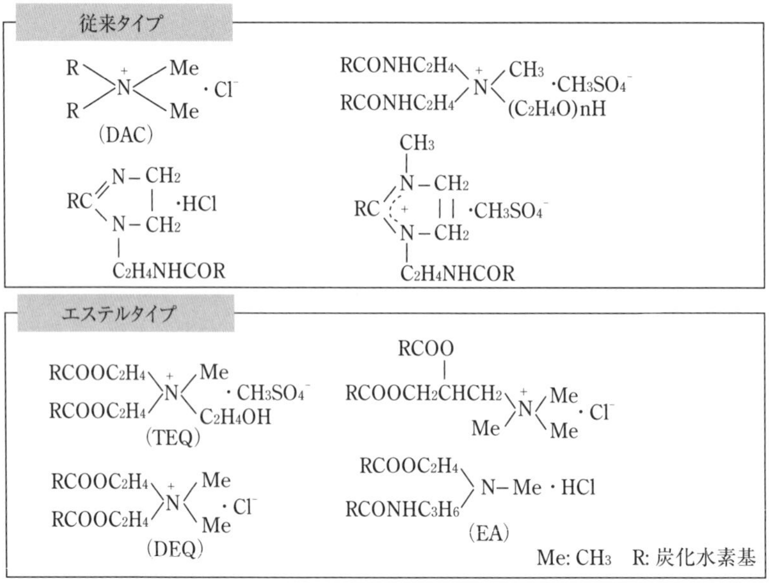

図7.1 柔軟仕上げ剤に用いられる代表的な陽イオン界面活性剤
DEQ：メチルジエタノールアミン由来のエステル型陽イオン界面活性剤，EA：エステルアミドアミン塩型陽イオン界面活性剤．

イクル用とシートタイプのドライサイクル用の2種類に大別される．リンスリサイクル用は古くから普及している柔軟仕上げ剤であり，洗濯の最後のすすぎで使用される液体タイプのものである．ドライサイクル用は不織布に柔軟成分を含浸させたシートタイプのもので，ドラム式衣料用乾燥機で衣料を乾燥させる場合に使用する．ドラムの回転・加熱により不織布から柔軟剤の成分が溶け出し，衣類に均一に付着させ，衣類を柔らかく仕上げるだけでなく，衣類どうしの摩擦により生じる静電気による障害を防ぐために使用される．

7.1.2 柔軟仕上げの原理

柔軟仕上げ剤として用いられている陽イオン界面活性剤は，図7.2に示すように，プラスの電荷をもち，水中で界面活性剤分子が向かい合った2分子膜が幾組にも重なった球状の会合体であるベシクルを形成し，分散している．このベシクルがすすぎの最後に添加されると繊維表面に規則正しく吸着し，平滑性と潤滑性を向上させ，繊維間の摩擦抵抗を減らすので，乾燥後の衣類に柔らかな感触が付与される．

7.1.3 柔軟仕上げの効果・方法

陽イオン界面活性剤を主成分とする柔軟仕上げ剤と陰イオン界面活性剤を主成分とする洗剤を一緒に使用すると効果が低下するので，すすぎの最後に使用する．柔軟仕上げ剤の使用量の増加に伴い柔軟性は向上するが（図7.3），ある量を超えると性能は変化しない．付着量が多すぎると，吸水性が低下することもあるので，注意を要する．

液体タイプの柔軟仕上げ剤は，標準型と濃縮型とあるが，日本では濃縮型が主流となっている．すすぎ時には水道水を使い，使用量は洗濯機の大きさ，洗濯物の量，水量で決まる．シートタイプの柔軟仕上げ剤は，ドラム式乾燥機専用のもので，乾燥時に衣類と一緒にシートを1枚投入して使用する．

7.1.4 最近の柔軟仕上げ剤

a. 洗濯じわ軽減柔軟仕上げ剤

洗濯の際，衣類は洗濯機の機械力により損傷を受け，また，脱水機の遠心力によりしわが形成される．2000年頃より洗濯後の仕上がりに洗濯しわや型くずれが少なく，アイロン掛けの手間を省いた柔軟仕上げ剤が登場している．陽イオン界面活性剤にシリコーン（**ポリエーテル変性シリコーン**）を併用している場合が多い．繊維へのシリコーンの吸着により繊維間の滑り性が大幅に向上し，その結果，洗濯中の衣類の絡まりが少なく，洗濯終了後の取り出しもスムーズになる．さらに，吊干し乾燥中に衣類の自重によりたて糸とよこ糸のずれを矯正するので，衣類の型崩れや洗たくしわを防止するというものである（図7.4）．ま

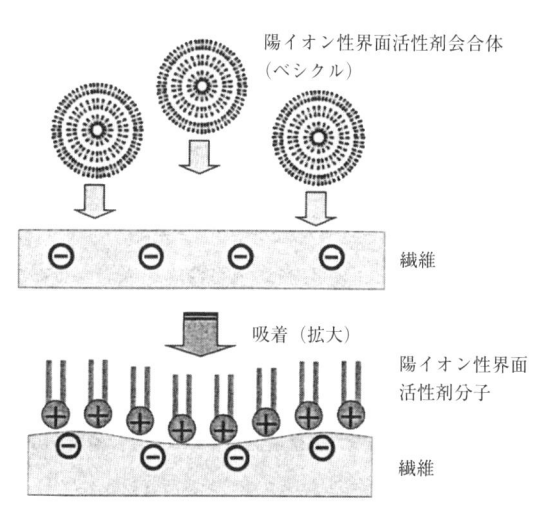

図7.2 陽イオン界面活性剤の繊維への吸着のモデル図（宮坂, 2011）[1]

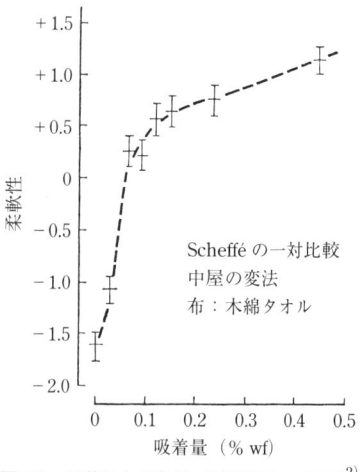

図7.3 吸着量と柔軟性（峰岸ほか, 1977）[2]

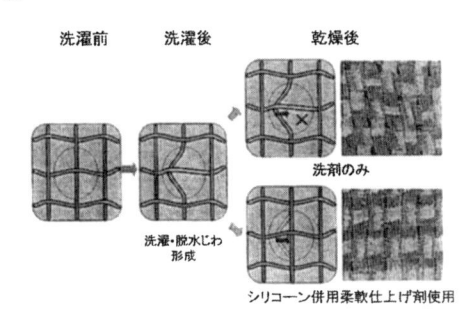

図7.4 洗たくじわ軽減のメカニズム（向山ほか，2003）[3]

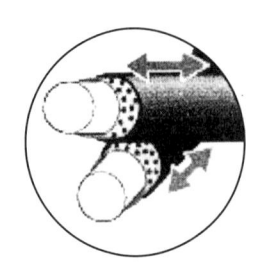

図7.5 繊維表面のモデル図（石川ほか，2005）[4]

た，洗濯じわの原因を，機械力により生じる折れしわと乾燥収縮による凹凸しわに分け，折れしわを除去するために，繊維に単繊維強化成分（ポリエチレングリコール系ポリマー）でハリを与え強化し，凹凸しわを除去するために潤滑成分（アミノ変性シリコーン）により糸間の滑りを改善し，洗たくじわを軽減するものもある（図7.5）．

着衣じわの軽減には，潤滑性の高いポリエーテル変性シリコーンとナノオーダーのシリカ粒子を併用したスプレータイプのものが市販されている．シリコーンの潤滑性で着用しわを取り，シリカ粒子で形状を整えるもので，ワイシャツのシームパッカリングの修復に効果があることが知られている．

この他に，種々の菌，特に黄色ブドウ球菌に対して高い抗菌性を示す陽イオン界面活性剤を主体とした柔軟仕上げ剤，静電気発生を抑制することにより花粉の付着防止，さらに花粉をすべり落ちやすくし，花粉の室内への持ち込みを減らす花粉付着抑制を主体とした柔軟仕上げ剤などが注目されている．

7.2 糊つけ

糊つけ（sizing または starching）は布に適度の硬さや腰，はりを与え，形を整えるために行う．同時に，毛羽立ちを抑え表面を平滑にし，布に光沢を与え，風合いを向上させる．

7.2.1 糊の種類

洗濯糊としては，①適度な粘性がある，②水に溶解する，③腐敗しない，④色，臭い，毒性がない，⑤扱いやすい，⑥安価であるなどの条件を満たしていることが望まれ，表7.1に示すような糊剤が用いられてきた．家庭用としては，ポリ酢酸ビニル（PVAc）が最もよく用いられる．PVAcは水に分散しやすく，高濃度で粘度が低く，衣類に浸透しやすいという特徴を有している．

7.2.2 糊つけの方法・効果

糊つけの方法は，浸漬法，刷毛引き法，スプレー法がある．家庭用では，液体タイプの糊剤は洗濯機を用い，浸漬使用する際に用いられる．スプ

表7.1 糊剤の種類

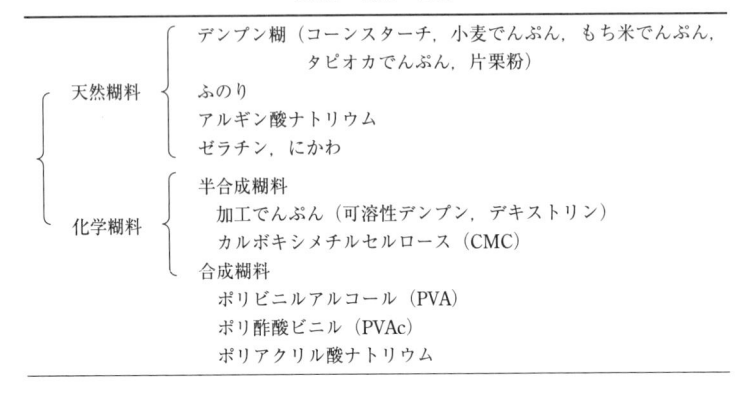

天然糊料	デンプン糊（コーンスターチ，小麦でんぷん，もち米でんぷん，タピオカでんぷん，片栗粉）	
	ふのり	
	アルギン酸ナトリウム	
	ゼラチン，にかわ	
化学糊料	半合成糊料	
	加工でんぷん（可溶性デンプン，デキストリン）	
	カルボキシメチルセルロース（CMC）	
	合成糊料	
	ポリビニルアルコール（PVA）	
	ポリ酢酸ビニル（PVAc）	
	ポリアクリル酸ナトリウム	

レータイプの糊剤は噴霧後，ただちにアイロンをかける場合が多く，成分として耐熱性ポリマーやシリコンなどが配合されている．アイロンすべりがよく，熱により着色しない，などの工夫がされている．

糊つけは布に適度の硬さを与える．同時にコシやハリを与え，毛羽立ちを押さえ，表面を平滑にし，形を整える．糊づけした繊維の硬さは同じ付着量でも糊剤の種類により異なり，カルボキシメチルセルロース（CMC）は硬い仕上げとなり，PVAcは中程度，でんぷんなどは柔らかい仕上げとなる．また，糊つけにより布の表面が平滑になり，粒子汚れがつきにくくなる効果，洗濯時の汚れの洗浄性を高める効果などが認められている．

7.3 アイロン仕上げ

アイロン仕上げ（ironing）は，繊維の熱可塑性を利用して熱・水分・圧力などの総合的な効果によりしわをのばしたり，折り目や丸味をつけて外観をよくしたりして型を整えるために行う仕上げである．形態安定加工を施した衣料品が出回り，以前に比較すると，アイロン仕上げの必要性は低くなっているが，衣料品の種類によってはアイロン仕上げが必要な場合もある．

7.3.1 アイロン仕上げ効果に及ぼす要因

アイロン仕上げ効果は温度・水分・圧力に左右される．

a. 温 度

温度は高いほどアイロン仕上げ効果は上がる．しかし，繊維には各々固有のガラス転移温度や軟化・溶融温度があり，ある温度以上では黄変，収縮，硬化，溶融などの変形が起こり問題となる．繊維に対するアイロンの適正温度は，JIS L 0217により決められている．アイロンがけを行う場合は，取扱い絵表示などを確認し，適正な温度で行う．

b. 水 分

水分は，綿・麻・レーヨン，毛などの親水性繊維の仕上げには不可欠である．すなわち，水分は繊維に浸透し繊維分子間の水素結合を切って繊維分子と水和し，繊維に熱可塑性を与える効果がある．霧吹きを使って湿気を与えるか，スチームアイロンで湿気を与えて仕上げを行う．

c. 圧 力

圧力は高いほど効果も大きい．一般的な家庭用アイロンは軽量化が進み，重量1〜2kgのものが主流である．アイロン仕上げは圧力よりも熱や水分の効果が大きい．

7.3.2 アイロンの種類

家庭用アイロンはドライアイロン，スチームアイロンなどがあるが，ドライとスチームは兼用がほとんどである．また，コードリール式からコードレスアイロンへの変化が急速にすすみ，ほとんどのアイロンにマイコン制御などの機能が付与され，改良が進んでいる．アイロンがけは従来，前向きに力を加え，バックするときは力を抜くとされていたが，アイロン底面の改良により前後に自由に動かすことを可能とし，アイロンがけ時間を短縮させたアイロンも登場している．［増子富美］

8 被服の保管

　衣類は着用のほか，洗濯などの取り扱いによっても損傷を受けるが，保管中にもかびや虫害などによる被害を受け，さらに湿気や酸素により損傷劣化を起こしやすい．特に，わが国では四季がはっきりしており，衣類は季節により取り替えるのが一般的である．保管中に生じる被害を防ぐために合理的に管理することが必要である．

8.1 保管中の損傷

8.1.1 虫害と防虫法
a. 虫害
　衣類は保管中に虫害を受けることがある．主として毛や毛皮を食害するが，絹も被害を受けることがある．わが国に多い害虫はイガ，コイガ，ヒメマルカツオブシムシ，ヒメカツオブシムシである．ヒメマルカツオブシムシは毛織物，毛皮などを食害し，ヒメカツオブシムシは絹を，コイガは毛皮を多く食害する．図8.1に代表的な害虫，図8.2に代表的な害虫の生態を示した．虫害は環境の温度，湿度に大きく影響され，図8.3に示すように，最も害の多いのは，温度25〜30℃，関係湿度（ある気温下において大気中の水蒸気量をその気温の飽和水蒸気量で割った値）75%の状態のときであるといわれている．3〜11月が幼虫の活動期で，高温多湿の6〜8月が最盛期であるが，気密性の高い住環境が整っている現在では，冬季でも食害を受けることがある．暗い場所に保存されている衣類に集まって，汚れている場所，折り目に集まって食害する．

b. 虫害の防止
　虫害を防ぐには，洗濯をし，汚れを落としてから収納することが望ましいが，虫の活動を抑えるために，防虫剤の使用が効果的である．また，虫に対して毒性をもつ不揮発性の防虫加工も行われる．

　（1）防虫剤　　現在，使用されている**防虫剤**（insecticide）は，**樟脳**，**ナフタリン**，**パラジクロルベンゼン**，**ピレスロイド系エンペントリン**である（図8.4）．樟脳，ナフタリン，パラジクロルベンゼンは昇華性の防虫剤で，特異な強い臭いのために害虫が近寄らないという忌避効果を期待して使用することが多い．

　樟脳は，クスノキから水蒸気蒸留で得られる天然物だが，最近のものは化学合成品である．忌避剤として作用し，殺虫性はない．古くから絹織物の保管に用いられる．ナフタリンはコールタールから得られる．忌避効果が高く，殺虫力は低い．持続性がある．パラジクロルベンゼンは，ベンゼンに塩素を反応させ合成する．樟脳やナフタリン

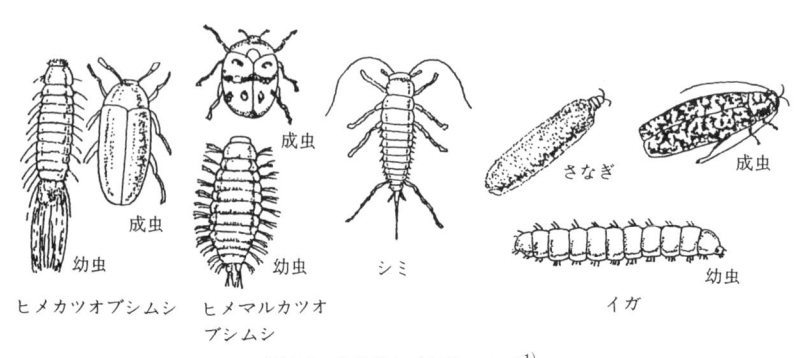

図8.1 衣料害虫（吉田，1989）[1)]

昆虫\月別	1	2	3	4	5	6	7	8	9	10	11	12
イガ					●● +++ ○○○	●●● +++ ○○○	●●● +++ ○○○	●●● +++ ○○○	●●● +++ ○○○	●● ++ ○○		
コイガ				●	●●● +++ ○○○	●●● +++ ○○○	+++	●●● +++ ○○○	●●● +++ ○○○	○○○ ++ ○○○	○	
モウセンガ					●● +++ ○○○	●●● +++ ○○○	●●● +++ ○○○	●●● +++ ○○○	+ ○		
ヒメマル カツオブシムシ				●●	●●● +++ ○○	+++ ○○	○○				
ヒメカツオブシ ムシ					●●● +++ ○○○	●●● +++ ○○○	●● ++ ○○					

--- 幼虫　　● さなぎ　　+++ 成虫　　○ 卵

図 8.2 衣料害虫の発育過程

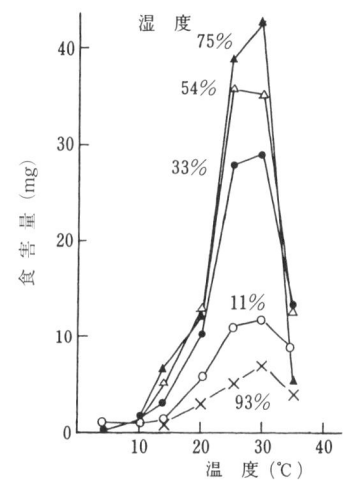

図 8.3 温湿度条件と羊毛害虫の食害量
（辻井，1982）[2]

図 8.4 防虫剤

パラジクロルベンゼン　　ナフタリン

樟脳　　エンペンスリン

に比べると，忌避効果，殺虫効果が大きく，速効性はあるが，持続性がないのが特徴である．金属を変色させることがあるので，金糸，銀糸，ラメ糸の使われている衣服には使用しない．

樟脳，ナフタリン，パラジクロルベンゼンの昇華速度（図 8.5），殺虫力（表 8.1）を比較すると，パラジクロルベンゼンが最も高い．

これらの**昇華性防虫剤**から発生するガスの比重は空気より重いので，衣類の上部において使用する．また，2種以上の防虫剤を同じ容器内で用いた場合には液化して衣類にしみをつけるので，注意を要する．

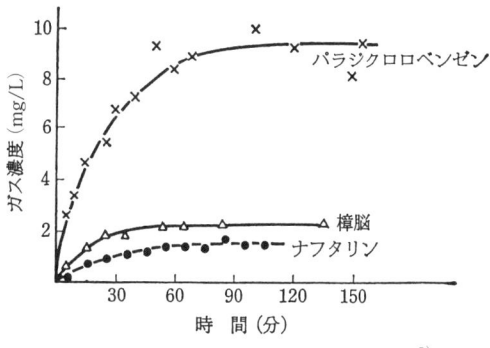

図 8.5 各種防虫剤のガス濃度（辻井，1984）[3]

表8.1 防虫剤飽和ガス中におけるイガの致死時間（辻井，1984）[5]

ステージ	卵		幼虫（50日齢）		成虫	
致死時間 薬剤	LT_{50}	LT_{99}	LT_{50}	LT_{99}	LT_{50}	LT_{99}
パラジクロロベンゼン	2.96	14.80	7.69	52.12	2.55	5.84
ナフタリン	2.92	18.32	37.57	429.06	5.04	22.30
樟脳	14.8	2288.9	60.03	766.57	4.58	11.67

LT_{50}：50％致死時間，LT_{90}：99％致死時間．

エンペントリンはピレスロイド系の防虫剤で蚊取り線香の原料である除虫菊の成分と同じである．常温蒸散性で，低濃度での殺虫力に優れている．臭いが非常に弱く，他の昇華性防虫剤とも併用できる．

防虫剤は，使用量が不足すると食害され，多すぎると再結晶や室内空気汚染の原因となるので，適正量を使用する必要がある．適正量は，繊維製品の種類，収納容器，容積などにより異なるが，日本防虫剤工業会から適正濃度などが指示されている（表8.2）．

日本では古くから香が用いられてきた．最近は，ハーブの防虫効果なども研究されている．皮膚への安全性が高く，吸入毒性が少ない，室内の空気を汚さないなど，無毒性，低刺激性の防虫剤の開発が望まれている．

(2) 脱酸素剤　**脱酸素剤**（oxygen absorber）は，その主剤が鉄粉で鉄が酸化されるときに大気中の酸素を吸収することを利用して脱酸素をする．衣服を脱酸素剤とともに密閉することにより，防虫することが可能である．表8.3に羊毛織物の防虫効果を示した．容器内の酸素を除去することにより防虫・防かび・黄変・変色・変質などを防ぐことができる．

(3) **防虫加工**（mothproofing）　繊維に吸着させた薬剤を害虫が食し，体内で毒性を発揮して中毒死させるもので，織物の仕上げ工程やクリーニングの段階で行うことができる．オイラン，ミッチンなどが使用されている．

8.1.2　かびと防かび

a. かびの害

かびは，空気中・土壌中・水中いたるところに存在し，その胞子が衣類に付着し，適当な温度・湿度・栄養源があれば，急速に繁殖する．一般に，かびは温度20〜35℃，関係湿度80％以上になると繁殖しやすい．繊維も栄養源となるが，食物などの汚れやしみ，糊などもかびの発生原因となる．かびによる害は，繊維の着色・脆化・かび臭などである．かびによる着色は，かびが胞子の生育により色素を生産するために起きる．また，かびの種類によっては，繊維を分解し，繊維を脆化するが，特に，皮革・セルロース繊維は損傷を受けやすい．

b. 防かび

かびの発生を防ぐには，かびの発育に必要な温度・湿度・栄養源を与えないようにすることである．保管前に，汚れやしみを除去する，保管する衣類には糊つけを行わない，十分に乾燥し，湿度の低い冷所に保管するということが必要である．かびの発生を抑えるには，乾熱処理（63℃で30分，または80℃で10分処理）が有効であり，保管前にアイロンかけを行うのもよい．また，保管中の吸湿を防ぐには，乾燥剤を使用する．

かびや細菌などの防除には，**防かび加工**（fungicidal finish），**抗菌加工**などが行われている．一般にかびのみに効果を示すものを防かび剤，細菌のみに効果を示すものを抗菌剤，防かび剤，かびと細菌の両方に効果を示すものを防菌防かび剤と呼んでいる．防臭も兼ね備えた**抗菌防臭加工**（antibacterial and deodorization finish）が多くの繊維製品に行われている．これらの加工に使用されている薬剤には，有機化合物系の有機シリコン系第4級アンモニウム塩化合物や無機化合物系の銀ゼオライトなどである．また，近年安全性が高いという天然の抗菌物質，動物系のカニ・エ

表8.2 おもな防虫剤とその使用量（吉川，1996）[6]

	薬剤名	特徴	使用量	適しているもの	避けたほうがいいもの
無臭性タイプ	エムペントリン（ピレスロイド系）	衣服にニオイがつかないので，洋服ダンスや衣装ケースなどに適しています．●効き目は約6～12か月（製品により異なります）	引出し，洋タンス，クローゼット，衣装箱各製品の表示の使用量	●毛・毛織物（ウール・カシミア・アンゴラ）●絹製品●ひな人形●化学繊維（ポリエステル・アクリル・ナイロン・レーヨンなど）●綿●麻●毛皮●皮革製品●金糸・銀糸，ラメ加工製品	●銅を含む金属製品（真ちゅうなどのボタン）《注意！》■ニオイがつかないので，取りかえ時期を忘れてしまいがちです．インジケーターやシールを確かめて有効期限をチェックしましょう．
有臭性タイプ	パラジクロロベンゼン	揮散が早いのが特徴．ウールや絹素材の衣類に適しています．●効き目は約3～6か月（収納場所により異なります）	引出し，衣装箱（50 L）…80 g，洋タンス（500 L）…120 g	●毛・毛織物（ウール・カシミア・アンゴラ・アルパカなど）●絹製品●化学繊維（ポリエステル・アクリル・ナイロン・レーヨンなど）●綿●麻●毛皮●皮革製品	ポリエチレン・ポリプロピレン以外のプラスチックフィルムを使った金糸，銀糸やラメ製品，スチロール製品（装飾ボタン，くるみボタン，ビーズ類，帯締め等）ひな人形，日本人形，合成皮革《注意！》■ナフタリン・しょうのうとは併用できません．■50℃以上になると，溶けてシミになることもあります．
	ナフタリン	効き目がゆっくりと持続していくのが特徴．収納期間の長いフォーマルウェアやひな人形などに適しています．●効き目は約5～12か月（製品によって異なります）	引出し，衣装箱（50 L）…100 g，洋タンス（500 L）…150 g	●人形（ひな人形，五月人形など）●ウール（毛・毛織物など）●絹製品●化学繊維（ポリエステル・アクリル・ナイロン・レーヨンなど）●綿●麻●毛皮●皮革製品	●塩化ビニル製品（バッグ・ベルトなど）《注意！》■パラジクロロベンゼン・しょうのうとは併用できません．
	しょうのう（樟脳）	防虫剤の中で，自然の芳しい香気があって，ウールや絹素材の衣類に適しています．●効き目は約5～6か月	引出し，衣装箱（50 L）…30 g	●きもの●ウール（毛・毛織物など）●絹製品●化学繊維（ポリエステル・ナイロン・レーヨンなど）●綿●麻●毛皮●皮革製品	金糸・銀糸や金箔には，直接触れないようにご使用ください．《注意！》パラジクロロベンゼン・ナフタリンとは併用できません．

注）33×50×30 cm程度＝約50 L（衣装ケース1箱），83×40×15 cm程度＝約50 L（引出し1段），110×90×50 cm＝約500 L（洋タンス）．

（日本防虫剤工業会，1998年）

表8.3 羊毛織物に対する食害量（弓削，1985）[7]

	食害量	幼虫の生存数
脱酸素材封入したもの	0.0 mg	0匹
封入しないもの（対照）	28.9 mg	25匹

ビの甲羅の成分であるキトサンや植物系のヒノキ抽出成分などが用いられている．また，酸素はかびや細菌などの微生物の成育にとって必要である．酸素を除去することによって防虫に効果のある脱酸素剤は，かびや細菌などの繁殖を防止することができる．

8.1.3 湿　気

a. 湿気の影響

高温・多湿は虫害を増加したり，かびなどの微生物の繁殖を促したりするほか，衣類の性能を劣化させることも多い．繊維の多くは吸湿すると，膨潤を起こし，変形して型くずれを生じ，しわになりやすくなる．保管中の湿気により白物衣料の黄変，色物の変退色，金属ラメ糸の変色などが起こりやすい．特に，絹織物は図8.6に示すように，40％以上の湿度環境下に放置すると，著しく黄変したり，脆化したりする．

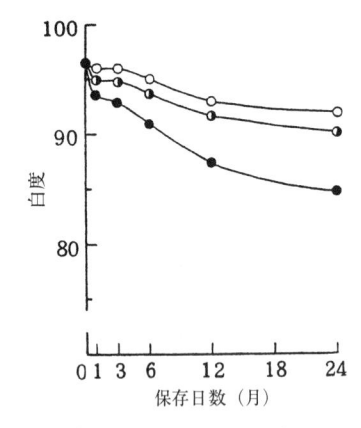

○ : 湿度 40±2％（20±2℃）
◐ : 〃 65±2％（ 〃 ）
● : 〃 90±2％（ 〃 ）
試料：羽二重（60g付）

図 8.6 絹白布の保管中の黄変（皆川，1982）[4]

8.1.4 大気汚染物質

二酸化硫黄（亜硫酸ガス）や酸化窒素ガスなどの大気中の汚染物質は衣類の変退色を引き起こす．特に，酸化窒素ガスは，分散染料で染めたアセテート，ナイロン，反応染料や直接染料で染めたセルロース，その他のガス退色の原因になる．亜硫酸ガスは染色物の変退色のほか，付属品の金属を腐食する場合もある．

空気汚染の著しい場所での保管はできるだけ避けるか，密閉容器を使用して保管するのがよい．また，一般的に，石油ストーブなどの暖房をしない部屋で保管することが望ましい．

8.2 収納方法

8.2.1 収納時の清潔と整形

汚れが付着していると，かびの害や虫害が大きくなり，繊維の変退色や脆化が生じる．汚れだけでなく，糊剤や洗剤なども保管中の衣類の変質に影響を与えるので，保管前には洗剤により汚れなどを完全に除去し，すすぎを十分に行う．保管する際には，アイロンがけでしわを伸ばし，形を整えてたたむか巻くか，あるいはハンガーにかけて収納する．保管前に，アイロンかけを行った場合は，湿気や熱気を十分に除いておく．クリーニングから戻った衣類はビニール袋から取り出して風にあてて乾燥させるなど，除湿に気をつける．

8.2.2 収納容器

収納容器には，たんす（洋服だんす，整理だんす，衣裳だんす，和だんす，桐だんすなど），衣裳箱（木製，プラスチック製，トタン製など），

b. 湿気の防止

保管中の防湿には，衣類を密閉できる保管容器に入れ，**乾燥剤・防湿剤**（deciccant）を使用する．家庭でよく使われる乾燥剤，防湿剤は表 8.4 に示すものなどである．乾燥剤・防湿剤は水分を空隙内へ物理吸着または結晶水として結合することで除湿・乾燥を行う．塩化カルシウムは，吸湿すると潮解性を示すので，衣料用防湿剤には保水剤を混入したものが市販されており，吸水するとゼリー状に変わる．

吸湿した保管衣類を乾燥させるには，湿気の少ない風通しのよい場所に，午前 10 時〜午後 2 時頃までの間の最も湿度の低い時間帯に干す．梅雨明けの土用干しの時期はまだ湿度も高く衣料害虫の活動時期であるので，11 月頃か 1〜3 月の気温や湿度の低い時期に行うのがよい．

表 8.4 乾燥剤・防湿剤（吉田，1989）[8]

乾燥剤・防湿剤	空気 1 L を 30℃で乾燥時の残存水分量（mg）	吸湿量（％）	吸湿のしくみ	再生条件
シリカゲル $SiO_2 \cdot xH_2O$	3×10^{-2}	30	物理吸着	150〜180℃ 加熱
アドソール	—	25〜30	物理吸着	200℃ 加熱
生石灰 CaO	2×10^{-3}	30	物理吸着	500℃ 加熱
無水塩化カルシウム $CaCl_2$	3×10^{-1}	50〜60	結晶水	250℃ 加熱
木炭	—	10〜15	物理吸着	—

トランク，箱（茶箱，段ボール箱など），ビニール保管袋などが使い分けられている．

特に，防虫・防かびのためには，密閉できる容器の使用が望ましいが，気密性のビニール袋を併用してもよい．たたんでしまう場合は，しわ，折れ目，型くずれなどを防ぐために，何枚も重ねずに収納できるような大きさのものを用いる．また，洋服だんすも過密にかけないように注意する．

絹和服の保存に用いられる和紙は高い吸湿性があるため，衣類自体の湿度が高いときは衣類からその湿気を奪い，また，外気の湿度が高いときは和紙がその湿気を吸い収縮するため，和紙内の衣類は外気と遮断され，衣類はつねに低湿度状態に保つという優れたものである．日本では，古くから香が用いられていた．

8.2.3 保管場所

衣類の保管には，なるべく年間の温度差の少ない，日陰の乾燥した場所が適している．従来日本家屋では，通風窓をつけた北側に納戸を設けているが，衣類の収納場所として合理的である．納戸のない場合は，押入れを利用することが多いが，床に近いほど湿度の影響が高いので，長期間保存するものは上段に収納する．また，通風よく，塵埃を取り除きやすいように，木製のすのこを敷くのもよい．

最近はトランクルームなどの施設も発達しつつあり，毛皮や，家庭での保管が難しい衣類などに利用することができる．

[増子富美]

9 被服整理と環境

被服の着用，洗浄，保管を繰り返していくうちに，被服の性能は劣化し，最終的には廃棄にいたる．被服管理の立場で考えると，被服の購入から廃棄までを視野に入れなければならない．

リサイクル法が1991年に制定され，自動車，大型家電製品などが指定された．ビン，缶，ペットボトルなどの容器包装リサイクル法が1997年に施行されたが，2000年4月からは，その他の一般家庭のプラスチックや紙製の容器包装についても対象となった．そのため業界では製品のコンパクト化や詰め替え製品の推奨などにより，使用するプラスチックや紙の削減に努力している．

しかしながら，繊維製品に関してはリサイクルは進んでいないのが現状である．

9.1 繊維製品の廃棄，リサイクル，リユース

エコロジー意識の高い東京城南地区の学生，サラリーマン，主婦など20〜50代の男女を対象とした衣料品の廃棄に関する調査[1]では，① 人に譲渡する（**リユース**），② 一般ゴミとして廃棄する，③ 布として別の用途に使う（**リサイクル**），④ 資源ゴミとして廃棄する，などの回答がある．リユースやリサイクルされているものもあるが，大部分は一般ゴミとして廃棄されている．

国内の繊維製品のリサイクルの流れを図9.1に示す[2]．家庭から排出された繊維製品のうちリサイクルされているのは，国内生産量に輸入輸出を加えた繊維製品消費量のうちの約6％にすぎず，約82％は廃棄されている．

広義のリサイクルにはリユース，サーマルリサ

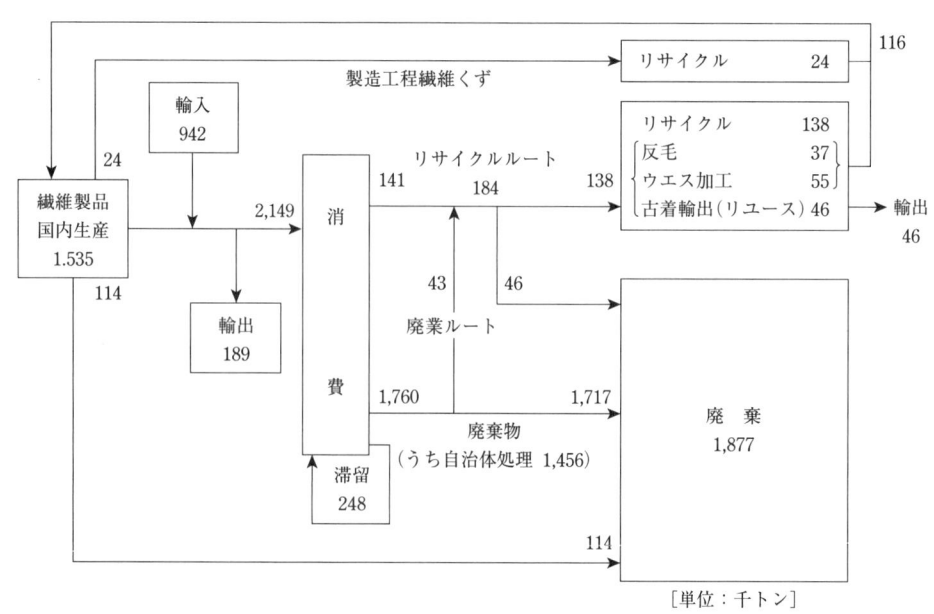

図9.1 国内の繊維製品リサイクルの流れ（日本衣料管理協会刊行委員会，2004）[2]

イクル，マテリアルリサイクル，ケミカルリサイクルなどがある．サーマルリサイクルはリサイクルに入らないという考え方もある．

繊維製品でリサイクルする際に問題になるものは，おむつ，衛生用品，医療用使い捨て繊維製品，混紡品などである．今後は環境や資源に配慮し，リサイクルを容易にするために，単一素材を利用したり，素材ごとに繊維の分離が容易な繊維製品を使う必要があるだろう．

9.2 界面活性剤の生分解性

生分解性（biodegradability）とは，有機物が微生物の作用によって二酸化炭素や水などの安定な無機物に変換・分解されたり，自らの体の構成成分として資化される性質である．

1960年代の合成洗剤が発売された当初，界面活性剤として使用されていた ABS（分枝鎖アルキルベンゼンスルホン酸塩）は生分解性が低かったため，河川の堰や下水処理場で発泡が起こり環境問題になった．その対策として，生分解性の優れた **LAS**（直鎖アルキルベンゼンスルホン酸塩）に切り替えられ，発泡問題は解決した．図9.2に，家庭用の各種洗剤類に使用されている直鎖アルキルベンゼンスルホン酸塩（LAS），α-オレフィンスルホン酸塩（AOS），α-スルホ脂肪酸メチルエステル塩（MES），アルキル硫酸エステル塩（AS），ポリオキシエチレンアルキル硫酸エステル塩（AES），ポリオキシエチレンアルキルエーテル（AE），脂肪酸ナトリウムまたはカリウム（＝石けん，soap）などの界面活性剤の生分解性

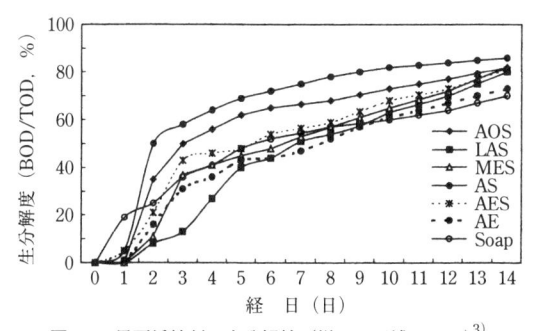

図9.2 界面活性剤の生分解（増田・三浦，2007）[3]
界面活性剤濃度 5 mg/L，活性汚泥濃度 10 mg/L．

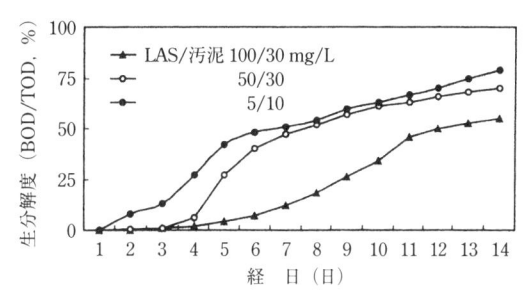

図9.3 LAS の生分解に対する濃度の効果（増田・三浦，2007）[4]

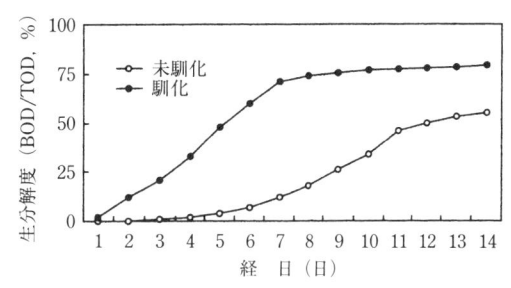

図9.4 LAS の生分解における馴化の効果（増田・三浦，2007）[4]
LAS 濃度：100 mg/L，活性汚泥濃度：30 mg/L．

を示す[3]．これらの界面活性剤はいずれも易分解性であり，最終的には水と二酸化炭素に分解される．一般に，生分解性は図9.3に示す[4]ように試験条件や，図9.4に示す[4]ように生物資源によって影響されることがあるので注意が必要である．

洗剤の主成分として，1966年から使用されている界面活性剤 LAS について，体内蓄積性，急性毒性，発がん性，催奇形性，皮膚透過性など人体に対するいろいろと問題が取り上げられ，さらに生分解性について議論がなされたので，1997年に当時の環境庁は全国の河川，湖沼，海域の水質調査を行ったが，首都圏のほとんどの地域でLAS は検出されなかった．その後の各地の測定でも LAS は減少傾向にあり，また他の界面活性剤も同様な結果となっている．

界面活性剤の下水処理については，活性汚泥法による処理で LAS と AE の除去率は 98～99%以上に達している．除去は微生物による生分解と汚泥への吸着の両方が考えられるが，寄与は生分解のほうが大きいことが明らかにされている．

9.3　湖沼の富栄養化

下水道や浄化槽が普及していない頃は，農業用水や工業用水そして生活排水はそのまま川や海などに流されていた．経済の高度成長とともに，急激な人口の増加や都市への人口の集中が起こり，自然浄化作用だけでは処理しきれないほど大量の排水が環境中に放出され，河川，湖沼，内海が汚れ，**環境問題**が浮上した．

1970年頃，琵琶湖などの湖沼や瀬戸内海などの内海などの閉鎖水域で，農業用水や工業用水の流入，また人口増加による生活排水の増加などによって，窒素やリンなどの濃度が上昇し，藻類の異常発生，水道水の異臭問題，赤潮の発生など，富栄養化による水質汚染として社会問題になった．

窒素やリンについては農業用の肥料の寄与が大きかった．植物に直接利用されなかったものや，土壌に吸着されなかったものが河川や湖沼に流れこんだと考えられた．リンについては，洗濯排水も原因物質と考えられた．当時は合成洗剤のビルダーとして安価で性能の優れたピロリン酸ナトリウムやトリポリリン酸ナトリウムが使われていた．

工場からの排水は1970年の水質汚濁防止法の制定によって，それ以降は大幅に改善され，生活排水は下水道や浄化槽の普及により，徐々に浄化された．

9.3.1　生活排水中の有機汚濁物質

家庭から排出される生活排水に含まれる有機汚濁物質は，**BOD**（生物化学的酸素要求量）に換算すると1日あたり1人50g排出しているとの試算がある．その内訳は図9.5に示す[5]ように，食品残渣などの有機物が多量に含まれている台所排水の割合が最も大きく，次いで，人体からの排泄物を含むトイレ排水，身体からの汚れや頭髪の汚れ，ボディシャンプー，シャンプー，リンスなどを含む風呂排水，そして，衣類に付着した汚れや洗濯用洗剤などを含む洗濯排水である．

これらの生活排水に含まれ，湖沼の富栄養化に大きく関わる窒素やリンの量を表9.1に示す[6]．生活排水により排出される窒素やリンの量は，食品残渣によるものが大きく，洗濯や入浴用の洗浄剤によるところは少ないが，洗剤メーカーは，洗濯用合成洗剤に配合されていたリン系ビルダーのトリポリリン酸塩の利用をやめてアルミノケイ酸ナトリウムなど非リン系ビルダーに切り替えた無リン洗剤を開発し，家庭用洗剤は1980年代半ばまでに無リン化した．

現在，日本では，一部特殊洗濯のためにトリポリリン酸塩の入った洗剤があるものの，家庭用洗剤の大部分は無リン洗剤である．

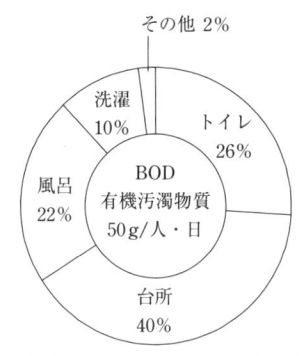

図9.5 生活排水の有機汚濁物質の内訳（東京都資料）（中島，2008）[5]

（円グラフ：BOD 有機汚濁物質 50g/人・日　トイレ26%，台所40%，風呂22%，洗濯10%，その他2%）

表9.1 生活活動からの排出される汚濁負荷（中島，2008）[6]

	項目	排出量	BOD (mg)	全窒素 (mg)	全リン (mg)
炊事	古い食油	100 mL	140000	140	300
	牛乳	100 mL	8000	490	134
	ラーメンの汁	200 mL	4800	220	56
	米のとぎ汁	3000 mL	7200	87	23.4
	台所用洗剤	10 mL	2000	32	0.1
洗濯	粉石けん	40 g	45000	—	2.85
	合成洗剤	20 g	5850	10.0	0.5
入浴	ボディシャンプー	6 mL	4400	47.4	101.1
	シャンプー	3 mL	147	4.2	0.16
	リンス	3 mL	147	4.2	0.16

9.4　界面活性剤使用にあたっての環境への配慮

1951年に国内初の衣料用合成洗剤が発売され

たときの洗剤の最適使用量はコップ1杯であったが，技術の進歩により，1987年には従来と同等の洗浄力で，使用量を大幅に減らしたコンパクト洗剤が発売された．環境に配慮して，1990年代には，プラスチック使用量を大幅に削減した詰め替え容器の販売量が拡大していった．洗濯機も節水型のドラム式が普及し，2000年代に入ると，より少ない水に洗剤を溶かすため液体洗剤も普及していった．

石けん・洗剤業界としては，さらに分解されやすい洗剤成分の開発，計量スプーンや計量キャップ採用による洗剤の適量使用の推進，1回あたりの洗剤使用量を減らして，排出される有機物を削減する，すすぎが1回で済む，繊維から脱落しやすい界面活性剤の開発などに取り組んでいる．

9.5 界面活性剤の管理

洗剤などに含まれる界面活性剤は，1960年代から1970年代にかけて，人体に対する安全性の問題や **ABS** の発泡問題，石けんと合成界面活性剤の生分解性問題，リンによる富栄養化問題など環境に対する影響が問題視された．

人体に対する安全性に関しては，当時の厚生省や科学技術庁，地方自治体などが，洗剤の催奇形性，発がん性，肝機能障害や不妊に対する影響なども含めた安全性の確認試験や調査を行った．その結果，石けん・洗剤の成分が体内に入っても速やかに代謝され体外に排出されるため，体内に蓄積しないことが確認された．また，奇形を起こす性質は認められず，発がん性や，臓器への悪影響も認められなかった．さらに，石けん・洗剤の子孫への影響は，親，子，孫の世代にわたり，繁殖に悪影響は認められなかった．

発泡問題に関しては，側鎖のあるABSを直鎖のLASに替え，技術力によって発泡問題と生分解性の問題を解決した．湖沼や内海のリンによる富栄養化問題はビルダーの無リン化と浄化槽，下水道などの普及によって解決した．

このように，安全性の再確認や技術の改良によって，専門家の間では，現在では洗剤の安全性論争は終息したと考えられている．

化学物質の適正管理のために，国連が主導して「特定化学物質の環境への排出量の把握と管理の促進に関する法律」（**化管法**）を1999年制定した．この法律は化学物質の環境への排出量等を把握して，適正管理を自主的に進めることを目的としている．

国際的には，使用量や毒性の程度で環境への影響を評価するのではなく，環境への影響を生じない量と環境濃度（暴露量）によってリスク評価を行い，管理する考え方である．

「化学物質排出移動量届出制度」（Pollutant Release and Transfer Register）（**PRTR制度**）では第一種指定化学物質に354の物質が指定されており，この中には家庭用品に含まれている界面活性剤が4種類（直鎖アルキルベンゼンスルホン酸およびその塩類 $C_{10～14}$，N,N-ジメチルドデシルアミン=N-オキシド，ビス（水素化牛脂）ジメチルアンモニウム=クロリド，ポリ（オキシエチレン）=アルキルエーテル $C_{12～15}$）が含まれている．現在は，これらの界面活性剤の排出量は環境に悪影響を及ぼすほどではないことが確認されている．

9.6 ドライクリーニング用溶剤の問題

「河川，湖沼，海域の水質汚濁に係る環境基準」に関しては，2008（平成20）年度はほとんどの地点で環境基準を満たしていた．

地下水質の汚濁に関しては，依然として調査した井戸から新たな汚染が発見されている状態である．

土壌の汚染に関しては，農用地の土壌の汚染防止等に関する法律や市街地等の土壌が対象になる土壌汚染対策法に基づく調査や対策が進められている．

［牛腸ヒロミ］

引用・参考文献

【1章】

1) 日本石鹸洗剤工業会洗たく科学専門委員会（編）：洗たくの科学，p. 7，日本石鹸洗剤工業会，2005
2) 文献1)，p. 6
3) 文献1)，p. 31
4) 酒井豊子，牛腸ヒロミ：衣生活の科学，p. 209，放送大学教育振興会，2004
5) 中島利誠（編著）：化学入門，p. 63，光生館，2002
6) 文献1)，p. 1
7) 文献4)，p. 144
8) 皆川基，藤井富美子，大矢勝：洗剤・洗浄百科事典（新装版），p. 463，朝倉書店，2007
9) 阿部幸子：洗濯と洗剤の科学，p. 12，放送大学教育振興会，1998
10) 中島利誠（編著）：生活環境論，p. 91，光生館，2008
11) 荻野圭三：家庭科学研究，**38**，6，1996

【2章】

1) ライオン家庭科学研究所（編）：清潔な暮らしと洗浄，p. 27，衣生活研究会，1984
2) 東京都水道局：平成18年度一般家庭水使用目的別実態調査，2006
3) I. Yamane: *J. Am. Oil Chem. Soc.*, **55**, 81, 1987
4) JIS L 0127: 1995（日本工業規格）：繊維製品の取り扱いに関する表示記号及びその表示方法，1995
5) ISO 3758: 2012（国際標準化機構）：Textiles-Care labelling code using symbols, 2012
6) 山口恵子，呑山委佐子，斉藤秀子ほか：衣生活 そのなぜに答える，おうふう，2009
7) 山田勲，繊維製品消費科学，**52**，763，2011
8) 山口庸子，斎藤昌子，後藤順子，永山升三：油化学，**46**，991，1997
9) W. C. Preston: *J. Phys. and Colloid Chem.*, **52**, 774, 1948
10) 矢部章彦：被服整理学・染色化学，光生館，1970
11) P&G: "History of Washing". http://www.scienceinthebox.com/
12) M. Jansson: "DLVO Theory and Limitations: Refined models", KTH, 2007
13) H. Scott: Detergency Theory and Test Methods. Part I, p. 121, Marcel Dekker, 1972
14) http://www.bbc.co.uk/scotland/learning/bitesize/
15) 日本家政学会：家政学事典，朝倉書店，1990
16) Empa Testmaterials: Evaluation of Detergents and Washing Processes with Artificially Soiled Fabrics. http://www.empa-testmaterials.ch/
17) 中西茂子，斉藤昌子，増子富美，岩崎芳枝，阿部幸子：被服整理学，朝倉書店，1990
18) 柏一郎，平林隆，角田光雄，大陽洋一：油化学，**20**，304，1971
19) 小林晃，森国人，中澤敏一：各種単体機械力と洗浄．第6回洗浄に関するシンポジウム，1974
20) 藤居眞理子：日本繊維製品消費科学会研究発表会要旨集，197-198，2007
21) 佐々木麻紀子，藤居眞理子：東京家政学院大学紀要（自然科学・工学系），**52**，2012
22) 岩崎芳枝ほか：東京学芸大学紀要，**36**，65，1984
23) 吉永フミ：東京家政学院大学紀要，**4**，77-85，1964
24) 花王生活科学研究所：清流，48号，1978
25) 堀志津：堀志津さんのせんたくの本，p. 102，婦人之友社，1978
26) ライオン家庭科学研究所（編）：清潔の科学，1971
27) 生野晴美，岩崎芳枝：繊消誌，**31**，376-379，1990
28) 阿部幸子，片山倫子：第19回洗浄に関するシンポジウム要旨集，1987
29) 藤居眞理子，吉永フミ：東京家政学院大学紀要，**30**，81-90，1990
30) 佐々木麻紀子，瓦吹由貴，藤居眞理子：東京家政学院大学紀要（自然科学・工学系），**51**，45-52，2011
31) 全国コインランドリー連合会．http://www.claj.net/
32) ライオン家庭科学研究所：衣料の清潔（生活科学シリーズ），p. 12，1997
33) 日本衣料管理協会（編）：被服整理学，p. 28，日本衣料管理協会，2008
34) 尾下博幸：洗濯機の変遷，洗濯行動の変化と最近の衣料洗剤のトレンド．洗濯の科学，**53**（4），28-35，2008
35) 大矢勝：洗濯機・乾燥機の50年史と今後の展望．日本繊維製品消費科学会誌，**50**，862-868，2009
36) 後藤純子，斉藤昌子：近年の電気洗濯機の洗浄特性と諸性能．第43回洗浄に関するシンポジウム要旨集，61-64，2010
37) 鈴木好博：最近の洗濯機動向．第40回被服整理学夏季セミナーテキスト，p. 1-8，2010
38) （財）全国生活衛生営業指導センター：よくわかるクリーニング教本—クリーニング師編，p. 147-170，ERC出版，2010
39) （財）全国生活衛生営業指導センター：よくわかるクリーニング教本—業務従事者編，p. 84-99，ERC出版，2010
40) 厚生労働省ホームページ：クリーニング業法の概要 (http://www.mhlw.go.jp/bunya/kenkou/seikatsu-eisei04/07.html)
41) クリーニング綜合研究所：クリーニング技術の歴史，p. 19，全国クリーニング生活衛生同業組合連合会，1987
42) クリーニング綜合研究所：改訂・クリーニング技術の手引き，p. 78，全国クリーニング生活衛生同業組合連合会，2011

43) （財）洗濯科学協会編集部：ドライクリーニング溶剤の動向．洗濯の科学，**55**（2），18-24，2010
44) 野村弘毅：洗剤の基礎及びはっ水加工剤について．技術情報，**33**（9），3-10，2003
45) 全国クリーニング生活衛生同業組合連合会：クリーニングの基礎知識，p. 145, 177-190, 全国クリーニング生活衛生同業組合連合会，2011
46) 国民生活センター：消費生活年報2011
47) クリーニング綜合研究所：クリーニング綜合研究所事故衣料品統計．技術情報，**41**（3），3-9，2011
48) 日本繊維製品・クリーニング協議会ホームページ（http://nichisenku.jp/）
49) 苦情処理技術ガイド編集委員会（編）：繊維製品の苦情処理技術ガイド（縫製，安全性，表示等に関する苦情・不適正），日本衣料管理協会，2009
50) 苦情処理技術ガイド・当該編集委員会（編）：繊維製品の苦情処理技術ガイド（損傷，形態変化，外観変化，機能低下等），日本衣料管理協会，2006
51) 苦情処理技術ガイド編集委員会（編）：繊維製品の苦情処理技術ガイド（色に関する苦情），日本衣料管理協会，2005

（参考文献）
・詠田浩明：最近の電気洗濯機の開発動向．洗濯の科学，**51**（4），20-29，2006
・矢田部隆志：地球温暖化防止の切り札ヒートポンプ．洗濯の科学，**53**（2），40-49，2008
・尾下博幸：洗濯機の変遷，洗濯行動の変化と最近の衣料洗剤のトレンド．洗濯の科学，**53**（4），28-35，2008
・大矢勝：洗濯機・乾燥機の50年史と今後の展望．日本繊維製品消費科学会誌，**50**，862-868，2009
・内藤正浩：最近の洗濯機のトレンド．洗濯の科学，**56**（1），9-15，2011
・藤井裕幸：ドラム式洗濯乾燥機の技術特徴と課題．第39回洗浄に関するシンポジウム要旨集，79-86，2007
・石原隆行：洗濯機の開発動向．第42回洗浄に関するシンポジウム要旨集，23-28，2010
・鈴木好博：最近の洗濯機動向．第40回被服整理学夏季セミナーテキスト，1-8，2010
・掬川正純：家庭洗濯と洗剤の25年．洗濯の科学，**51**（1），3-9，2006
・日本化学繊維協会：繊維ハンドブック2012，日本化学繊維協会資料頒布会，2011
・片山倫子：衣服管理の科学，建帛社，2002
・日本衣料管理協会（編）：被服整理学，日本衣料管理協会，2008
・林雅子：被服管理学および実験，文化出版局，2004
・皆川基，藤井富美子，大矢勝（編）：洗剤・洗浄百科事典（新装版），朝倉書店，2007

【3章】
1) P. Kubelka, F. Mun: *Zeitschrift für technische Physik*., **12**, 593, 1931
2) 片山倫子：繊維機械学会誌，**59**，665，2006
3) Empa Testmaterials: Mechanical Action in Washing Machines and Tumble Dryers. http://www.empa-testmaterials.ch/
4) 小林政司：繊維製品消費科学，**52**，444，2011
5) 小林政司：特許公開2008-175752
6) JIS L 0127: 1995（日本工業規格）：繊維製品の取り扱いに関する表示記号及びその表示方法，1995

【4章】
1) 北原文雄：コロイドの話，培風館，1986
2) 黒岩茂隆：油化学，**34**，480，1985
3) S. Friberg: *J. Colloid Interface Sci.*, **56**, 19, 1976
4) 米山雄二：マイクロエマルションの生成・構造・物性と応用，シーエムシー出版，p. 114, 2010
5) Y. Yoneyama et al.: *J. Jpn. Oil Chem. Soc.*, **36**, 650, 1987
6) 岩崎芳枝ほか：油化学，**36**，254，1987
7) D. M. Meek: *J. Text. Inst.*, **59**, 58, 1968
8) 藤井富美子ほか：油化学，**29**，195，1980

【5章】
1) 吉永フミほか：新版被服整理学，p. 160, 光生館，1988
2) クリーニング綜合研究所：しみ抜便覧，p. 67, 1984
3) 麓泉：新版被服整理学，p. 98, 朝倉書店，1980

【6章】
1) 美濃順亮：漂白剤．洗剤・洗浄の事典（奥山晴彦ほか編），p. 299-300, 朝倉書店，1990
2) 向山恒治：漂白剤．洗剤・洗浄百科事典（皆川基編），p. 111, 112, 502, 朝倉書店，2007
3) C. P. McClain: Detergency. Part II, Marcel Dekker Inc., 1974
4) 倉田由美子ほか：東京家政大学研究紀要2 自然科学，**20**，106，1980
5) クリーニング綜合研究所，2008
6) 駒城素子：蛍光増白．新版繊維製品消費科学ハンドブック，p. 497-498, 光生館，1988
7) 駒城素子ほか：繊維と工業，**43**，178，1987
8) 小川育子ほか：家政学雑誌，**31**，493，1980
9) 駒城素子ほか：家政学会誌，**38**，401，1987
10) 高橋睦子ほか：家政学雑誌，**37**，478，1986 より作成
11) M. Komaki et al.: *Sen-I Gakkaishi*, **37**, T-489, 1981
12) 片山倫子：家政学会誌，**40**，1025，1989
13) 斎藤小夜子：東京学芸大学卒業論文，1994
14) 林優子，髙田秀重，小倉紀雄：第33回日本水環境学会講演要旨集，294，1999
15) 真名垣聡ほか：第7回日本水環境学会シンポジウム講演，20，2004

（参考文献）
・皆川基，藤井富美子，大矢勝（編）：洗剤・洗浄百科事典（新装版），朝倉書店，2007
・奥山春彦，皆川基：洗剤・洗浄の事典，朝倉書店，1990
・大矢勝：よくわかる最新洗浄・洗剤の基本と仕組み，秀和システム，2011
・日本繊維製品消費科学会：新版繊維製品消費科学ハンド

- ブック，光生館，1988
- 日本学術振興会繊維・高分子機能加工第120委員会：染色加工の事典，1999
- 片山倫子：衣服管理の科学，建帛社，1996

【7章】

1) 宮坂広夫：改訂版 界面活性剤の機能創製・素材開発・応用技術（阿部正彦・堀内照夫編），p. 466, 469, 技術教育出版，2011
2) 荒井明彦，峰岸裕：家庭用柔軟仕上剤としてのカチオン界面活性剤に関する最近の研究．油化学，**26**, 86, 1977
3) 向山恒治，宮坂広夫：最近の家庭用仕上げ剤について．繊維製品消費科学，**44**, 28, 2003
4) 石井晃，藤井志子，井上滋登，藤生明：衣料用スタイリング剤の機能と性能発現メカニズム．第37回洗浄に関するシンポジウム要旨集，9, 2005

【8章】

1) 吉田敬一ほか：衣生活の科学，p. 238, 弘学出版，1989
2) 辻井康子：被服の保存と虫害．繊維製品消費科学，**19**, 67, 1978
3) 辻井康子：最近の虫害と対策．繊維製品消費科学，**23**, 88, 1982
4) 皆川基：繊維製品の保管．繊維製品消費科学，**23**, 93, 1982
5) 辻井康子：被服の保存と虫害．繊維製品消費科学，**19**, 67, 1978
6) 吉川翠：繊維害虫類の生態と防除．洗濯の科学，**44**, 10, 1999
7) 弓削治：脱酸素剤による衣料品の保管．**30**, 38, 1985
8) 吉田敬一ほか：衣生活の科学，p. 241, 弘学出版，1989

【9章】

1) 池田優美：アパレル製品の有効利用に向けて―処分方法の現状．実践女子大学生活科学部生活環境学科平成22年度卒業論文，2011
2) 日本衣料管理協会刊行委員会（編）：第3部 家庭用繊維製品の流通・消費と消費者問題．繊維製品の基礎知識（改訂版），p. 141, 2004
3) 増田光輝，三浦千明：洗剤と環境問題．洗剤・洗浄百科事典（新装版）（皆川基，藤井富美子，大矢勝編），p. 863, 朝倉書店，2007
4) 文献3），p. 864
5) 中島利誠（編）：生活環境論，p. 115, 光生館，2008
6) 文献5），p. 115

付録　被服管理学に関係する資料

付1．家庭製品の品質表示

(1) 繊維製品の品質表示

i) 対象品目

・糸　　・織物，ニット生地，レース生地　　・衣料品等

1) 上衣，2) ズボン，3) スカート，4) ドレスおよびホームドレス，5) プルオーバー，カーディガン，その他のセーター，6) ワイシャツ，開襟シャツ，ポロシャツ，その他のシャツ，7) ブラウス，8) エプロン，かっぽう着，事務服および作業服，9) オーバーコート，トップコート，スプリングコート，レインコート，その他のコート，10) 子供用オーバーオールおよびロンパース，11) 下着，12) 寝衣，13) 靴下，14) 足袋，15) 手袋，16) ハンカチ，17) 毛布，18) 敷布，19) タオルおよび手ぬぐい，20) 羽織および着物，21) マフラー，スカーフおよびショール，22) ひざ掛け，23) カーテン，24) 床敷物（パイルのあるものに限る），25) 上掛け（タオル製のものに限る），26) ふとん，27) 毛布カバー，ふとんカバー，まくらカバー，ベッドスプレッド，28) テーブル掛け，29) ネクタイ，30) 水着，31) ふろしき，32) 帯，33) 帯締めおよび羽織ひも．

ii) 組成表示

① 表示項目：繊維の組成…全対象品目について，繊維の名称（指定用語）と混用率（％）．

なお，表示にあたっては，表示者名を明記すること，見やすい箇所に，見やすいように表示することになっている．

② 指定用語　組成繊維名を表示するときは，付表1に示す指定用語を使用しなければならない．商標を付記する場合は（　）をつける．指定用語にない繊維は，その繊維の名称を示す文字に「指定外繊維」の文字を記し，その名称および商標を（　）を付して記入する．ただし，記入できるものは1種類に限る．

種類が不明の繊維や，混用率が5％未満の繊維については，「その他の繊維」または「その他」の文字を指定用語として使用できる．

③ 繊維の混用率：　組成繊維の混用率は，重量％で表示する．繊維が1種類のときは，次例のように，100％と表示する．この場合は，純毛，正（本）絹などの文字を付記してもよい．その誤差の許容範囲は，毛の場合が－3％，ただし，紡毛製品で「屑糸などを使用した紡毛製品」と付記した場合は－5％，紡毛製品で毛の場合－3％，紡毛製品で毛以外の場合－1％，毛以外の繊維は－1％である．

組成繊維が2種類以上のときは，各繊維の％を表示する．この場合の許容範囲は，混用率を示す数値が5の整数倍なら±5％，それ以外の場合は，毛どうしの間および羽毛どうしの間は±5％，それ以外の場合は±4％である．下図右の例は，5の倍数であるから，ポリエステル60～70％，綿30～40％の範囲が許容される．

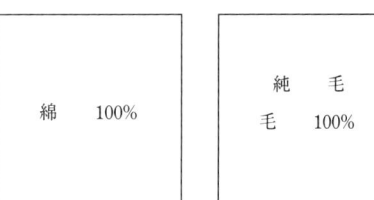

綿　　100％	純　毛 毛　　100％	ポリエステル　35％ 綿　　　　　65％

付表1 品質表示法による繊維の指定用語

繊維		指定用語
綿		綿, コットン, COTTON
毛	羊毛	毛, 羊毛, ウール, WOOL
	アンゴラ	毛, アンゴラ
	カシミヤ	毛, カシミヤ
	モヘヤ	毛, モヘヤ
	らくだ	毛, らくだ, キャメル
	アルパカ	毛, アルパカ
	その他のもの	毛
絹		絹, シルク, SILK
麻（亜麻および苧麻に限る）		麻
ビスコース繊維	平均重合度が450以上のもの	レーヨン, RAYON, ポリノジック
	その他のもの	レーヨン, RAYON
銅アンモニア繊維		キュプラ
アセテート	繊維水酸基の92％以上が酢酸化されているもの	アセテート, ACETATE, トリアセテート
	その他のもの	アセテート, ACETATE
プロミックス繊維		プロミックス
ナイロン繊維	ナイロン	ナイロン, NYRON
アラミド繊維	アラミド	アラミド
ビニロン繊維		ビニロン
ポリ塩化ビニリデン系合成繊維		ビニリデン
ポリ塩化ビニル系合成繊維		ポリ塩化ビニル
ポリエステル系合成繊維		ポリエステル, POLYESTER
ポリアクリル系合成繊維	アクリルニトリルの質量割合が85％以上のもの	アクリル
	その他のもの	アクリル系
ポリエチレン系合成繊維		ポリエチレン
ポリプロピレン系合成繊維		ポリプロピレン
ポリウレタン系合成繊維		ポリウレタン
ポリ乳酸繊維		ポリ乳酸
ポリクラール繊維		ポリクラール
ガラス繊維		ガラス
炭素繊維		炭素繊維
金属繊維		金属繊維
羽毛	ダウン	ダウン
	その他の羽毛	フェザー, その他の羽毛
前各項上欄に掲げる繊維以外の繊維		「指定外繊維」の用語にその繊維の名称を示す用語または商標を（　）を付して付記したもの（ただし, 括弧内に用いることのできる繊維の名称を示す用語または商標は, 1種類に限る）

(2) 洗剤の品質表示
i) 家庭用品品質表示法に基づく表示

① 品名：含有する界面活性剤の種類から，下表の文字で表示する．

付表2 品質表示法による商品区分

商品名	含有率（％）	
	純石けん分	純石けん分以外の界面活性剤
洗濯用石けん	100	0
洗濯用複合石けん	70以上	30未満
洗濯用合成洗剤	70未満	30以上

注：界面活性剤の総含有重量を100％とする．

② 成分：合成洗剤の場合，「界面活性剤」の文字を表示し，含有率と種類名を（ ）内に付記する．含有率が3％以上の界面活性剤は含有率の大きいものから順次列記する．石けんの場合，「純石けん分（脂肪酸ナトリウム）」などの名称を書き，含有率は（ ）内に付記する．りん酸塩を五酸化りんとして1％以上含むものは「りん酸塩」と表記し，五酸化りん換算の含有率を付記する．りん酸塩以外の洗浄補助剤は含有率1％以上のものは機能名を表示し，含有率が10％以上のものは種類名を（ ）で付記する．蛍光増白剤，酵素，漂白剤については，配合の場合のみ表示する．

③ 液性：液体洗剤については原液の値，その他のものについては標準使用量を用いた溶液のpHより，次の液性の名称で表示する．

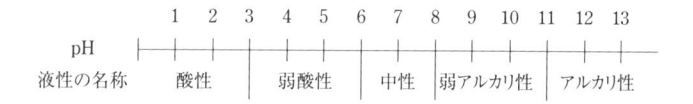

pH	1	2	3	4	5	6	7	8	9	10	11	12	13
液性の名称	酸性			弱酸性			中性		弱アルカリ性			アルカリ性	

④ 用途：用途を適切に表現した用語で表示する．
⑤ 正味量：kg，g，L，mL単位で表示．
⑥ 使用量の目安：使用の適量について具体的にわかりやすく表示．
⑦ 使用上の注意．
⑧ 表示者．

表 示 法

品　名
成　分
液　性
用　途
正味量
使用量の目安
使用上の注意
表示した者の氏名，または名称および住所または電話番号

品質表示の例
(1) 粉末洗剤

| 品名 | 洗濯用合成洗剤 | 用途 | 綿・麻・合成繊維用 | 液性 | 弱アルカリ性 |

成分 界面活性剤（17％、直鎖アルキルベンゼンスルホン酸ナトリウム、ポリオキシエチレンアルキルエーテル）、アルカリ剤（炭酸塩）、水軟化剤（アルミノけい酸塩）、工程剤（硫酸塩）、柔軟剤（ベントナイト）、分散剤、酵素

使用上の注意 ●思わぬ事故が生じる恐れがあるので、子供の手の届く所、落下・転倒する所に置かない。●用途外に使わない。●長期間の保存は避け、高温多湿の所に置かない。固まったり溶けにくくなることがある。●使用後は手を水でよく洗う。●荒れ性の方や長時間使う場合、また洗剤をブラシにつけて洗う時は炊事用手袋を使う。

応急処置 ●目に入った時はこすらずただちに流水で15分以上洗い流し、必ず眼科医に受診する。●少量の粉末または洗剤溶液を飲み込んだ時は、吐かずに口をすすぎ、水を飲む等の処置をする。異常が残る場合は、医師に相談する。●大量に口や鼻に入った時はただちに医師に連絡、相談する。

一般タイプ			ドラム式
洗たく機の大きさ（実際の洗たく物量）	水量の目安	使用量の目安	洗たく物量の目安
8.0 kg〜(6.0 kg〜)	65L	(75g)	7.0 kg〜
6.0 kg(4.5 kg)	55L	(60g)	6.0 kg
4.2 kg(3.0 kg)	45L	45L (42g)	4.5 kg
2.2 kg(1.5 kg)	30L	30L (25g)	2.0 kg

(2) 液体洗剤

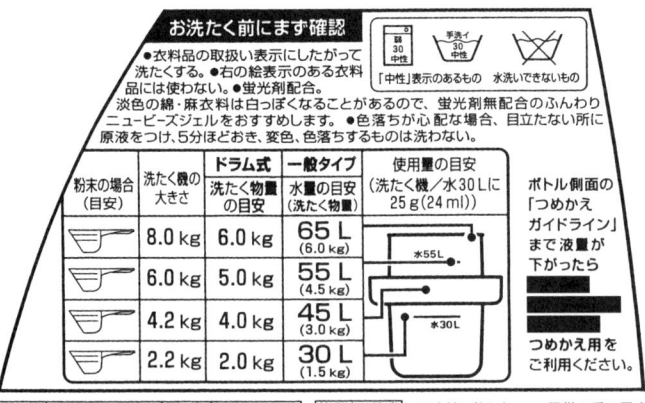

お洗たく前にまず確認
●衣料品の取扱い表示にしたがって洗たくする。●右の絵表示のある衣料品には使わない。●蛍光剤配合。淡色の綿・麻衣料は白っぽくなることがあるので、蛍光剤無配合のふんわりニュービーズジェルをおすすめします。●色落ちが心配な場合、目立たない所に原液をつけ、5分ほどおき、変色、色落ちするものは洗わない。

粉末の場合（目安）	洗たく機の大きさ	ドラム式 洗たく物量の目安	一般タイプ 水量の目安（洗たく物量）	使用量の目安（洗たく機／水30Lに25g(24ml)）
	8.0 kg	6.0 kg	65L (6.0 kg)	水55L
	6.0 kg	5.0 kg	55L (4.5 kg)	
	4.2 kg	4.0 kg	45L (3.0 kg)	水30L
	2.2 kg	2.0 kg	30L (1.5 kg)	

ボトル側面の「つめかえガイドライン」まで液量が下がったら、つめかえ用をご利用ください。

| 品名 | 洗濯用合成洗剤 | 液性 | 弱アルカリ性 |
| 用途 | 綿・麻・合成繊維用 | 正味量 | 1.0 kg |

成分 界面活性剤[35％、ポリオキシエチレンアルキルエーテル、直鎖アルキルベンゼン系]、安定化剤、アルカリ剤、pH調整剤、分散剤、酵素、蛍光増白剤

使用上の注意 ●用途外に使わない。●子供の手の届く所に置かない。●使用後は手を水でよく洗う。●荒れ性の方や長時間使う場合、原液で使う場合は炊事用手袋を使う。●洗たく機のフタなどのプラスチック部分に原液がついた時は水でふきとる。放置すると傷むことがある。

応急処置 ●目に入った時は、こすらずただちに流水で15分以上洗い流し、必ず眼科医に受診する。●飲み込んだ時は、吐かずに口をすすぎ、水を飲む等の処置をする。異常が残る場合は、医師に相談する。※受診時は商品を持参する。

ii) JIS による品質規定

付表3 洗濯用合成洗剤（JIS K 3371）

(1) 種類

種類	液性	形状	用途
第1種	弱アルカリ性	粉状・粒状	主として，綿・麻・レーヨン・キュプラ・ポリノジック・ポリエステル・ナイロン・アクリルなどの繊維製品の洗濯に適しているもので，汚れの強い洗濯に用いる合成洗剤である．
第2種	弱アルカリ性 中性	液状	主として，綿・麻・レーヨン・キュプラ・ポリノジック・ポリエステル・ナイロン・アクリルなどの繊維製品の洗濯に適しているもので，汚れの強い洗濯に用いる合成洗剤である．
第3種	中性	粉状・粒状・液状	主として，毛・絹・アセテート・プロミックスなどの繊維製品の洗濯に適しているもので，軽い汚れの繊維，または強力な洗浄が好ましくない繊維に用いる合成洗剤である．

(2) 品質

項目	種類		
	第1種	第2種	第3種
界面活性剤相当分（換算値）mg/L	100～400	300～1000	200～700
pH値（25℃）	11.0以下 8.0を超えるもの	11.0以下 6.0以上のもの	8.0以下 6.0以上のもの
表面張力（25℃）	—	—	40 mN/m 以下
生分解度	90% 以上	90% 以上	90% 以上
全りん酸塩（P2O5として）	1.0% 未満	1.0% 未満	1.0% 未満
洗浄力	指標洗剤と同等以上	指標洗剤と同等以上	—

〔備考〕 1. pH値，表面張力および洗浄力の試験濃度は，供試洗剤の標準使用濃度（g/L）とする．
2. 指標洗剤とは，JIS K 3362に規定するものをいう．

付表4 粉末洗濯石けん（JIS K 3303）品質の規定

項目	種類	
	無添剤	添剤入
水分（加熱乾燥法）（wt%）	15以下	25以下
pH値（25℃）	9.0～11.0	9.0～11.0
純石けん分（wt%）	94以上	50以上
石油エーテル可溶分（wt%）	1.5以下	0.8以下
エタノール不溶分（wt%）	2.0以下	45以下
洗浄力	—	指標粉末洗濯石けんと同等以上

〔備考〕 1. pH値および洗浄力の試験濃度条件は，供試石けんの標準使用濃度（使用量の目安）（g/L）とする．
2. 純石けん分，石油エーテル可溶分およびエタノール不溶分の規定値は，水分測定と同条件で乾燥した試料に対し，6.の試験方法によって得られたそれぞれの数値を下式によって水分補正した値で得られる．

 得られた値×100/(100−水分 [wt%])

付表 5 取り扱い絵表示（ISO・JIS対応表）

(1) 洗濯処理のための表示記号

ISO 3758:2012		JIS L 0217:1995（現行版）		
表示記号	表示記号の意味	番号	表示記号	表示記号の意味
[95]	－最高温度 95℃ －普通の操作	101	[95]	－液温は 95℃ を限度とし，洗濯ができる
[70]	－最高温度 70℃ －普通の操作			
[60]	－最高温度 60℃ －普通の操作	102	[60]	－液温は 60℃ を限度とし，洗濯機による洗濯ができる
[60]	－最高温度 60℃ －弱い操作			
[50]	－最高温度 50℃ －普通の操作			
[50]	－最高温度 50℃ －弱い操作			
[40]	－最高温度 40℃ －普通の操作	103	[40]	－液温は 40℃ を限度とし，洗濯機による洗濯ができる
[40]	－最高温度 40℃ －弱い操作	104	[弱 40]	－液温は 40℃ を限度とし，洗濯機の弱水流または弱い手洗いがよい
[40]	－最高温度 40℃ －非常に弱い操作			
[30]	－最高温度 30℃ －普通の操作			
[30]	－最高温度 30℃ －弱い操作	105	[弱 30]	－液温は 30℃ を限度とし，洗濯機の弱水流または弱い手洗いがよい
[30]	－最高温度 30℃ －非常に弱い操作			
[手洗い]	－手洗いのみ －最高温度 40℃	106	[手洗イ 30]	－液温は 30℃ を限度とし，弱い手洗いがよい． －洗濯機は使用できない
[×]	－家庭洗濯禁止	107	[×]	－家庭で水洗いはできない

付録　被服管理学に関係する資料

(2) 漂白処理のための表示記号

ISO 3758:2012		JIS L 0217:1995（現行版）		
表示記号	表示記号の意味	番号	表示記号	表示記号の意味
△	－あらゆる漂白剤が使用できる．			
		201	(エンソサラシ)	－塩素系漂白剤による漂白ができる
△（斜線入り）	－酸素系/非塩素系の漂白剤のみ使用できる． －塩素系漂白剤は使用できない．			
△（×印）	－漂白剤の使用禁止/漂白禁止	202	(エンソサラシに×)	－塩素系漂白剤による漂白はできない

(3) しぼり方のための表示記号

ISO 3758:2012		JIS L 0217:1995（現行版）		
表示記号	表示記号の意味	番号	表示記号	表示記号の意味
	自然乾燥記号に併合	501	(ヨワク)	－手絞りの場合は弱く，遠心脱水の場合は短時間で絞るのがよい
		502	(×印)	－絞ってはいけない

(4) アイロン処理のための表示記号

ISO 3758:2012		JIS L 0217:1995（現行版）		
表示記号	表示記号の意味	番号	表示記号	表示記号の意味
アイロン …	－底面の最高温度 200℃ まで	301	アイロン 高	－210℃ を限度とし，高い温度（180～210℃ まで）で掛けるのがよい．
アイロン ‥	－底面の最高温度 150℃ まで	302	アイロン 中	－160℃ を限度とし，中程度の温度（140～160℃ まで）で掛けるのがよい．
アイロン ・	－底面の最高温度 110℃ まで	303	アイロン 低	－120℃ を限度とし，低い温度（80～120℃ まで）で掛けるのがよい．
アイロン ×	－アイロン禁止	304	アイロン ×	－アイロン掛けはできない．

(5) 乾燥のための表示記号

ISO 3758:2012			JIS L 0217:1995（現行版）		
	表示記号	表示記号の意味	番号	表示記号	表示記号の意味
タンブル乾燥	⊡(●)	－タンブル乾燥が可能 －普通の温度：排気温度は最高 80℃			
	⊡(・)	－タンブル乾燥が可能 －低温での乾燥：排気温度は最高 60℃			
	⊠	－タンブル乾燥禁止			
自然乾燥	□‖	ラインドライ（吊干し）	601	(吊干し図)	－吊干しがよい
	□‖‖	ドリップラインドライ（濡れ吊干し）			
	□—	フラットドライ（平干し）	603	(平干し図)	－平干しがよい
	□=	ドリップフラットドライ（濡れ平干し）			
	□/‖	日陰のラインドライ（日陰の吊干し）	602	(日陰吊干し図)	－日陰の吊干しがよい
	□/‖‖	日陰のドリップラインドライ（日陰の濡れ吊干し）			
	□/—	日陰のフラットドライ（日陰の平干し）	604	(日陰平干し図)	－日陰の平干しがよい
	□/=	日陰のドリップフラットドライ（日陰の濡れ吊平干し）			

(6) 業者ドライおよびウェットクリーニングのための表示記号

ISO 3758:2012		JIS L 0217:1995（現行版）		
表示記号	表示記号の意味	番号	表示記号	表示記号の意味
ⓟ	－業者ドライクリーニング －テトラクロルエチレンおよび記号Fに記載のすべての溶剤 －普通操作	401	（ドライ）	－ドライクリーニングができる．溶剤は，パークロロエチレンまたは石油系のものを使用する．
ⓟ_	－業者ドライクリーニング －テトラクロルエチレンおよび記号Fに記載のすべての溶剤 －弱い操作			
Ⓕ	－業者ドライクリーニング －石油系溶剤（蒸留温度150～210℃，引火点38～70℃） －普通操作	402	（ドライ セキユ系）	－ドライクリーニングができる．溶剤は石油系のものを使用する．
Ⓕ_	－業者ドライクリーニング －石油系溶剤（蒸留温度150～210℃，引火点38～70℃） －弱い操作			
⊗	－ドライクリーニング禁止	403	✗（ドライ）	－ドライクリーニングはできない
Ⓦ	－業者ウェットクリーニング －普通操作			
Ⓦ_	－業者ウェットクリーニング －弱い操作			
Ⓦ=	－業者ウェットクリーニング －非常に弱い操作			
✗Ⓦ	－ウェットクリーニング禁止			

付2. クリーニング事故賠償基準

　賠償額は，次の方式により算定する．ただし，客とクリーニング業者との間に賠償額につき特約が結ばれたときには，その特約により賠償額を定める．

　　　賠償額＝物品の再取得価格×物品の購入時からの経過月数に対応して別表に定める補償割合×損害率

　洗濯物が紛失した場合など，算定方式によることが妥当でないと認められる場合には，次の算定方式を使用する．

① 洗濯物がドライクリーニングによって処理されたとき…クリーニング料金の40倍．
② 洗濯物がランドリーによって処理されたとき…クリーニング料金の20倍．

付表6 商品の平均使用年数（抜粋）

商品区分					使用年数	商品区分					使用年数
品目	No.	品種	用途	素材		品目	No.	品種	用途	素材	
背広	1		夏物	絹・毛	3	和装肌着	36				2
スーツ	2		〃	その他	2	小物					
ワンピース類	3		合冬物		4	足袋	37				1
ジャケット	4		夏物		2	手袋	38				1
ブレザー	5		合冬物		4	スカーフ	39			絹	3
スラックス類	6		夏物		2		40			その他	2
	7		合冬物		4	マフラー	41			絹・毛	3
スカート	8		夏物		2	ストール	42			その他	2
	9		合冬物		3	ネクタイ	43				2
礼服	10	礼服			10	帽子	44			パナマフェルト	3
	11	略礼服			5		45			その他	1
ドレス類	12				5	乳幼児着	46	祝い着			5
コート ジャンパー	13				4		47	遊び着			1
スポーツウェア	14				2		48	その他			2
室内着	15			毛	5	毛布	49			毛	5
	16			その他	2		50			その他	3
制服	17	作業衣			1	タオルケット	51				2
	18	事務服			2	ふとん	52	羽ふとん			10
	19	学生服			3		53	こたつふとん			3
セーター類	20				3		54	その他のふとん			4
シャツ類	21				2	シーツ	55				2
ブラウス	22				3	かや	56				5
下着類	23	ファンデーションおよびランジェリー			2	寝着	57				2
						カバー類	58	ふとん類			2
							59	ベッドスプレッド			3
	24	防寒下着			3	カーテン	60	薄地		ポリエステルを除く	1
	25	肌着			1	のれん	61	その他			3
礼服	26			絹	15	床敷物	62	カーペット		毛	10
礼装品	27			その他	10		63	〃		その他	5
外出着	28			絹	10		64	簡易敷物			2
	29			その他	5	カバー類	65	レース刺しゅう品			5
普段着	30				4						
長じゅばん	31				3		66	その他			2
丹前	32				4	幕，のぼり	67				5
ゆかた	33				2	リース貸衣装および営業用接客用	68			絹・毛	2
ショール	34			絹・毛	5		69			その他	1
	35			その他	2						

付3. JIS 規格（抜粋）

なお，本文に関係の深い日本工業規格（JIS）を下記に掲げた．

1) JIS C 9606　電気洗濯機
2) JIS C 9811　家庭用電気洗濯機の性能測定方法
3) JIS K 3211　界面活性剤用語
4) JIS K 3301　化粧石けん
5) JIS K 3302　固形洗濯石けん
6) JIS K 3303　粉末洗濯石けん
7) JIS K 3304　石けん試験方法
8) JIS K 3362　家庭用合成洗剤試験方法
9) JIS K 3363　合成洗剤の生分解度試験方法
10) JIS K 3370　台所用合成洗剤
11) JIS K 3371　洗濯用合成洗剤
12) JIS L 0217　繊維製品の取扱いに関する表示記号及びその表示方法
13) JIS L 0801　染色堅ろう度試験方法通則
14) JIS L 0803　染色堅ろう度試験用添付白布
15) JIS L 0844　洗濯に対する染色堅ろう度試験方法
16) JIS L 0845　熱湯に対する染色堅ろう度試験方法
17) JIS L 0846　水に対する染色堅ろう度試験方法
18) JIS L 0848　汗に対する染色堅ろう度試験方法
19) JIS L 0850　ホットプレッシングに対する染色堅ろう度試験方法
20) JIS L 0856　塩素漂白に対する染色堅ろう度試験方法
21) JIS L 0857　過酸化漂白に対する染色堅ろう度試験方法
22) JIS L 0858　亜硫酸ガス漂白に対する染色堅ろう度試験方法
23) JIS L 0859　亜塩素酸塩漂白に対する染色堅ろう度試験方法
24) JIS L 0860　ドライクリーニングに対する染色堅ろう度試験方法
25) JIS L 0884　塩素処理水に対する染色堅ろう度試験方法
26) JIS L 0889　過炭酸ナトリウム添加漂白及び洗濯に対する染色堅ろう度試験方法
27) JIS L 1018　ニット生地試験方法
28) JIS L 1041　樹脂加工織物及び編物の試験方法
29) JIS L 1042　織物の収縮率試験方法
30) JIS L 1057　織物及び編物のアイロン寸法変化率試験方法
31) JIS L 1059-1　繊維製品の防しわ性試験方法—第1部：回復角測定による水平折りたたみじわの回復性の測定（モンサント法）
　　JIS L 1059-2　繊維製品の防しわ性試験方法—第2部：リンクル法によるしわ回復性の測定
32) JIS L 1092　繊維製品の防水性試験方法
33) JIS L 1096　一般織物試験方法

付4. 繊維性能

付表7 繊維性能表（日本化学繊維

繊維 \ 性能		引張り強さ (cN/dtex)		伸び率 (%)	比重	公定水分率 (%)	熱の影響	
		乾燥	湿潤	乾燥			軟化点	溶融点
綿		2.6～4.3	2.9～5.6	3～7	1.54	8.5	235℃で分解 275～456℃で燃焼	軟化溶融しない
麻		5.7	6.8	1.5～2.3	1.50	12.0	綿と同様	
毛		0.9～1.5	0.67～1.44	25～35	1.32	15.0	130℃で熱分解 205℃で焦げる	
絹		2.6～3.5	1.9～2.5	15～25	1.33	11.0 (生糸)	120℃5時間で黄変 150℃で分解	
レーヨン	f	1.5～2.0	0.7～1.1	18～24	1.50～1.52	11.0	軟化, 溶融しない 260～300℃で着色分解し始める	
	s	2.2～2.7	1.2～1.8	16～22				
ポリノジック	s	3.1～4.6	2.3～3.7	7～14	1.50～1.52	11.0	レーヨンに同じ	
キュプラ	f	1.6～2.4	1.0～1.7	10～17	1.50	11.0	レーヨンに同じ	
アセテート	f	1.1～1.2	0.6～0.8	25～35	1.32	6.5	200～230℃	260℃
トリアセテート	f	1.1～1.2	0.7～0.9	25～35	1.30	3.5	250℃以上	300℃
プロミックス	f	3.1～4.0	2.8～3.7	15～25	1.22	5.0	270℃で分解	
ナイロン	f	4.2～5.6	3.7～5.2	28～45	1.14	4.5	180℃	215～220℃
ビニロン	s	3.5～5.7	2.8～4.6	12～26	1.26～1.30	5.0	220～230℃	明瞭でない
ポリ塩化ビニル	f	2.4～3.3	2.4～3.3	20～25	1.39	0.0	明瞭でない	200～210℃
ビニリデン	f	1.3～2.3	1.3～2.3	18～33	1.70	0.0	145～165℃	165～185℃
ポリエステル	f	3.8～5.3	3.8～5.3	20～32	1.38	0.4	238～240℃	255～260℃
	s	4.1～5.7	4.1～5.7	20～50				
アクリル	s	2.2～4.4	1.8～4.0	25～50	1.14～1.17	2.0	190～240℃	明瞭でない
アクリル系	s	1.9～3.5	1.8～3.5	25～45	1.28	2.0	150℃	明瞭でない
ポリエチレン (低圧法)	f	4.4～7.9	4.4～7.9	8～35	0.94～0.96	0.0	100～115℃	125～135℃
ポリプロピレン	s	4.0～6.6	4.0～6.6	30～60	0.91	0.0	140～160℃	165～173℃
ポリウレタン	f	0.5～1.1	0.5～1.1	450～800	1.0～1.3	1.0	明瞭でない	150～230℃
ポリクラール	s	2.5～2.9	1.8～2.0	20～24	1.32	3.0	180～200℃	明瞭でない

注) 1. 主として衣料用に使用されている「普通タイプ」の性能を示す. fはフィラメント（長繊維）, sはステープル（短繊維）を意
2. 「cN」はセンチニュートン.
3. 「化学薬品の影響」欄の○は溶解, ×は不溶, △は部分溶解.
4. 特殊溶剤は, その繊維を溶解する特殊の溶剤を示す.

協会：繊維ハンドブック 2012 より）

耐候性 （屋外暴露の影響）	化学薬品の影響					特殊溶剤
	水酸化ナトリウム	塩酸	硫酸	ギ酸	酢酸	
	5%	20%	70%	80%	96％以上	
	（煮沸）	（室温）	（室温）	（室温）	（煮沸）	
強度低下し，黄変の傾向あり	×	×	○	×	×	銅アンモニア
強度低下し，黄褐色となる	×	×	○	×	×	銅アンモニア
強度低下し，染色性やや低下する	○	×	×	×	×	
強度低下著しい	○	×	○	×	×	銅アンモニア
強度やや低下する	×	×	○	×	×	銅アンモニア 銅エチレンジアミン
レーヨンに同じ	×	×	○	×	×	
レーヨンに同じ	×	×	○	×	×	
強度ほとんど低下しない	×	×	○	○	○	アセトン，フェノール
	×	×	○	△	○	メチレンクロライド
強度ほとんど低下しない	×	×	×	×	×	
強度やや低下し，わずかに黄変する	×	○	○	○	○	フェノール
強度ほとんど低下しない	×	○△	○△	○△	×	熱ピリジン，フェノール クレゾール
強度ほとんど低下しない	×	×	×	×	×	シクロヘキサノン テトラヒドロフラン
強度ほとんど低下しない	×	×	×	×	×	シクロヘキサノン テトラヒドロフラン
強度ほとんど低下しない	×	×	×	×	×	フェノール誘導体
	×	×	×	×	×	
強度ほとんど低下しない	×	×	×	×	×	ジメチルホルムアミド ジメチルスルホオキサイド
	×	×	×	×	×	アセトン ジメチルホルムアミド
強度ほとんど低下しない	×	×	×	×	×	四塩化エタン
強度ほとんど低下しない	×	×	×	×	×	四塩化エタン
強度やや低下し，やや黄変する	×	×	○	×	○×	温ジメチルホルムアミド
強度ほとんど低下しない	×	△×	△	△	×	

味する．

索　引

ア　行

ISO（国際標準化機構）　22, 104-107
アイロン仕上げ　83
アイロンの種類　83
青色光　77
青味付け　77
アジテーター　31
汗　3
油汚れ　63
アミラーゼ　67
アメリカ硬度　7
アルカリ度　17
アルキルポリオキシエチレンエーテル硫酸エステルナトリウム（AES）　9
アルキル硫酸エステルナトリウム（AS）　9
アルファオレフィンスルホン酸ナトリウム（AOS）　10
アルミノケイ酸ナトリウム　12, 92
アレニウスの式　18
泡の安定性　27
安全性　93

イオン結合　6
イガ　84
移染　79
糸の撚り　5
糸密度　6
EPA（米国環境保護庁）　53
色泣き　43
陰イオン界面活性剤　8

ウェットクリーニング　37
渦巻き式（パルセーター式）洗濯機　31

AE（ポリオキシエチレンアルキルエーテル）　10, 91
AES　91
AS（アルキル硫酸エステルナトリウム）　9, 91
ASTM　47
AOS（アルファオレフィンスルホン酸ナトリウム）　10, 91
液晶形成　64
液性　17, 44
液体洗剤　93

SPM（浮遊粒子状物質）　5
エネルギーガイド　54
エネルギー省（DOE，アメリカ）　53
エネルギースター　53
APE（ポリオキシエチレンアルキルフェニルエーテル）　11
ABS（分子鎖アルキルベンゼンスルホン酸塩）　91
FTC（米連邦取引委員会）　54
MEE（ポリオキシエチレン脂肪酸メチルエステル）　10
MES（脂肪酸メチルエステルスルホン酸ナトリウム）　10, 91
MA法　54
LAS（直鎖アルキルベンゼンスルホン酸ナトリウム/直鎖アルキルベンゼンスルホン酸塩）　9, 91
遠心力　65
塩素系漂白剤　41, 74
EMPA　48
EMPA–MA（S）法　54
エンペントリン　86

黄変度　1
織組織　6

カ　行

回転ドラム式洗濯機　32
回転翼　31
界面　58
界面活性剤　8, 58, 62, 91
界面動電位　61
香り付け　45
化学結合　6
化学物質排出移動量届出制度（PRTR制度）　93
化管法（特定化学物質の環境への排出量の把握と管理の促進に関する法律）　93
拡張ぬれ　60
撹拌式洗濯機　31
撹拌羽根　31
加工　35
過酸化水素　73
可視光　77
河川，湖沼，海域の水質汚濁に係る環境基準　93

過炭酸ナトリウム　74
家庭洗濯　21
　──の実態　44
　──の手順　23
家庭用衣料乾燥機　33
家庭用電気洗濯機　31
家庭用品品質表示法　13, 16, 34, 45
かびの害　86
過ホウ酸ナトリウム　74
可溶化　59, 64
カルボキシメチルセルロース（CMC）　12, 83
環境　90
　──からの汚れ　2, 4
環境基準　93
環境保護庁（EPA，米国）　53
環境問題　92
含気率　6
還元型漂白剤　44, 75
乾式洗濯　14
汗腺　3
乾燥　29
乾燥剤　88
乾燥速度　29
官能基　5
官能評価　56
緩和収縮　42

機械作用　20, 54
機械的付着　6
起泡力　27
逆ミセル　59, 67
吸湿性　34
凝集　68
金属石けん　8

クベルカ–ムンクの式　53
曇り点　10
クリーニング業法　35
クリーニング事故　40
クリーニング事故賠償基準　108
クリーニングのトラブル　39
グレースケール　53
クロラミン　75

ケアラベル　55
蛍光増白　77
蛍光増白剤　42

——の種類　78
ケイ酸塩　11
軽質洗剤　14
けん化　64
懸濁　60

コイガ　84
コインランドリー　45
抗菌加工　86
抗菌防臭加工　86
工場からの排水　92
硬水　7
合成洗剤　13, 92
酵素　12, 19
光電反射計　52
硬度　7, 18
国際標準化機構（ISO）　22, 104-107
固体粒子汚れ　5, 65
コールドマシン　39
混合汚れ　66
コンパクト洗剤　92

サ 行

再汚染　68
酸素系漂白剤　72

次亜塩素酸ナトリウム　74
CMC（カルボキシメチルセルロース）　12, 83
cmc（臨界ミセル濃度）　16, 63
紫外光　77
脂質分解酵素　65
JIS（日本工業規格）　22, 103-107, 109
自然乾燥　29
自然乳化　64
cwc　16
湿気　87
湿式人工汚染布　33
湿式洗濯　14, 58
指標洗剤　49
脂肪酸　19
脂肪酸ナトリウム　8
脂肪酸メチルエステルスルホン酸ナトリウム（MES）　10
しみ　69
しみ抜き　69
　——の方法　70
しみ抜き剤　69
シャッフェの一対比較法　56
シャンプー洗い　37
臭気の発生　1
重質洗剤　14
収縮率　27
柔軟仕上げ　80

——の方法　81
柔軟仕上げ剤（柔軟剤）　11, 45, 80
収納方法　88
樹脂加工　43
循環型社会形成推進基本法　16
昇華性防虫剤　85
商業洗濯　35
商業ドライクリーニング　37
樟脳　84
情報開示　45
除菌　77
除湿型乾燥機　33
人工汚染布　48
人工乾燥　29
親水基　9
親水性/親油性バランス　10
浸漬ぬれ　60
人体からの汚れ　2
親油基　9

水資源　8
水質汚染　92
水素イオン指数（pH）　17
水溶性汚れ　4, 68
スケール　24
すすぎ　27
スチームスポッター　71
すべり面　61

生活排水　92
生活用水　8
静電引力　6
生分解性　16, 91
ゼオライト　12
石油系溶剤　37
ゼータ電位　61
石けん　7, 8, 13, 91
接触角　59
節水　27
繊維　5
　——の形態　5
　——の性能　34
洗剤　8
　——の使用量　17
　——の品質表示　101
全自動洗濯機　32
洗浄　7
洗浄温度　18
洗浄機構　58
洗浄時間　19
洗浄試験機　21
洗浄率　19, 27
洗浄力試験　47
洗浄力評価　47
染色堅ろう度　35

洗濯　7, 14
　——にあたっての注意　41
　——による損傷・劣化　41
　——の準備　22
洗濯物の重量　15
洗濯乾燥機　33
洗濯堅ろう度　43
洗濯条件　14
洗濯じわ軽減　81
洗濯用合成洗剤　13
洗濯用石けん　13
洗濯用複合石けん　13

速度式　20
組織　35
組成表示　34

タ 行

大気汚染物質　88
耐日光性　35
耐熱性　35
耐薬品性　35
ターゴトメータ　21, 51
脱酸素剤　86
脱水　28
脱落表皮細胞　3
WHS値　55
WHTクロス　55
wfk　48
炭酸塩　11
炭酸ナトリウム　11
タンパク質分解酵素　66
タンパク質汚れ　65

窒素　92
虫害　84
超音波しみ抜き機　71
直鎖アルキルベンゼンスルホン酸ナトリウム/直鎖アルキルベンゼンスルホン酸塩（LAS）　9, 91

つけ置き　23

手洗い　25
DLVO理論　18, 61
DOE（米国エネルギー省）　53
DTI（Danish Technological Institute）　54
テトラクロロエチレン　37
電解質　62
電気洗濯機　31
電気二重層　61
天然汚染布　47
天然汚れ成分　3

でんぷん（糊） 83
でんぷん分解酵素 67

ドイツ硬度 7
特殊クリーニング 37
特定化学物質の環境への排出量の把握と管理の促進に関する法律（化管法） 93
土壌汚染対策法 93
塗布洗い 24
ドライクリーニング 37,67
ドライクリーニング用溶剤 37,93
ドライクリーニング用洗剤 38
ドライソープ 38
ドラム 31
ドラム式洗濯機 31
取り扱い絵表示 22,34
トリポリリン酸ナトリウム 12,92

ナ 行

ナフタリン 84
軟水 7

二酸化チオ尿素 75
二槽式洗濯機 32
日本工業規格（JIS） 22,103-107,109
日本繊維製品・クリーニング協議会 40
乳化 60,64

ぬれ 59

熱収縮 43

残り湯 8,18,27
伸び 34
糊つけ 82
　　——の方法 82
糊の種類 82

ハ 行

配位結合 6
排気型乾燥機 33
バイコンティニュアス構造 64
ハイドロサルファイト 75
パウダークリーニング 37
パーク 37-38
発泡問題 93
パラジクロルベンゼン 84
パルセーター 31
パルセーター式（渦巻き式）洗濯機 31-32
反射率 52
バンドルテスト 47

PRTR制度 93
非イオン界面活性剤 10
pH（水素イオン指数） 17
PIO-NET 39
皮脂 3
皮脂腺 3
皮脂汚れ 1,19
皮脂量 3
微生物 1
引張り強さ 34
ヒートポンプ式乾燥機 33
ヒートリサイクル式乾燥機 33
PVAc（ポリ酢酸ビニル） 82
被服材料 5
ヒメカツオブシムシ 84
ヒメマルカツオブシムシ 84
標準洗濯機 50,53
漂白 72
　　——の適正化 76
漂白活性化剤 76
漂白剤の種類 72
表面自由エネルギー 58
表面張力 58
表面の粗さ 6
ビルダー 11,18,92
ピレスロイド系エンペントリン 84
ピロリン酸ナトリウム 12
品質表示 99-102

ファンデルワールス力 6,61
フィブリル 5
フィラメント糸 5
富栄養化 91
フェルト化 42
付着ぬれ 60
ふっ素系溶剤 38
部分洗い 24
浮遊粒子状物質（SPM） 5
ブラシ洗い 37
プロテアーゼ 66
分散 60
分散分析 56
分子間力 58
分子鎖アルキルベンゼンスルホン酸塩（ABS） 91
噴流式洗濯機 32

ペネトレーション現象 64
ヘビーデューティ洗剤 14
変形 34
変退色 41

防汚加工 6
防かび 86
防かび加工 86

防湿剤 88
放射性物質 21
縫製 35
紡績糸 5
防虫加工 86
防虫剤 84
Poka Dot 54
保管 84
保管場所 89
ホットマシン 39
ポリウレタン樹脂 42
ポリウレタン繊維 42
ポリエーテル変性シリコーン 81
ポリオキシエチレンアルキルエーテル（AE） 10
ポリオキシエチレンアルキルフェニルエーテル（APE） 11
ポリオキシエチレン脂肪酸メチルエステル（MEE） 10
ポリ酢酸ビニル（PVAc） 82
ポリリン酸塩 12
ホールセール 37
本洗 24

マ 行

マイクロエマルション 64

ミセル 58,67

無機汚れ 2
無リン洗剤 92

メタケイ酸ナトリウム 11

模擬洗濯物 49
目視判定 53

ヤ 行

ヤングの式 59,63

有機汚濁物質 92
有機溶剤 67
有機汚れ 2
油性汚れ 4

陽イオン界面活性剤 11,80
溶剤相対湿度 67
溶媒 14
浴比 15
汚れ 1
　　——の種類 19
　　——の分類 2
予浸 23

予洗　23

ラ 行

ライトデューティ洗剤　14
ラウンダオメータ　51
ラクトボタン　43
ランドリー　35

リサイクル　90

リサイクル法　90
リネンサプライ　37
リパーゼ　65
硫酸塩　12
硫酸ナトリウム　12
リユース　90
両性界面活性剤　11
リン　92
臨界ミセル濃度（cmc）　16, 58

ルシャトリエの原理　18

連邦取引委員会（FTC, アメリカ）　54

ローリングアップ　63

ワ 行

Wascator　51

生活科学テキストシリーズ
被服管理学
定価はカバーに表示

2012 年 9 月 25 日　初版第 1 刷
2022 年 1 月 5 日　　　第 10 刷

著者　増　子　富　美
　　　齊　藤　昌　子
　　　牛　腸　ヒロミ
　　　米　山　雄　二
　　　小　林　政　司
　　　藤　居　眞理子
　　　後　藤　純　子
　　　梅　澤　典　子
　　　生　野　晴　美
発行者　朝　倉　誠　造
発行所　株式会社　朝倉書店
　　　東京都新宿区新小川町 6-29
　　　郵便番号　162-8707
　　　電　話　03(3260)0141
　　　Ｆ　Ａ　Ｘ　03(3260)0180
　　　http://www.asakura.co.jp

〈検印省略〉

Ⓒ 2012 〈無断複写・転載を禁ず〉　　　　　　　Printed in Korea

ISBN 978-4-254-60632-4　C 3377

JCOPY　〈出版者著作権管理機構 委託出版物〉

本書の無断複写は著作権法上での例外を除き禁じられています。複写される場合は，そのつど事前に，出版者著作権管理機構（電話 03-5244-5088, FAX 03-5244-5089, e-mail: info@jcopy.or.jp）の許諾を得てください．

日本家政学会編

新版 家 政 学 事 典

60019-3 C3577　　　　B5判 984頁 本体30000円

社会・生活の急激な変容の中で，人間味豊かな総合的・学際的アプローチが求められ，家政学の重要性がますます認識されている。本書は，家政学全分野を網羅した初の事典として，多くの人々に愛読されてきた『家政学事典』を，この12年間の急激な学問の進展・変化を反映させ，全面的に新しい内容を盛り込み"新版"として刊行するものである。〔内容〕Ⅰ．家政学原論／Ⅱ．家族関係／Ⅲ．家庭経営／Ⅳ．家政教育／Ⅴ．食物／Ⅵ．被服／Ⅶ．住居／Ⅷ．児童

子ども総研 平山宗宏・大正大 中村 敬・
子ども総研 川井 尚編

育 児 の 事 典

65006-8 C3577　　　　A5判 528頁 本体15000円

医学的な側面からだけではなく，心理的・社会的側面，また文化的側面など多様な観点から「育児」をとらえ解説した事典。小児科医師，看護師，保健福祉の従事者，児童学科の学生など，さまざまなかたちで育児に携わる人々を広く対象とする。家庭医学書とは異なり，より専門的な知識・情報を提供することが目的である。〔内容〕少子化社会の中の育児／子どもの成長と発達／父子関係／子どもの病気／育児支援／子どものしつけ／外国の育児／子どもと社会病理／虐待とその対策／他

日本色彩学会編

色 彩 科 学 事 典 （普及版）

10210-9 C3540　　　　A5判 352頁 本体7500円

色彩に関する514の項目を，日本色彩学会の73人の執筆者を動員して，事典風の解説をとりながらも関連の話題を豊富に盛込み，楽しみながら読めるよう配慮をもってまとめられたユニークな事典。色彩だけでなく明るさについても採録されているので照明関係者にとっても役立つ内容。色彩材料に関しては文化的背景についても簡潔ななかにもかなり深く解説されているので，色彩にかかわるすべての人，またそれ以外の研究者・技術者にとっても知識の宝石箱として活用できる事典

前農工大 佐藤仁彦編

生 活 害 虫 の 事 典 （普及版）

64037-3 C3577　　　　A5判 368頁 本体8800円

近年の自然環境の変貌は日常生活の中の害虫の生理・生態にも変化をもたらしている。また防除にあたっては環境への一層の配慮が求められている。本書は生活の中の害虫約230種についてその形態・生理・生態・生活史・被害・防除などを豊富な写真を掲げながら平易に解説。〔内容〕衣類の害虫／書物の害虫／食品の害虫／住宅・家具の害虫／衛生害虫（カ，ハエ，ノミ，シラミ，ゴキブリ，ダニ，ハチ，他）／ネズミ類／庭木・草花・家庭菜園の害虫／不快昆虫／付．主な殺虫剤

前奈良女大 梁瀬度子・和洋女大 中島明子他編

住 ま い の 事 典

63003-9 C3577　　　　B5判 632頁 本体22000円

住居を単に建築というハード面からのみとらえずに，居住というソフト面に至るまで幅広く解説。巻末には主要な住居関連資格・職種を掲載。〔内容〕住まいの変遷／住文化／住様式／住居計画／室内環境／住まいの設備環境／インテリアデザイン／住居管理／住居の安全防災計画／エクステリアデザインと町並み景観／コミュニティー／子どもと住環境／高齢者・障害者と住まい／住居経済・住宅問題／環境保全・エコロジー／住宅と消費者問題／住宅関連法規／住教育

実用インテリア辞典編集委員会編

実用インテリア辞典 （新装版）

68018-8 C3570　　　　B5判 520頁 本体18000円

インテリアコーディネーター，インテリアプランナーの資格制度が発足して，インテリアを学ぶ方々が増えつづけている。本書は，長年インテリアの教育・研究に携わった筆者らが，インテリアの計画と設計，歴史，構造と材料，施工と生産，インテリアエレメント，住宅政策および関連法規などの諸分野から，内容の検討を重ねて約4300項目を選び，図を多数使ってビジュアルにわかりやすく解説した用語辞典。インテリア資格試験の受験者，学生，インテリア産業界の方々の座右書

前九州芸工大 佐藤方彦編

日 本 人 の 事 典

10176-8 C3540　　　B 5 判　736頁　本体28500円

日本人と他民族との相違はあるのか，日本人の特質とは何か，ひいては日本人とは何か，を生理人類学の近年の研究の進展と蓄積されたデータを駆使して，約50の側面から解答を与えようとする事典。豊富に挿入された図表はデータブックとしても使用できるとともに，資料に基づいた実証的な論考は日本人論・日本文化論にも発展できよう。〔内容〕起源／感覚／自律神経／消化器系／泌尿器系／呼吸機能／体力／姿勢／老化／体質／寿命／諸環境と日本人／日本人と衣／日本人の文化／他

東工大 伊藤謙治・前阪大 桑野園子・早大 小松原明哲

人間工学ハンドブック（普及版）

20149-9 C3050　　　B 5 判　860頁　本体28000円

"より豊かな生活のために"をキャッチフレーズに，人間工学の扱う幅広い情報を1冊にまとめた使えるハンドブック。著名な外国人研究者10数名の執筆協力も得た国際的企画。〔内容〕人間工学概論／人間特性・行動の理解／人間工学応用の考え方とアプローチ／人間工学応用の方法論・技法と支援技術／人間データの獲得・解析／マン-マシン・インタフェース構築の応用技術／マン-マシン・システム構築への応用／作業・組織設計への応用／環境設計・生活設計への「人間工学」的応用

産業技術総合研究所人間福祉医工学研究部門編

人 間 計 測 ハ ン ド ブ ッ ク

20107-9 C3050　　　B 5 判　928頁　本体36000円

基本的な人間計測・分析法を体系的に平易に解説するとともに，それらの計測法・分析法が製品や環境の評価・設計においてどのように活用されているか具体的な事例を通しながら解説した実践的なハンドブック。〔内容〕基礎編（形態・動態，生理，心理，行動，タスクパフォーマンスの各計測，実験計画とデータ解析，人間計測データベース）／応用編（形態・動態適合性，疲労・覚醒度・ストレス，使いやすさ・わかりやすさ，快適性，健康・安全性，生活行動レベルの各評価）

太陽紫外線防御研究委員会編

か ら だ と 光 の 事 典

30104-5 C3547　　　B 5 判　432頁　本体15000円

健康の維持・増進をはかるために，ヒトは光とどう付き合っていけばよいか，という観点からまとめられた事典。光がヒトに及ぼす影響・作用を網羅し，光の長所を活用し，弊害を回避するための知恵をわかりやすく解説する。ヒトをとりまく重要な環境要素としての光について，幅広い分野におけるテーマを考察し，学際的・総合的に理解できる成書。光と環境，光と基礎医学，光と皮膚，光と眼，紫外線防御，光による治療，生体時計，光とこころ，光と衣食住，光と子供の健康，など

環境影響研 牧野国義・
昭和女大 佐野武仁・清泉女大 篠原厚子・
横浜国大 中井里史・内閣府 原沢英夫著

環 境 と 健 康 の 事 典

18030-5 C3540　　　A 5 判　576頁　本体14000円

環境悪化が人類の健康に及ぼす影響は世界の規模なものから，日常生活に密着したものまで多岐にわたっており，本書は原因等の背景から健康影響，対策まで平易に解説〔内容〕〔地球環境〕地球温暖化／オゾン層破壊／酸性雨／気象，異常気象〔国内環境〕大気環境／水環境，水資源／音と振動／廃棄物／ダイオキシン，内分泌撹乱化学物質／環境アセスメント／リスクコミュニケーション〔室内環境〕化学物質／アスベスト／微生物／電磁波／住まいの暖かさ，涼しさ／住まいと採光，照明，色彩

日本香料協会編

香 り の 総 合 事 典

25240-8 C3558　　　B 5 判　360頁　本体18000円

香りに関するあらゆる用語（天然香料・香料素材，合成香料・製法・分析，食品香料・香粧品香料，香水，嗅覚・安全性・法規・機関など）750語を取り上げ，専門家以外にもわかるように解説した五十音配列の辞典。〔内容〕アビエス・ファー／アブソリュート／アルコール／アルデヒド／アロマテラピー／エッセンシャルオイル／オイゲノール／オードトワレ／グリーンノート／シャネルNº.5／テルペン合成／匂いセンサー／フェニル酢酸エチル／ポプリ／マスキング／ムスク／他

阿部幸子・鷹司綸子・田村照子・中島利誠・
丹羽雅子・藤原康晴・山名信子・弓削　治編

被　服　学　辞　典（普及版）

62014-6　C3577　　　　　A 5 判 480頁 本体12000円

被服学全般を一望の下に概観することができ，細部にわたる部分についても直ちに引用できるよう編集された五十音順の辞典。大学・短大の被服学関係の研究者・学生，家庭科担当の先生，被服に関する研究・業務にたずさわる人々の必携書。〔内容〕藍（天然インジゴ）／ISO規格／合着／間着／藍染／アイデンティティー／アイヌ服／アイビールック／アイメーキャップ／アイリッシュワーク／アイロン／アウグスト乾湿寒暖計／襖／青色御包／青み付け／垢／等，約3500項目

皆川　基・藤井富美子・大矢　勝編

洗剤・洗浄百科事典（新装版）

25255-2　C3558　　　　　B 5 判 952頁 本体30000円

洗剤・洗浄のすべてを網羅。〔内容〕洗剤概論（洗剤の定義・歴史・種類・成分・配合・製造法・試験法・評価）／洗浄概論（繊維基質の洗浄，非水系洗浄，硬質表面の洗浄）／洗浄機器概論（家庭用洗浄機，業務用洗浄機，超音波洗浄機，乾燥機）／生活と洗浄（衣生活・食生活・住生活における洗浄，人体の洗浄，生活環境における洗浄）／医療・工業・その他の洗浄（医療，高齢者施設，電子工業，原子力発電所，プール，紙・パルプ工業，災害時）／洗剤の安定性と環境／関連法規

日本学術振興会繊維・高分子機能加工第１２０委員会編

染 色 加 工 の 事 典（普及版）

25262-0　C3558　　　　　A 5 判 516頁 本体14000円

繊維製品に欠くことのできない染色加工全般にわたる用語約2200を五十音順に配列し，簡潔に解説。調べたい用語をすぐ探し出すのに便利である。〔内容〕表色・色彩科学／染色化学／天然繊維の染色／合成繊維の染色／天然繊維／合成染顔料／機能性色素／界面活性剤／染色助剤／水・有機溶媒／精練・漂白・洗浄／浸染／捺染／染色機械／伝統・工芸染色／仕上げ加工／試験法／廃水処理，地球環境問題／染料・色素の繊維以外の応用／染色加工システム／接着／高分子の表面加工

牧野　唯・木谷康子・郡司島宏美・齋藤功子・
北本裕之・宮川博恵・奥田紫乃・北村薫子著

住まいのインテリアデザイン

63004-6　C3077　　　　　A 5 判 152頁 本体2800円

図や写真が豊富な資格対応テキスト。〔内容〕事例／計画（広さとかたち・家具と収納・設備・間取りと住まい方・集合住宅・安全で健康な住まい）／演出（色彩と配色・採光と照明・材料）／情報（リフォーム・インテリアの仕事と関連法規）／表現他

冨田明美編著　青山喜久子・石原久代・高橋知子・
原田妙子・森　由紀・千葉桂子・土肥麻佐子著
生活科学テキストシリーズ

新版 アパレル構成学

60631-7　C3377　　　　　B 5 判 136頁 本体2800円

被服構成の基礎知識に最新の情報を加え，具体的事例と豊富な図表でわかりやすく解説したテキスト。〔内容〕機能と型式の推移／着衣する人体（計測）／着装の意義／アパレルデザイン／素材と造形性能／設計／生産／選択と購入／他

実践女大　山崎和彦著
ピュア生活科学

衣　　服　　科　　学

60582-2　C3377　　　　　B 5 判 128頁 本体3200円

衣服・被服科学のミニマルエッセンシャルな情報を多数の図（140）と表（115）により簡潔にまとめられたテキスト。〔内容〕環境／衣服の歴史と民族衣裳／被服の生理衛生／被服材料／材料実験／被服の管理／デザイン／衣服の設計製作／衣生活／他

前奈良女大　松生　勝編著
生活環境学ライブラリー2

ア パ レ ル 科 学 概 論

60622-5　C3377　　　　　A 5 判 212頁 本体2900円

アパレル科学の各分野を総括する概論書。〔内容〕衣生活の変遷と役割（歴史・目的と機能）／材料（繊維・糸・布・加工）／デザイン（要素・特性・原理）／設計（人体計測・体型・CAD）／生理・衛生／管理（整理・洗濯・保管・処分）／現代の衣生活／他

日本女大　島崎恒蔵・日本女大　佐々井啓編
シリーズ〈生活科学〉

衣　　　服　　　学

60596-9　C3377　　　　　A 5 判 192頁 本体2900円

被服学を学ぶ学生に必要な科学的な基礎知識と実際的な生活上での衣服について，簡潔にわかりやすく解説した最新の教科書。〔内容〕衣服の起源と役割／衣服の素材／衣服のデザイン・構成／人体と着装／衣服の取り扱い／衣服の消費と環境

日本女大　佐々井啓編著
シリーズ〈生活科学〉

衣　　生　　活　　学

60597-6　C3377　　　　　A 5 判 200頁 本体2900円

近年，家政学に要求されている生活面からのアプローチに応え，被服学を生活の場からの視点で広くとらえた大学・短大向け教科書。〔内容〕衣服と生活／衣生活の変遷／民族と衣生活／衣服の設計と製作／ライフスタイルと衣服／衣服の取り扱い

上記価格（税別）は 2021年 12月現在